我们一起解决问题

赛世静 著

心育

让学生向阳生长

核心素养培育视角下的心理健康教育探析

大连出版社
DALIAN PUBLISHING HOUSE

© 赛世静 2024

图书在版编目（CIP）数据

心育·让学生向阳生长：核心素养培育视角下的心理健康教育探析 / 赛世静著. — 大连：大连出版社，2024.1

ISBN 978-7-5505-2070-7

Ⅰ.①心… Ⅱ.①赛… Ⅲ.①中小学生—心理健康—健康教育—研究 Ⅳ.①G444

中国国家版本馆CIP数据核字(2024)第009126号

策划编辑：乔　丽
责任编辑：乔　丽
装帧设计：林　洋
责任校对：周　丽
责任印制：刘正兴

出版发行者：大连出版社
　　　地　址：大连市西岗区东北路161号
　　　邮　编：116016
　　　电　话：0411-83620573 / 83620245
　　　传　真：0411-83610391
　　　网　址：http://www.dlmpm.com
　　　邮　箱：dlcbs@dlmpm.com
印　刷　者：大连金华光彩色印刷有限公司

幅面尺寸：170 mm × 240 mm
印　　张：16
字　　数：252千字
出版时间：2024年1月第1版
印刷时间：2024年1月第1次印刷
书　　号：ISBN 978-7-5505-2070-7
定　　价：78.00元

版权所有　侵权必究
如有印装质量问题，请与印厂联系调换。电话：0411-85809575

序

萤火微光照亮时，熠熠娟娟伴君行

应作者的邀请，我认真阅读了《心育：让学生向阳生长》一书，感动与喜悦溢于心间。这种感觉源自作者能够深研积极心理学，引导幼稚的孩童关注事物积极的一面，捕捉成长中的"小确幸"，不断地以健康的心态去品味生活，追逐阳光；这种感觉也源自作者作为一名德育工作者，在具体的学校工作中力擎"心育"，将其作为德育的创新项目大力推进，不断总结反思，用鲜活的课堂，用生动的案例点亮学生心灵的灯；更让人印象深刻的是作者能够将积极心理学与基础教育一线工作紧密结合，将理论与实践紧密结合，在学生成长的田地耕耘"沃土"。我想，"向阳"就是发展每一位学生，让每一个生命在阳光普照下奔放成长，邂逅快乐与幸福，这是最为美好的愿景。

然而，学生发展的现状与我们的美好愿景还存在差距，比如学业"内卷"、辅导班"爆棚"、课间"圈养"等现象的出现，非常不利于学生身心健康的发展。2023年2月，中国科学院心理研究所、社会科学文献出版社联合发布的《2022年青少年心理健康状况调查报告》显示，存在不同程度抑郁风险的青少年约占14.8%，其中有重度抑郁风险的群体占4.0%。这提醒我们，抓牢心育"生命线"刻不容缓。教育部先后颁发了多个关于加强中小学心理健康教育的相关文件，强调了心理健康教育在学校教育中的重要地位。2012年，教育部出台《中小学心理健康教育指导纲要（2012年修订）》，提出要全面加强和改进学生心理健康工作，提升学生心理健康素养；2023年4月，教育部等十七部门印发《全面加强和改进新时代学生心理健康工作专项行动计划（2023—2025年）》，强调要全方位开展心理健康教育；11月，教育部继续发力，成立全国学生心理健康工作咨询委员会，进一步提高学生心理健康工作科学决策水平，为学校心理健康教育工作的专业化铺路架桥。这些文件的颁发不仅体现了国家意志，体现了对心理健康教育的重视和支持，更为广大教育工作者指明了方向和目标。在这样的背景下，本书的编写具有非常重要的现实意义。

本书基于积极心理学的理念编写而成，强调了积极情绪、积极认知、积极行为和积极关系的重要性。书中不仅探讨了心理健康的基本概念和理论，还提供了大量的实践策略和建议。它不仅为学校心理健康教育的开展提供了建议，还为一线教育工作者提供了学习和参考的宝贵资源。

本书上篇聚焦心理健康教师所具备的"教育能力"，系统阐述了教育心理学部分专业概念，包括心理健康教育的概念、意义、目标、内容和方法等，帮助心理健康教育工作者全面了解心理健康教育的理论体系。作者在深入了解当前学校心理健康教育实践的基础上，结合国内外先进的心理健康教育理论和实践经验，献上了一本具有系统性、实用性和指导性的心理健康教育指南。同时，上篇还提供了开展心理辅导与咨询工作的专业知识，指导教师如何在学校环境中建立与学生心灵沟通的"私密空间"，与学生建立信任和合作的咨询关系，倾听学生的心理健康问题并给出理解与共情式的反应，激发、调动学生改善心理健康状态的动机和潜能，启发、帮助学生找到解决问题的方案与策略。尤为可贵的是，上篇探索了基于跨学科融合教学视域下的中小学心理健康教育的新途径与新模式，作者与多学科教师联袂教学，引领学生在不同知识领域中进行学习切换，实施综合性教学实践，从不同的视角探析学科教学和教育管理中渗透心理健康教育的方法，将心理健康教育延伸到更为广阔的育人空间，做出有价值的探索。

下篇采用课程模块的方式，从学习、适应、交流、效能四个方面入手，从学生每个发展阶段的问题出发，在生活中撷取教学资源，在问题中确立研究课题，通过背景介绍、问题分析、案例实施几个方面展开介绍，让同行的心理健康教育工作者更加深入地了解心理健康教育如何实施并检验实施效果。整个下篇从积极心理学视角对辅导内容进行深度剖析，采用积极心理学的技术和方法，着力培养学生的积极心理品质。课程模块关注学生的心理感受，创设体验式学习情境，采用沉浸式学习方式，帮助学生掌握处理问题的方法，并将知识与技能运用到生活之中。下篇四个模块还呈现了可资借鉴的案例，这些案例为作者本人多年亲身实践或研究指导的优质文本，旨在通过提供具体的实操策略和建议，为同行们开展心理健康教育工作提供一些参考。

育心就是育人，心理健康教育就是"读懂孩子，理解人性"，通过阅读本书，你将了解到积极情绪是如何影响青少年的思维、行为和身体健康的，以及如何通过培养积极认知来改变青少年的思维模式和行为习惯。你还将学习到如何帮助青少年通过积极关系来建立良好的人际关系和社交网络，以及如何帮助青少年通过积极行为来提高幸福感和成长质量。

萤火之光，聚之如芒。在心理健康教育的过程中，每一个个体都像是夜空中的一颗星星，发出微弱但坚定的光芒，它展示了身在教育一线的心理健康教育工作者的勇敢、努力和坚持。愿每一个心理健康教育工作者都能在这条道路上勇往直前，为新时代的花朵播撒阳光与希望，无论未来的路途多么崎岖坎坷，只要我们拥有健康的心态、坚定的信念和科学的方法，就一定能够实现我们的愿景。让我们携手共进，为心理健康教育事业添砖加瓦！

中央财经大学心理学系教授，博士生导师

中国心理学会经济心理学专业委员会委员

中国心理学会教育心理学专业委员会委员

国家自然科学基金项目主持人

北京慢性病防治与健康教育研究会心理健康教育专业委员会副主任

《心理发展与教育》编委

《心理技术与应用》编委

目 录
CONTENTS

上篇　学校心理健康教育管理与应用

> 《全面加强和改进新时代学生心理健康工作专项行动计划（2023—2025年）》指出："全面加强和改进新时代学生心理健康工作，提升学生心理健康素养"；"把心理健康工作质量作为衡量教育发展水平、办学治校能力和人才培养质量的重要指标"；把心理健康工作"贯通大中小学各学段，贯穿学校、家庭、社会各方面，培育学生热爱生活、珍视生命、自尊自信、理性平和、乐观向上的心理品质和不懈奋斗、荣辱不惊、百折不挠的意志品质，促进学生思想道德素质、科学文化素质和身心健康素质协调发展，培养担当民族复兴大任的时代新人"。

第一章　心理健康教育概述

> 落实立德树人根本任务，坚持健康第一的教育理念，将心理健康工作摆在"关键"地位，增长知识与全面提升素质相统一。

一、心理健康教育的相关概念 ································· 2
二、心理健康教育的现状及内容 ····························· 4
三、影响学生心理健康发展的因素 ························ 12
四、心理健康教育实施的必要性 ··························· 15

第二章　心理健康教育实践现状

> 以学生成长为原点，营造全方位的健康成长环境，优化家庭、学校、社会心理服务策略，润泽学生心灵，将心理健康教育贯穿教育教学、管理服务、学生成长各环节，加强对未成年人的保护。

一、校园心理健康文化建设 ………………………………… 22
二、营造良好课堂心理氛围 ………………………………… 24
三、创建三位一体的实践体系 ……………………………… 28

第三章　心理健康教育新型模式

> 创新心理健康课程形式，将心理健康教育融入全学科、全领域，实行跨学科教学，充分发挥课堂教学作用，关注学生个性差异，普及心理健康知识和技能，锻造学生解决问题的综合性社会能力。

一、融合式心理健康教育 …………………………………… 35
二、融合式心理健康课程群 ………………………………… 38
三、相关实施案例 …………………………………………… 41

第四章　心理辅导室建设

> 遵循学生生理、心理特点，建立设施齐备的心理辅导室，创设活动场景，发挥心理援助热线作用，拓展服务内容，增强服务能力，强化应急心理援助，培养学生积极的心理品质。

一、心理辅导室运行相关原则 ……………………………… 50
二、心理辅导室运行纪实 …………………………………… 54

下篇　专项实操策略与辅导建议

> 《中小学心理健康教育指导纲要（2012年修订）》指出："心理健康教育的总目标是：提高全体学生的心理素质，培养他们积极乐观、健康向上的心理品质，充分开发他们的心理潜能，促进学生身心和谐可持续发展，为他们健康成长和幸福生活奠定基础"；"心理健康教育的具体目标是：使学生学会学习和生活，正确认识自我，提高自主自助和自我教育能力，增强调控情绪、承受挫折、适应环境的能力，培养学生健全的人格和良好的个性心理品质"。

第一章　学习：策略优化，学而轻松

> 使学生学会学习是心理健康教育的主要内容之一，从不同年龄阶段学生的身心发展特点出发，培养学生的学习习惯、兴趣和学习能力，激发学生的学习兴趣和探究精神，使学生端正学习动机，调整学习心态，树立自信，乐于学习，体验学习成功的乐趣。

　　一、基本内涵 ………………………………………………… 76
　　二、问题及建议 ……………………………………………… 77
　　三、相关实施案例 …………………………………………… 81

第二章　适应：在逆境中反弹

> 发挥课堂主阵地的作用，从学生发展需求出发，分层分类开展心理健康教学，助力学生掌握心理健康知识和技能，学会理性面对困难与挫折，树立自助、求助意识，增强心理素质。

　　一、基本内涵 ………………………………………………… 102
　　二、问题及建议 ……………………………………………… 104
　　三、相关实施案例 …………………………………………… 109

第三章　交流：使关系更为和谐

> 师生关系、同伴关系、亲子关系等构成学生的重要人际关系，助力学生掌握有效的沟通方法，建立和谐的人际关系，培养良好的生活和社会适应能力、开朗与自立的健康人格。

一、基本内涵 …………………………………………………… 122
二、问题及建议 ………………………………………………… 125
三、相关实施案例 ……………………………………………… 126

第四章　效能：积极心理促发幸福成长

> 从积极角度开展心理研究，倡导心理学的积极取向，促进学生的亲社会行为，形成积极心理品质，从而关注健康幸福与和谐发展，树立人生理想和信念，形成正确的世界观、人生观和价值观。

一、基本内涵 …………………………………………………… 150
二、问题及建议 ………………………………………………… 153
三、相关实施案例 ……………………………………………… 160

第五章　心育课程构建实证研究

> 以心理健康科研为牵引，推进教师心理健康教育学习资源开发和培训，提升教师发现和有效处置学生心理健康问题的能力。结合学生常见的心理健康问题，开展学生心理健康研究，将心理健康科研成果应用到学生心理健康教育、咨询服务等领域，提升学生心理健康工作水平。

一、价值理念 …………………………………………………… 177
二、拟解决的问题 ……………………………………………… 178
三、项目研究历程 ……………………………………………… 179

第六章　常用的心理效应

> 注意学生学习、生活中常见的心理现象，总结规律，正确地认识、了解、掌握并利用心理效应对学生进行心理指导，使心理效应在学生的成长过程中发挥重要的作用。

一、促进人际关系改善的心理效应 ······ 198

二、提高学习效率的心理效应 ······ 203

三、克服心理焦虑的心理效应 ······ 212

四、提升心理健康的心理效应 ······ 217

附录 A　中小学心理健康教育指导纲要（2012 年修订） ······ 222

附录 B　中国学生发展核心素养 ······ 230

后　记　心育之微光照亮追梦之路 ······ 236

参考文献 ······ 240

上篇
学校心理健康教育管理与应用

　　心理健康教育又被称为心理教育，或心理素质教育，它是一种运用科学的方法培养教育对象具有良好心理素质的教育实践活动。它能提升教育对象的心理健康素养，开发心理潜能，增强调控情绪、应对挫折、适应环境的能力，并以此推动人格的全面发展。中小学心理健康教育，要根据中小学生的生理和心理发育特点，采取相应的心理教育措施，对学生进行心理健康教育，使其具有良好的心理素质，从而使学生的身体、心理等各方面都得到充分的发展。心理健康教育是素质教育的一项重要内容，是贯彻《面向二十一世纪教育振兴行动计划》、实施跨世纪素质教育、培养跨世纪高素质人才的一项重要举措。在心理健康教育中，全面发展学生认知能力（观察力、记忆力、思维力、想象力、注意力），培养学生的健康情绪、高尚情感、坚强意志、良好人格，让学生学会生活，学会学习，学会思考，学会创造，学会关心他人，学会自我教育。学校心理健康教育是学校思想政治工作中的一项重要内容。只有人的内在心理与外部生活环境协调一致，才能获得德智体美劳全面发展。所以，在学生的素质结构中，心理素质是基础和核心，学生的各项发展都是以此为基础、以此为背景而展开。心理素质发展不仅是素质教育的起点，也是素质教育的终点。随着我国基础教育改革的不断深化，素质教育的全面推进，心理健康教育日益受到人们的重视，学生的心理素质也逐步成为学生素质的基础、核心和归宿。

第一章　心理健康教育概述

一、心理健康教育的相关概念

（一）心理健康

1908年，美国心理健康专家比尔斯在《一颗失而复得的心》一书中提出了心理的概念，从而开创了现代心理卫生运动的先河。心理是一种状态，在良好的状态下，人能够更好地发挥生理功能。从这个定义可以看出，心理健康包括四个方面：与一个人的生理和心理状态有关的认知、情绪、意图和行动，这种状态是一种动态的身心状态。

美国科学家曾指出，一个心理健康的人是一个可以自我实现的个体，他（她）能够实现心灵的最大发展，并充分发挥他（她）的能力。《2001年世界卫生报告》提出，心理健康是一种积极的感觉，在这种感觉中，一个人能意识到他（她）的能力，并且能够为自己和社会作出贡献。在随后漫长的发展过程中，国内外科学家持续关注心理健康的重要性，但由于研究视角的不同，对心理健康的解释也不尽相同。国外部分科学家从社会心理学的角度对心理健康进行了定义，认为心理健康本质上是符合一定社会规则并带来一定幸福感的社会行为。

根据中国学者王极盛的观点，心理健康是一种良好的心理状态，人们能够积极开发自己的潜能，调节自己的身心状态，以适应社会环境的变化。人们对环境变化的适应能力不同，导致不同的心理状态。心理健康可以从良好到不健康，而不同的心理健康水平又会反过来影响一个人的工作能力。

总体来说，心理健康是指一种持续的良好的心理状态和身体机能状态。更具体地说，它包括一个人在所处的社会和文化背景下，神经功能、智力状况、情绪变化和人际关系的动态发展。其他研究者从个体对生活事件的反应来定义心理健康，认为心理健康水平高的人能够对生活事件作出积极的反应。而刘华山则关注一个人与生活事件相关的心理状态，即一个人的认知态度，他认为这是心理健康的重要组成部分。史国兴借鉴了马斯洛的需求理论，将心理健康的标准分为横向和纵向两个维度。纵向维度以马斯洛的需求理论为基础，将心理健康的标准分为正常的生理需求、安全需求、爱与归属需求和自我实现需求。横向维度则以个体的认知、情感、意志、行为、人格和人际关系为基础。在本研究中，心理健康被定义为当环境发生变化时，人们调动自身因素保持良好身心状态的能力。

（二）心理健康教育的概念

关于心理健康教育的定义，不同的研究者从不同的研究角度提出了自己的观点。史国兴从广义和狭义两个角度对其进行定义。在狭义上，他认为心理健康教育的主体应该是学校，学校有目的、有计划地组织心理健康教育活动；在广义上，他认为心理健康教育的主体除了学校教学人员外，还应包括其他心理健康教育工作者。教育工作者的所有心理健康干预措施，只要能对学生的心理健康有所帮助，都应视为心理健康教育。从教育管理的角度来看，有研究者认为，心理健康教育是在科学理论指导下，根据学生身心发展规律和心理特点，运用一定的教育方法，实施一定的教育活动来提高学生心理健康水平的一项教育管理任务。陈家林则认为，心理健康教育是以促进学生身心健康和谐发展为目的的教育活动，在这个过程中，教师要运用心理学、心理管理等方法和技术，使教育活动取得实效。林崇德从心理健康教育的目的出发对心理健康教育进行了比较详细的定义，他认为，心理健康教育的目的是挖掘学生的心理潜能，其中包括智力因素和非智力因素，当心理潜能被激发出来后，学生的心理素质水平就会提高，他们就能发挥个体的潜能，实现自我价值。鄂义德从心理健康教育所进行的活动类型来定义心理健康教育。他认为，心理健康教育是通过心理咨询、团体辅导、开设心理健康教育课、开展课外活动、举办主题班会、深化课题等方式，帮助学生了解个体潜能，解决心理问题，促进心理健康发展的一种教育活动。

随着越来越多的科学家对心理健康研究的关注，心理健康教育的目标也得到进一步深化。

小学心理健康教育的概念是基于心理健康教育的概念，针对特定的小学生群体，结合这个群体的心理特点而提出的心理健康教育措施。在互联网上搜索"小学生心理健康教育"，发现只有不到十分之一的相关文献对小学生心理健康的概念有明确的解释。1995年，张海忠提出小学生的社会适应能力是心理健康的一个标准；1996年，姜广功在张海忠的理论基础上提出了一个新的观点。他认为，小学生的社会适应能力不应该是唯一的研究领域，而应该关注小学生未来发展目标。除了关于未来发展的观点外，金德初认为小学生心理健康发展，还应考虑社会环境。

综合以上观点，本研究认为，小学生的心理健康教育是以心理健康教育为基础，以心理学和教育学理论为指导，根据小学生特有的生理和心理特点，开展适应小学生的教育活动，旨在提升小学生良好的心理健康水平，促进小学生身心的全面和谐发展。

二、心理健康教育的现状及内容

（一）现状及主要问题

从二十世纪八十年代后期开始，我国中小学的心理健康教育就开始为人们所重视，到了九十年代，更是引起了教育界的广泛关注。教育部还制定了《关于加强中小学心理健康教育的若干意见》，并制定了《中小学心理健康教育指导纲要》，对我国中小学心理健康教育提出了新的要求。在教材、读本和硬件建设上，当前，我国已经发行了大量相关的教材或读本。此外，许多学校还设置了心理咨询室，并开设了心理健康教育课程。在教师的培养上，各省市与高校、科研院所都进行了广泛的合作，进行了大规模的培养，提供了较为充足的师资，为在中小学校园中开展心理健康教育创造了良好的条件。即便如此，我国中小学的心理健康教育仍然存在诸多问题。

1. 中小学心理健康教育的学科化倾向。

一些学校将心理健康教育视为一门课程,并在实践中将其作为一门科目来对待。老师在课堂上对心理学的概念和理论进行了系统的讲解,教学方法单调乏味,学生们只会在教科书上做记号,在课后认真地背下课本上的内容并完成作业,甚至还有学校会组织学生参加心理健康课的考试。然而,人们并不知道,心理健康课的目的,就是要帮助学生解决他们在学习、生活、人际关系等方面所遇到的问题,还包括适应有可能会出现的许多不适应的状况,从而减轻他们的心理负担,让他们能够轻松地进行学习。在心理健康应试教育中,应试带来的巨大压力,反而对学生的身心造成了伤害,产生了事与愿违的效果。对学生进行系统的心理学教育并非首要目的,首要目的是要以各种方式加强与学科教学的结合,并将其与班主任工作和学生的思想品德教育有机地融合在一起,体现在丰富多彩的活动训练中,体现在对环境进行优化和对潜在教育资源的利用上。过于强调"学科",只会使学生的思想变得更简单,而不能真正实现对学生内在思想的转化。

2. 中小学心理健康教育的医疗化倾向

一些人将心理健康教育理解为"心理辅导""心理治疗",之所以治疗,是因为更多地把心理问题当作精神类疾病,而不是发展问题。将中小学的心理健康教育随意地医疗化,这与其本质要求、内在规律相背离。有些学校聘请校医作为心理咨询师,就像在医院建立病历那样,对学生的情况进行登记。许多学校的领导和老师给学生们灌输了一种错误的观念,让学生们以为只要有心理问题,就可以去心理咨询室。这样的医疗化趋势,对中小学的心理健康教育工作产生了很大的影响。经调查发现,学生存在的心理行为问题主要有:学习问题、自我管理问题、人际关系问题和社会适应性问题。另外,对中小学生的心理应激事件的调查结果显示,这些心理应激事件30%与学习有关,40%与人际关系有关,30%与其他有关。中小学生心理不健康的主要表现是学习、自我管理、人际关系、生活和社会适应等方面的心理行为问题。就整体而言,中小学生的心理状况是健康的,只是在发展的过程中出现了一些适应性的问题,不能与医学上的心理疾病、心理障碍相混淆。

3. 中小学心理健康教育的片面化倾向

目前，我国中小学开展心理健康教育存在着一定的片面化倾向。有些人过分重视各类心理测试，过分依赖考试成绩，使学生在学习过程中产生了巨大的心理压力。有些学生因为考试成绩太差，不但被同学取笑，还会在心里留下很深的阴影，认为自己是异类，从而产生了真正的心理健康方面的问题。在教育对象方面，大多数教育专家都倾向于以初中生为对象，而忽略了小学生。在传统的思想中，小学生因为年纪小，所以不会有什么心理问题，而毕业班的学生即将升学，没有时间开展心理健康教育，所以在教育对象上存在着片面性。在学生心理健康教育的内容上，他们将重点放在了学生的生活心理教育上，比如青春期教育、人际交往能力培养、抗挫折能力培养等方面，而忽略了学生的学习心理（学习动机、学习兴趣、学习能力、考试心理、学习适应性等）教育和职业心理教育（为学生在职业定向、升学考试及职业分析、兴趣的了解与测试方面提供咨询服务）。在现实生活中，中小学的心理健康教育应该是三者并重的。再者，中小学的心理健康教育对心理咨询的重视程度较高，对心理调适的重视程度较低，对发展性心理辅导的重视程度较低，与心理健康教育的目的相悖。

4. 中小学心理健康教育的形式化倾向

目前，我国的中小学心理健康教育存在着形式化的趋势。部分学校在名义上建立了心理咨询室，开设了心理健康课程，配备了老师，但为教育者自己的教育理念所左右，仍然沿用着传统的教育理念和思想，以及常规的思想政治工作方式，加之宣传力度不够，心理咨询室、心理健康课程没有起到应有的效果。心理咨询室也成了"空壳"，很少有学生来咨询，成为"应付上级"的一种硬件。再者是将心理健康与道德教育相混淆。有些人只是将心理健康教育视为学校德育的一个重要环节，认为并不需要将其作为独立的内容来开展；也有些人将心理问题与思想品德问题混淆起来，用道德教育的方式来处理心理问题。

5. 中小学心理健康教育的孤立化倾向

目前，我国中小学的心理健康教育以学生为中心，而忽略了教师本身的心理健康。然而，教师的情绪会直接影响学生的情绪。教师作为一个特殊的职业群体，往往承受着比较大的心理压力。人们普遍认为，教师是学生的楷模，他（她）们要最大程度地满足学生、家长及学校的需求，并且不能流露出烦躁、沮丧等情绪，这就不可避免地导致了教师工作压力巨大。此外，教师的多重角色（不仅是学生的老师，还是"一家之长"，又是孩子的家庭老师、家庭的主妇，以及社会的模范公民），也使得教师几乎没有时间和精力去进行各种心理调整。因此，忽略教师自身的心理健康，必然会给学生带来消极的影响。

（二）主要内容

1. 学生心理健康维护

心理健康维护是指以学生为主体，在日常的教学中对学生进行心理素质的培养，从而提高其基本素质的一种教育。具体地说，其中包含了智力的培训，也就是要让学生们对智力的本质有一个科学的了解，并且要针对智力的不同构成因素，比如注意力、观察力、记忆力等进行活动设计等。学习心理辅导，就是要让学生对学习活动的本质有所了解，帮助他们养成健康、积极的学习态度，激发学习兴趣，从而培养良好的学习习惯，掌握有效的学习方法等。情绪教育，也就是让学生学会去感受和表达自己的情绪，学会有效地控制、调节和合理地宣泄负面情绪，并对其展开相应的训练，比如敏感性训练、放松训练等。人际关系指导，也就是要以亲子、师生、同伴三大人际关系为核心，引导学生对各种关系的本质有一个正确的认识，并且在人际交往过程中，学会解决冲突、合作与竞争，学会拒绝、尊重、支持等交往原则。健全人格的培养，也就是培养个体在面对社会生存压力时应该具备的健康人格品质，比如独立性、进取心、抗挫折能力等。自我心理培养的指导，就是要通过培训和教育，让学生们对自己有一个科学的了解，并且能够在成长过程中学会悦纳自己，培养自信，树立良好的自我形象。性心理教育，就是要讲解和分析性生理、性心理方面的知识，让学生树立起正确的性别意识，并指导学生理解、掌握与异性交往相关的知识和原则，比如同学之间如何正确交往，如何调节自己的恋爱心理等等。

2.学生心理行为问题矫正

心理行为问题矫正是指对少数有心理行为问题的学生进行心理辅导和行为矫正训练，属于心理矫正的范畴。具体内容包括：学习适应问题，主要指的是围绕学习活动而产生的心理行为问题，比如考试焦虑、学习困难、注意力不集中、学校恐惧症、厌学等问题。情绪问题，主要指的是学生生活、学习与成长过程中出现的负面情绪问题，比如抑郁、恐惧、焦虑、紧张、忧虑等情绪。常见的行为问题，主要是指学生在生活、学习过程中表现出来的不良行为，比如多动、说谎、打架、胆怯等行为。

3.学生心理潜能和创造力开发

心理学的研究显示，人的心理潜能很大，而对心理潜能开发的黄金期是初中和高中阶段。要提高国民的综合素质，必须从儿童时期开始，注重对他们的心理潜能的开发，并对他们的创新能力进行培养。所以，在学校心理健康教育中，心理潜能的开发和创造力的培养也是一项非常重要的教育内容，它主要包括利用专门的教育训练活动，对学生进行判断能力、推理能力、逻辑思维、直觉思维、发散思维及创造思维等各方面的训练和培养；此外，还包括对学生自我激励能力的训练等，以提高学生创造的自主意识与能动性。另外，在中小学教育实践中，在对学校心理健康教育的内容进行安排时，还应该注意根据学生年龄阶段特点和发展需要，在小学、初中、高中三个阶段中侧重选择三个层次中的不同内容。比如：小学阶段，一般将学校生活与学习适应培养、良好行为习惯养成作为主要内容；初中阶段，教师的教育更注重青春期的教育，注重人际关系的调整，注重情绪的调节，注重自信心的培养，注重学习能力的提高，注重个性的塑造；高中阶段，一般都会把提高学习能力、调节考试焦虑、对升学和就业进行辅导、对个性进行培养、对人生观进行教育作为教育的重心。与此同时，还应该将以上各个阶段的心理健康教育内容之间的衔接性与系统性进行统筹考虑，从而在宏观层面上构建出一套与中小学生身心发展相适应的学校心理健康教育的科学体系。比如，学习适应、情绪调控、人际关系调控、青春期心理咨询、自信心培养、意志力及抗挫折能力培养、人格塑造等，在中小学的每一个阶段都是非常重要的,这就要求我们要对相应内容进行统筹安排,确保学校心理健康教育的系统性,并体现出循序渐进、螺旋上升等特点。

(三)中外心理健康教育的现状及内容

1. 国外学生心理健康教育现状

世界各国的心理健康教育发展水平不尽相同,但最早向学生提供心理培训的国家是美国,它是心理学领域最发达的国家。美国政府出台了一系列的法律法规,以确保学生接受良好的心理健康教育。除了专门的教师和专业人员,美国的心理健康教育还通过书籍、课程和其他学习形式融入到学生的日常生活中,随时为他们提供有效的支持。因此,在心理健康教育高度发达的美国,对学生的心理健康教育有多元的模式,学校教育工作者的心理健康任务也越来越系统化、综合化。除美国外,欧洲、日本、加拿大等发达国家的学生心理健康教育也在发展。在英国、爱尔兰和丹麦等国家,心理健康教育工作者主要为社区和社会工作,但也解决学校教育的心理健康需求。在加拿大,学校心理学是应用心理学的一个分支,允许私人执业。因此,有许多私人心理诊所为学生和儿童提供专门的心理服务。虽然这些诊所是私人的,但它们拥有高度专业的工作人员,大多数工作人员都拥有心理学博士学位,或被认证为学校心理健康专家。

2. 国内学生心理健康教育现状

在国内,很少有研究在大样本数据的基础上考察学生心理健康教育的现状。这表明,中国心理健康教育的现状并不乐观。例如,张颖(2018)在扬州市选取了三所学校,就心理健康意识、心理健康教育内容、心理健康教育方法、心理健康教育效果等不同问题对学生和教师进行调查。结果显示,大多数教师对心理健康教育有先入为主的想法,只有20%的教师认为心理健康是一种对人的认知功能有积极反应的状态,这种积极的、可持续的状态可以帮助人实现良好的自我恢复。对心理健康教育内容的调查显示,只有25%的教师会将心理健康教育纳入课程,这些教师大多是思想政治课教师和班主任,说明班级其他教师没有意识到自己在心理健康教育方面的责任。对教师进行的关于心理健康教育具体内容的调查显示,57%的教师认为心理健康教育与认知教育有关,而忽视了其他方面的教育。调查还显示，不同学校的心理健康教育方式不同：有的学校采用品德课的形式，有的学校采用主题班会、演讲比赛、手抄报或课外活动的形式等。调查和访谈显示，心理健康教育的主要障碍是家长和社区的忽视，学校缺乏教材，教师缺乏资源。在最后的问卷调查中，对"经过心理健康教育，你的心理健康能得到改善吗？"的调查结果显示，只有24%的学生认为可以得到改善。通过调查和访谈，发现目前学生心理健康教育存在以下问题：学校对心理健康教育的重视程度不够，存在认知偏差，把心理健康教育看作是苦难教育或形式教育；心理健康教育的内容零散，缺乏系统性和科学性；心理健康教育的方式单一，实施面临诸多障碍，难以在短时间内改变；心理健康教育的效果不明显；学生和教师对心理健康教育的影响认识不同。

李伟（2012）通过问卷调查和访谈，对学生心理健康教育的现状进行了调查，得出以下结论：学生心理健康教育的整体形势不容乐观，体系的分散和孤立是目前学生心理健康教育的显著特征。城市和农村、沿海地区和内陆地区、经济发达地区和欠发达地区、重点学校和非重点学校，在心理健康教育方面存在着教育资源不平衡的显著矛盾。在对枣庄市三所小学的小学生心理健康教育现状的研究中发现了类似的结果：学校的心理健康教育是零散的、孤立的；学生普遍没有良好的挫折耐受力和正确面对挫折的知识；学校缺乏心理健康教师资源，其他学科的教师缺乏基本的心理学知识和技能；心理健康教育存在一刀切的现象；行政部门没有科学的评估机制和公平的拨款渠道，对心理健康教育效果的评估方式不科学、不灵活；家长对心理健康教育不重视，不能理性地考虑。上述研究表明，我国的心理健康教育虽然已经有了相关研究，但还不够深入，教育效果不理想，暴露的问题较多，说明心理健康教育还需要进一步研究，教育内容还需要完善，教育方法还需要改进。

3.国外学生心理健康教育内容

国外学生的心理健康教育内容是由心理学发展基础、学校制度及其发展水平、学校心理学家的数量和质量、国家的经济和文化历史传统等因素决定的，各国的心理健康教育内容有很大差异（HuskyM，2011）。中南美洲、非洲和亚洲等发展中国家的服务内容相对单一，主要停留在利用测量或评估工具对学生的学业或行为问题提供咨询的初级层面。相比之下，在欧美发达国家，服务的范围要广泛得多，其特点是多样性和全面性。发达国家的心理健康教育内容不仅包括学校咨询，还包括了解学生的兴趣和爱好，对各种心理问题提供咨询，纠正行为问题，进行个别辅导，指导或纠正问题学生，回答家长的问题，为家庭学习提供适当的资源和方法，对学生的心理健康教育进行研究、制订方案（Saigh&Thomas，1989）。

4. 国内学生心理健康教育内容

在中国，学生心理健康教育的内容被认为更多的是政策、学术理论和专家学者的观点。教育部在《中小学心理健康教育指导纲要（2012年修订）》中指出，学生应掌握基本的心理健康技能，如心理健康评估标准、心理健康教育的重要性、情绪调适技巧、基本的社会交往技能、适当的自我认知和接纳，并学会主动寻求适当的心理健康问题的帮助。心理健康教育应分学段进行，在小学低年级主要是帮助学生适应学校环境，结交新朋友，学习新规则，养成好的习惯，培养安全意识；在小学中年级主要是加强学生对自己的认识和了解，使他们能更好地接受自己，学会良好的人际交往技巧，接受同学的错误。在小学高年级，重点是促进男生和女生之间的适当互动，提高他们的压力承受能力，调适考试压力和焦虑，加强情绪控制。这样做的目的是培养他们积极的个性，为今后的学习生活做好准备（隋春燕，2016）。

从研究知识、情感、意志和行动的普通心理学角度看，学生心理健康教育的内容包括认知、情感、动机和行为等方面。从认知的角度看，学生心理健康教育的内容包括自我意识、正确认识自己、自我接纳、自我尊重、正确认识性别差异、接受发育过程中的生理变化、正确界定性别角色、保持与异性同伴交往的正确态度等方面。学生要学会了解自己的潜力，教师要鼓励他们对学习产生信心，引导他们形成强大的、可持续的动力，确立引导他们养成良好学习习惯的策略；学习策略包括认知、记忆、推理、解决问题、自我控制等，指导学习的心理和智力发展；情感方面包括特殊时期的学习心理调适，如竞争性、考试前夕的人际关系等。此外，还包括性教育，教会学生与他人正常交往，保持与同学、老师和家长的良好关系，引导学生发展健康的人格和动机，鼓励学生的个性发展，并注重对有人格障碍学生的行为矫正（林红蕾，2008）。

三、影响学生心理健康发展的因素

因为人的心理健康是一个相对独立且极为复杂的动态过程，因而制约心理健康，造成心理偏差、心理障碍或心理疾病的因素也是极其复杂多样的。从性质来看，这些因素主要包括生物遗传因素、心理因素和社会环境因素。从功能来看，这些因素可以分为本体因素与诱发因素两大类。本体因素是一个人心理健康状况发生变化的内在原因，而诱发因素则是心理健康状况发生变化的外在原因。诱发因素通过本体因素发生作用，它决定着人的心理健康状况变化的现实性。例如，紧张的学习生活，对于心理功能状况良好的学生来说，会激发更高的学习热情，投入更多的学习精力；而对于心理功能状况较差的学生来说，有可能引起过度焦虑，导致心理障碍。下面简要阐述本体因素和诱发因素对心理健康的影响。

（一）本体因素

本体因素是一种内在的主体性因素，这种主体性因素主要表现在人的自身。它主要包括两个方面的因素：一是生物遗传因素，二是心理因素。

1. 生物遗传因素

遗传因素、细菌或病毒感染、脑外伤或化学中毒、身体疾病或生理功能障碍等都会对人的生理和心理产生影响。

第一种是基因。一般来说，一个人的心理活动并不会被遗传。然而，一个人的身体和精神都是一个完整的个体，它与遗传因素的联系是非常紧密的，尤其是身体、气质、智力和神经活动过程的特性，更是受到遗传因素的影响。调查和临床观察发现，患有精神发育不全、性情古怪、躁狂抑郁等神经或精神疾病或异常心理行为的人在精神病患者的家族中有很大比例。我国的数据显示，在多动症学生的家族中，有13.6%的人有多动症病史，50%的人其父母或同辈有相似的病史。例如，对躁狂抑郁症和精神分裂症患者亲属的患病率的调查，发现精神疾病与遗传因素的确存在着显著的关系，而且血缘关系越近，患病率就越高，而这正是遗传因素的作用。

第二种是细菌或者病毒性疾病。临床上，斑疹伤寒、流行性脑炎等中枢神经系统感染性疾病，可通过细菌或病毒损伤神经组织，引起精神疾病，并最终导致智力低下甚至痴呆。

第三种是脑部损伤，或者是化学中毒。由各种原因引起的脑震荡和脑挫伤，会导致意识障碍、健忘、言语障碍、人格改变等精神障碍；有毒的化学物质进入人体后，会对中枢神经系统产生毒性作用，例如酒精中毒、食物中毒、煤气中毒、药物中毒等，还会引起精神疾病。

第四种是严重的身体疾病，或者是生理功能障碍。这也是导致心理障碍、精神失常的一个重要因素。比如，患有内分泌障碍，当甲状腺功能紊乱、功能亢进的时候，就会出现敏感、暴躁、易怒、情绪冲动、自制力减弱等心理异常；再比如，肾上腺素分泌过多会导致躁狂症，如果肾上腺素分泌不足，就有可能导致抑郁症等。

2. 心理因素

心智活动就是心智状态。人的心境一旦形成，将对人的心理发展和变化产生影响。影响学生心理健康发展的因素包括认知、情感、人格等。

第一个是认知方面的问题。认知，就是人类认识客观事物，对客观事物的特点和联系进行反映，揭示其对人类的意义和影响的一种心理过程。人的认识过程是信息获取、存储、转化、提取和利用的过程。个体认知是一个非常广泛的概念，它包括了感觉、注意、记忆、想象、思维和语言。

每一个体都有自己的认知要素。它们各自的发展过程及相互关系，会相互影响。当一个认知要素的发展出现了异常，或者多个要素间的关系出现了不协调，就会出现认知矛盾与冲突。这样的矛盾与冲突，会让人感觉到紧张、烦躁、不安，从而努力地去缓解或消除。

认知要素间的不协调程度愈大，个体对这种不协调的预期愈低，其消除这种不协调的动机也愈强烈。当人们的需求和动机长期得不到满足、无法实现时，就会形成一种心理偏差或心理障碍。严重的认知障碍，会损害人格的完整与协调，非常严重时会造成人格的扭曲。

第二个是情绪方面的问题。人们的情绪经验具有多个维度，多个成分，多个层面。它既是个体自身存在的内在驱动力，又是个体社会适应的内在驱动力，对维护个体身心健康起着至关重要的作用。一般而言，一个人如果处于一种稳定和积极的情绪状态中，可以心情愉快，精神饱满，身体舒适，精力充沛；反之，一个人如果长期处于消极的、起伏不定的情绪状态中，就会导致心情压抑，焦虑，精神涣散，控制不住自己，身体虚弱无力。所以，积极情绪的培育和消极情绪的清除，对于促进人的身心健康是非常重要的。

第三个是人格方面的问题。人格因素主要包括人格特征、性格特征、能力特征以及人格倾向。在人的精神活动中，人格因素起着非常重要的作用。举例来说，相同的人生逆境，对不同性格的人的影响是不一样的。有些人不能正视挫折，或者被动地面对，然后就放弃了努力；有些人会接受事实，面对挫折，更加努力。研究发现，个体特有的个性特质常常是其相关心理疾病尤其是神经功能障碍的病理基础。比如，谨小慎微、求全求美、优柔寡断、墨守成规、敏感多疑、心胸狭窄、事事后悔、苛求自己等，这些都容易导致强迫症。再比如，易受暗示、沉溺于幻想、情绪多变、易激怒、以自我为中心、喜欢自我表现等，更容易导致一个人患上精神疾病。所以，培养健全的人格，是维持身心健康的重要条件。

（二）诱发因素

诱发因素是指直接导致学生心理健康问题产生的外部因素。家庭、学校、社会等是影响学生心理健康的主要因素。

1. 家庭因素

家庭对中小学生的生理和心理健康有很大影响。国外大量的研究表明，家庭环境中的不利因素会导致家庭成员的心理和行为失调。这些因素主要有：家庭核心成员的变化，如父母死亡、父母离婚或分居、父母再婚等。家庭关系紧张，如夫妻、亲子、婆媳、兄弟姐妹之间关系不和谐，家庭氛围冷漠，冲突频繁等。家庭教养方式不当，如专制粗暴、强迫压服或娇生惯养、放任自流等。

2. 学校因素

学校是学生学习和生活的主要场所，也是他们度过大部分时间的地方。因此，学校生活对学生的身心健康有很大影响。学校因素包括教育、学习和生活的条件，以及师生关系、同学关系等。如果这些关系处理不当，就会对学生的身心发展产生不利影响。例如，校风学风不良、学业负担过重、教学方法不当、师生之间情绪对立、同学关系不和谐，都会导致精神压抑、紧张、焦虑，如果不能及时排解，往往会导致心理健康问题。

3. 社会因素

社会因素主要包括政治、经济、文化、教育、社会关系等方面。这些因素对一个人的生存和发展起着决定性的作用。其中，社会生活中各种不健康的思想、情感和行为严重毒害着学生的心灵。特别是在当今这个时代，人与人之间的交流越来越广泛，网络的作用越来越大，生活中的矛盾越来越多，竞争压力也成倍增加。所有这些外在因素都增加了学生的精神负担和内部冲突，影响了他们的身心健康。

四、心理健康教育实施的必要性

心理学的发展一般与经济的发达程度有很大的关系。在一些发达国家，对心理学的研究很早，并且已经相当成熟。有一门专门针对中小学生的心理健康教育的学科，叫作学校心理学。在十九世纪末，学校心理学就出现了，二十世纪三十年代以后逐步发展起来，特别是最近几年，学校心理学的发展速度非常快，它主要对 5 岁到 18 岁这一年龄段的问题儿童、青少年和有学习困难、学习障碍或行为障碍等的儿童进行研究。如今，一个特别的学校心理联盟已经在国际上建立起来。在美国学校里，精神卫生健康教育已经发展出一套比较完善的制度，心理学家和学生的配比为 1∶5000 到 1∶7000，符合教科文组织的规定。

我国的学校心理健康教育是从二十世纪八十年代开始的，目前已经有很多学校对学生心理健康教育的研究给予了高度的重视，并在进行积极探索的基础上，形成卓有成效的实施体系，这些成功经验已经成为可推广、可复制的学生心理健康教育研究的成果。学校心理健康教育是一件与学生身心发展密切相关的大事，是全面推进素质教育的关键环节，而学生的心理负担又直接影响到了他们的健康成长，因此，在学校中进行心理健康教育已成为当前新时代中国素质教育的必然要求。学校心理健康教育工作是学校思想政治工作的重要内容，也是学校推进学生综合素质工作的重要内容。学校领导对学生心理健康教育的关注与参与，是实施学生心理健康教育并取得实效的先决条件；教师对此的关注与参与，是开展学生心理健康教育工作的保障；学校是开展学生心理健康教育的主要场所。

近几年来，随着社会的发展，各种变革对我们的学校教育与学生发展产生了巨大的影响。调查显示，在我国中小学生中，约 1/5 左右的青少年存在着不同程度的心理行为问题，比如厌学、逃学、偷窃、说谎、作弊、自私、任性、抗挫折能力差、焦虑、抑郁等等种种外显和内隐的心理行为问题。

这些心理行为问题不仅对青少年自身的健康发展造成了很大的影响，还给正常的教育教学工作造成了很大的困扰，对学校教育任务的完成与教育目标的实现产生了很大的影响。所以，对学生进行心理健康教育，是一项非常紧迫而又重大的举措。

（一）对学生进行心理健康教育是实施素质教育的一项重要工作

与过去相比，现代社会青少年的压力更大，他们面临着复杂的社会结构形态、多元的家庭环境、来自学校的学习与生活压力等诸多方面的问题。这些问题有的来自自我认知方面，也有的来自与他人交往方面，如果不能寻求有效方法解决，长期积累就会造成青少年的心理创伤。尤其是很多独生子女的父母，他们在物质上对孩子是孩子要什么就给什么，在生活上对孩子进行了过多的保护和干预，在学习上过于在意分数，而忽视了孩子的心理需求。这样就会造成孩子性格上的缺陷，从而出现心理疾病。所以，心理健康教育就成了学校日常工作中的一项重要内容，直接关系到学校是否能够真正落实素质教育。

很多父母过分看重成绩，唯恐自己的孩子做得不够好，往往在他们做完了老师布置的功课之后，还会给他们安排更多的功课。也有些父母急于要孩子成功，在学业之外，不管孩子是否感兴趣，强迫他们去学习美术、书法、器乐等，对他们抱有很多不切实际的期待；有些父母为了让自己的孩子考取更高的分数，让孩子不断参加漫长且令人望而生畏的竞赛，这都会给孩子们造成很大的心理负担，使他们身心疲惫。

（二）对学生进行心理健康教育能加强学生与家长的沟通

很多学生因为父母离异或者工作繁忙不在家，缺乏与父母的交流，不是缺乏母爱，就是缺乏父爱。当看到其他人都有父母陪伴，一家人其乐融融的时候，他们就会产生自卑感。比如一个原本学习成绩很好的学生，在开学后成绩退步了，丧失了学习的兴趣，一直郁郁寡欢。班主任找到这个学生了解情况，在交谈中，得知她的母亲被派往其他城市工作，父亲做生意，经常早出晚归，家里常常就剩下她一个人。班主任和学生的父亲联系，确认了这件事，并把学生的情况告诉了他，希望父母能多关注一下孩子学业，在假日里尽可能抽出时间陪伴孩子。同时，班主任还向这个学生说明家长的困难，让她明白父母并不是不关心她，他们是真的有困难，他们是非常爱她疼她的。班主任还发动班里同学在生活中多关心她，让她感受到周围的人是关心和爱护她的。此后，这个学生重新变得开朗起来，并在班主任的帮助下重新取得了好成绩。

（三）对学生进行心理健康教育能改善人际关系

如今，大部分学生都是独生子女，他们在家庭中面对的是成年人，成年人习惯于迁就孩子，导致孩子任性、霸道、以自我为中心。举例来说，一年级的新生，在他们刚进入学校时，彼此间经常会有一些小事发生，仔细问起来，都是一些鸡毛蒜皮的事情。经过调查发现，这个班大部分都是独生子女，平时在家里都是被父母宠着，养成了"唯我独尊"的心态，到了学校，他们很难适应集体生活。为了改变学生的不良行为习惯，老师在班级中组织开展集体活动，比如：集体合作打扫卫生，集体合作画画等。老师还通过家长会的形式，教育家长们在家庭教育中要注意一些问题，避免让孩子们太过任性和霸道。经过一段时间，学生发生了很大的变化，打架斗殴的现象变少了。在班级里，一个同学生病了，别的同学会关心照顾；当他们发现教室中有垃圾，无论是否在自己的位置上，都会自觉地将其清理干净。对学生进行有针对性的训练，可以帮助学生提升交际能力，教会他们改善人际关系。不管是现在还是未来，对人友善，与同学、父母、老师、集体保持良好的关系，都有助于让他们在一个和谐、轻松、愉快的环境中学习、工作和生活。

（四）实施心理健康教育是学生自身发展的需要和社会发展的需要

在中小学开展心理健康教育，不仅是为了促进学生的健康成长，同时也是为了满足社会发展的需要。在《深化教育改革全面推进素质教育的决定》中有一项重要的任务，就是要"强化学生的心理健康教育，培养他们坚韧不拔的毅力和拼搏的精神，让他们更好地适应社会"。良好的心理素质是一个人综合素质的重要组成部分，是一个人未来发展的一个重要方面。"人才"的内涵因时代而异。如果说古代社会重视人的身体，近现代社会重视人的技术技能，那么，当代以及将来的社会将更加重视人的精神品质。实施心理健康教育对培养学生的人格，培养其对环境的适应性，培养其成就动机，改善其人际关系，都具有非常重要的意义。

（五）进行心理健康教育的有效途径

义务教育是学生行为教育的初始阶段，探索各种教育途径对学生的成长至关重要。然而，学生心理健康教育在具体实施办法方面面临着比较大的困难，学生心理健康教育的方法还在快速发展之中（齐建芳，2000）。目前，国内外对学生心理健康教育方法进行了一些尝试，取得了不同的效果。总的来说，可以总结为以下几点：

1. 通过积极心理学日记进行干预。积极心理学日记是以"我手写我心"的形式记录自己的真实心理感受，是社会允许的释放冲动的最佳方式之一（王玉林，2009）。积极心理学日记与日常日记不同的是，它强调关注自己的快乐和愉快的经历，以积极的眼光看待人和事的重要性。积极心理学日记已被用于纠正学生的心理障碍，并显示出良好的治疗效果。积极心理学日记也被证明可以帮助学生控制和调节他们的负面情绪。这种方法非常个人化，更加自由和保密，尊重写日记者的个人想法。

2. 提供心理咨询。通过个别辅导、电话热线、网上校园论坛、真诚信箱等方式，在人们出现心理问题需要帮助时，直接或间接地提供咨询和帮助，帮助学生解决问题，满足他们的需求。辅导的力量在于它能培养来访者的接纳态度，帮助来访者改善和提高自信（张英宁，2009）。咨询还可以通过移情、反馈和温馨的咨询氛围，帮助学生缓解学业压力，应对情感困惑，增强自尊心（朱英挺，2014）。

3. 团体干预活动。促进学生心理健康的干预活动是通过团体辅导进行的，通常采用心理剧、认知行为疗法、舞蹈疗法、图片对话和其他团体活动的形式。比如说，研究发现，当通过团体辅导对学生的应对方式进行干预时，实验组的学生更倾向于使用积极的应对方式来解决他们所遇到的问题。这种方法可以通过同伴的影响和活动的情感体验来有效地辅导学生进行心理调适。然而，辅导工作依赖于专业的心理健康教育工作者。目前，由于学校的师生比例很低，很难保证团体辅导的覆盖面和连续性。

4.心理健康教育可以通过学科渗透来进行。这种方法将心理健康教育与学科的内容和特点联系起来，旨在通过日常教学提高学生的心理健康。但是，这种方法要求教师能够将学科知识与心理健康知识相结合。同时，问题在于课程内容不能系统化，对学生技能发展的影响更多是在意识层面。赵文娟（2005）对如何将心理健康教育融入语文教学进行了更全面、更详细的思考，并通过行动研究探讨了其可行性。在对学生进行思想品德教育时，杜瑞雪（2005）提出教师应注意常见的挫折类型及其原因，挫折的情绪反应及其危害，并提出了改进学生心理健康教育的对策。刘静茹（2007）试图通过地理学科的渗透，将地理教学与心理健康教育相结合，探索出一套实施心理健康教育的模式，并对教育实践中如何坚持地理教学与心理健康教育相结合提出了宝贵建议。

5.组织专项社会实践活动，即通过社会实践活动将心理健康教育落到实处。社会实践活动的形式可以是野炊、志愿者活动、夏令营、军训、郊游、社会调查等。活动的环境是真实的生活，但为了达到教育效果，人为地创造了更多困难的条件，以鼓励学生克服困难，努力工作。学生获得了生活经验，学会了调节自己的情绪，提高了心理健康水平。在实践活动结束后，教师对活动结果进行总结，引导学生了解这些活动对自身发展的重要性，并启发他们热爱生活，在与他人的交往中获得乐趣。这种学习形式有助于将心理健康教育从学校转移到生活中，让学生不仅能享受到乐趣，还能通过丰富的实践活动在潜移默化中学习心理健康知识。然而，这种形式的学习很难组织，其效果取决于教师如何对实践活动进行归纳和指导。

6.体育活动。体育活动通常要求高、难度大、易疲劳，有助于增强学生的乐观情绪，提高他们对挫折的耐受力，磨炼他们的意志力，有助于他们战胜困难。这些活动包括爬山、跑步、游泳、打网球、拳击等。一些研究表明，一些体育活动如爬山，明显提高了学生调节心理的能力。也有研究表明，跑步可以提高学生的逆境商数，提高他们对逆境的归因和忍受能力，增强他们的心理弹性，提高他们应对逆境的能力（唐群，2014）。

7. 合作式家长教育促进学生心理健康。这类方式通过家长会、家长学校、家长座谈会等方式，向家长传授适当的育儿理念和方法，使家长学会营造民主的家庭氛围，采取适当的育儿方式，对学生树立适当的教育期望。引导家长既关注孩子的学习成绩，又关注孩子的心理变化，不增加孩子的学习压力和心理压力，改善家长和孩子的关系，使孩子在遇到心理问题时能随时向家长求助。这种育儿方式取决于父母的水平，育儿效果也因人而异（韩苏阳，2017）。

8. 班主任围绕某一主题开展心理健康教育主题活动，是符合学生心理健康教育要求的教育活动，有助于解决班级学生的心理健康需求。主题活动通过辩论赛、班级演讲比赛、主题班会、小组讨论、积极游戏、专题报告等多种形式调动学生的积极性，让学生参与班级活动，接受班级教育内容，对学生的心理健康进行有目的的引导和教育（陈婷婷，2013）。由于主题班会是在课堂上组织的教育活动，与其他形式相比，其优势在于能够营造民主、开放的课堂氛围，在良好的师生活动引导下，启发学生从内部正确认识心理健康，坦然面对自己的心理健康需求，并预防或解决心理健康问题。然而，在实践中，由于一些教师没有充分认识到主题班会的作用，不了解工作方法，不具备心理健康的专业知识，不具备心理健康教学的必要技能，或者由于校长不够重视，没有组织教师进行培训，没有开设示范课和集体学习研究，教学效果不理想。

第二章　心理健康教育实践现状

心理健康教育不仅仅是举办一两门心理健康课程或邀请专家做一两场讲座，它是一个系统工程，需要考虑到学校的所有教育因素，调动其教育功能，从根本上解决学生的心理健康问题。

一、校园心理健康文化建设

校园文化是指在一所学校中形成的能被全体成员认可和感知的一套独特的价值观、行为规范、思维方式和风格。它是学校环境的独特教育力量，是学生成长的潜在课程，是学校的独特风格和精神，是学校的灵魂。良好而浓厚的文化氛围在学校教育中的作用是不可估量的，是明确的课程或规章制度所不能替代的。

（一）校园文化的力量与作用

校园文化作为学校环境中的一种教育力量，是无形的教育资源。校园文化可以对学校所有成员产生相当大的心理影响，对培育学生的价值观有潜移默化的作用。

校园文化一旦被学校所有成员认可，它就会成为学校的旗帜，对所有成员产生统一的心理和情感影响。如果在正确的指导下使用，它可以使学校所有成员处于统一协调的良好环境，并形成一种群体意识。这种强大的向心力的形成，直接关系到校园文化的发展。

校园文化形成后，会成为一种强大的心理和环境强制力，促使大多数教师和学生自觉地符合群体规范。良好的校园文化能给所有成员带来精神上的鼓舞，从而产生自豪感，激励他们为延续和发展这种文化而努力。

（二）校园文化的设计与塑造

1. 营造良好的校园心理环境

校园的心理环境是直接影响师生心理取向的因素，学校领导应该高度重视校园心理环境的营造。历史上，中外教育家也都非常重视心理环境对个人的影响。顾颉刚说，帐幕生在树桩上，不是支撑而是竖起来的。门努斯认为，学校本身应该是一个令人愉悦的地方。事实正是如此，因为良好的学校心理氛围能促进和谐的人际关系，提高教师的工作效率。人际关系是学校心理环境的核心，它由三部分组成：师生关系、学生之间的关系和教师之间的关系。在学校的教育活动中，上述各类人际关系的状况直接影响到校园文化的形成、教育效果和教学质量。要建立良好的师生关系，教师必须发挥重要作用，把学生当成自己的孩子，尊重学生，真诚相待，才能成为学生的良师益友。学生的学习和活动绝大部分是与同学一起进行的，他们之间的交往方式直接影响到他们的情绪和心态，从而影响他们在课堂上的学习和课外活动的成效，因此，教师应指导学生学会与他人共同生活，关心他人，团结互助。教师的人际关系不仅影响着教育教学的发展，教师作为榜样也潜在地影响着学生的人际关系，影响着他们的团结合作和集体意识。

2. 坚持正确的学校舆论与规范

学校舆论和规范构成了保证学校教育正常运行的制度文化。它是一种文化约束，要求学生、教师和行政人员的活动符合特定队伍的某些准则和要求，是为实现一定的教育目标而制定的，具有一定的约束力。近年来，通过抓好典型和示范，落实领导人员的职业责任，形成了推动教育教学改革发展的强大舆论力量。一是围绕"认识落后，不甘落后，奋起直追，赶超先进"的精神，抓好学生素质培养。二是抓好创新教学形成有利于教学育人的模式。三是结合学校具体情况，开展礼仪教育，引导学生知法懂礼，争做文明礼貌的好学生。

3. 活跃校园文化群体组织

在学校，学生社团的组织和活动是校园文化的一个重要方面。学生社团有两种类型：一方面是与教学密切相关的各种兴趣小组，如数学、写作、小游戏等兴趣小组。这些社团是对课堂教学的补充，对学生拓宽知识面、开发智力非常有益。另一类是与学生的爱好密切相关的各种俱乐部，如文学俱乐部、艺术俱乐部、体育队等。这些组织对发展学生的技能非常有效，对学生丰富业余生活，培养生活情趣，提高审美能力非常有益。可以说，学生社团是学校活动的一个组成部分，是一种发展学生个性和鼓励学生创新的积极有效的组织形式。

4.追求高品位的环境熏陶

中央关于德育工作的文件明确指出，要把优化学校环境纳入社会主义精神文明建设的规划。优美的环境对学生起着潜移默化的作用，对促进学生身心健康发展、培养学生的良好品德至关重要。近两年来，着力开展的校园改造工程，打造具有浓郁文化气息的花园式校园,为学生提供优质的学习和生活环境。比如：除了建设文化长廊，造型艺术，还在主干道树上悬挂运动名言警句，在学习楼、科技楼悬挂名人画像等等，每一个场景，每一件事，都是无声的教育者，学生在文明、优雅的环境中，不但受到美的熏陶，而且能自觉努力，学习成才。

二、营造良好课堂心理氛围

课堂的心理氛围是学生在课堂上学习的心理环境。作为学习心理活动和学习者个人特征之间的中介，它通过影响学生的学习动机、学习行为、情感学习体验和课后评价来影响学生在课堂上的学习效果。课堂上心理氛围不同，学生的学习动机、学习兴趣、情感体验和学习注意力就会有很大的不同，这必然会对学习效果产生影响。课堂上积极健康的心理氛围可以提高学习效率，反之则会降低学习效率。

心理学研究表明，一个人的心理状态既可以改善也可以恶化心理功能，而且智力表现对心理状态的依赖程度可以达到70%。课堂上积极、和谐、愉快的心理氛围可以使学生的大脑皮层处于兴奋状态，促进智力发育。在这样的心理氛围中，学生接受力强，思考迅速而深入，想象力丰富而活跃，记忆力较好，精力充沛。这样的心理氛围更容易激发学生学习的兴趣，引导他们更好地吸收新知识，分析、综合、联想、推理，创造性地学习新知识。相反，课堂上消极压抑的心理氛围会抑制学生的智力活动，缩小他们的思维范围，使他们的思维变得迟钝和局限。虽然他们被迫接受一定量的知识，但很难独立思考和积极研究，这就不能促进学生的创造性学习。

课堂上积极的、支持性的心理氛围是促进学生社会化的重要前提，这种心理氛围可以通过教师和学生的提示，对他人起引导作用。提示是在没有压力的情况下产生的，表现为无意识的或自愿的服从，使被选择的人感受到相同的情绪，并有可能引起由相同情绪驱动的行为。同时，课堂上的心理氛围可能导致许多学生采取某些行为，这可能导致学生之间的连锁传染，被称为"潮流"。流行的行为往往被认为是相关的，这鼓励了学生跟随它们。同时，时尚潮流可能会引导学生远离现状，成为创新的源泉。

因此，课堂上的心理氛围会影响学生的学习效率和个人发展，以及他们的社会化进程，对教学质量也有很大影响。在课堂上营造良好的心理氛围需要教师的精心组织和主动作为，教师是课堂上良好心理氛围的创造者和监护人。在课堂上营造良好的心理氛围，既要创造，又要调节，常用的策略有以下几种。

1. 正确鉴定课堂心理氛围的状况

测定课堂上的心理氛围是在课堂上创造良好心理氛围的前提和基础。测定的主要方法是观察、访谈、问卷调查和心理测量法。根据课堂心理氛围的概念，中国研究者刘思兰制作了一份关于课堂心理氛围的调查问卷，其中包括四个方面：课堂上的勇气、课堂上的不舒服、课堂上的互动和课堂上的态度。其中"课堂态度"这一因素主要考察了学生基于对课堂学习目的的理解而产生的情绪反应。通过调查，我们可以了解到课堂心理氛围的状况。

2. 公平的评价和合理的期望

教育心理学的许多研究表明，教师的期望有一个自我实现的效果。教师对学生的期望值高，学生就会向好的方向发展，而教师对学生的期望值低，学生成绩就会下降。教师经常通过课堂行为向学生传达他们的期望，只有当教师采取适当的方法，准确地识别每个学生并对其进行适当的评估，并确信只要有足够的教学时间和适当的指导，几乎所有的学生都能掌握相关知识并形成适度的期望，进而形成良好的心理教学氛围。

3. 教师要以自己积极的情感感染学生

师生之间的情感共鸣是课堂心理氛围的一个重要变量。现代教育学认为，学习不仅是一个知识传授的过程，也是一个师生之间理性和情感互动的过程。为了让学生准备好接受教师传授的信息，这些信息必须满足他们的情感需求。为了在课堂学习过程中把教师和学生的意图、态度和情感结合起来，使教师传递的知识和信息唤起学生强烈的求知欲、积极的思维活动和强烈的内心感受，教师需要增加情感投入，为知识和信息增添情感色彩，引入情感学习，通过教师自身的情感体验，在课堂上营造良好、和谐的心理氛围，产生共振效应，潜移默化地影响学生，在课堂上形成一定的心理氛围。因此，教师应在教学过程中注入积极的情感和真挚的爱，用自己的情感和爱去感染和打动学生，使学生在丰富快乐的情感体验中参与教学过程。许多优秀教师的经验表明，教师的积极情感有助于在课堂上形成良好的心理氛围。这也要求教师深入学生的内心，感受学生的情感，让自己的情感流入学生的内心，重视与学生的情感交流，减少师生之间因权威、地位、角色而产生的心理距离，加强与学生的心理合作，使学生能够拥护老师，相信老师。师爱是调节班级心理氛围的源源不断的动力。

4. 教师要合理利用信息传递

教师传达的信息也是影响课堂心理氛围的重要因素。教师传达的内容是否新颖、科学，课程结构是否密集，表述是否清晰，描述是否具体，内容是否与学生的实际生活相关，这些因素都影响着知识的可信度。只有当学生认为教师传递的信息是有效的、可接受的，他们在课堂上的心理状态才是积极的、主动的，课堂的心理氛围才是和谐的。因此，教师所传递的知识的准备工作和呈现方式也是影响课堂心理氛围的重要因素。课堂讲授的内容和教师提出的要求应该适度困难，即应该有一定的难度，但不是不可逾越的。如果学生克服了困难，学习成绩优异，就会感受到自己的智慧和毅力的力量，就可以感受到努力学习和取得成绩的幸福和快乐，课堂的心理氛围就会大大振奋。

5. 重视课堂教学中的多向交往，建立良好的班级人际关系

在课堂学习过程中，教师和学生之间的交叉对话被称为多向互动。多向互动具有多层次性、独立性、多样性和趣味性，可以满足学生对知识的渴求，自由发挥学生的主观能动性，提高学生的自学能力，提高学生的智力活动水平，可以因材施教，顺应教学特点。因此，如果教师在课堂教学中注意多向互动，就能在课堂上营造良好的心理氛围。

师生关系和谐，教师爱护、信任学生，学生尊重、敬佩教师，可以使课堂出现积极、健康、快乐、活跃的心理氛围；师生关系不和谐、僵化、紧张，容易导致课堂出现消极、无聊的心理氛围，甚至出现紧张。在学生之间的关系中也可以看到类似的情况。如果学生之间不和谐，矛盾重重，勾心斗角，课堂上就容易出现讥讽、攻击、紧张、压抑等不健康的氛围。

6. 维持学生在课堂学习中的良好心理状态

心理状态是一个人在一段时期内相对稳定的心理活动状态和水平。课堂上学生的心理状态是一个重要条件，直接影响到课堂的心理氛围和学习效果。因此，在上课时，教师要善于观察和了解学生的心理状态，有意识地鼓励学生，主动地消除不良心理状态。首先，教师要通过学生的非语言行为，即服饰、眼神、动作、姿势等方面了解学生的心理状态；要观察和了解学生上课时的心理状态。其次，教师应热情地激励学生，以创造和保持良好的心理状态。如果教师有热情的、非常鼓励的话语，有亲切的、自信的神情，就能使学生产生兴奋感、喜悦感和责任感，建立积极的心理状态。同时，教师在课堂上要考虑到学习者的不良心理状态，并克服它。这可以从两个方面入手：一是要分析不利心理状态的原因；二是要消除课堂上教师和学生的认知、情感、动机、兴趣、注意力、意愿、个人、师生关系等方面的心理障碍。

三、创建三位一体的实践体系

（一）学校心理健康教育发挥主阵地作用

班主任是负责班级整体工作的教师，是学校领导和管理人员的得力助手，是班级与各种组织（如团、队、班委会）之间的纽带，是学校教育与家庭教育、学校教育与社会教育的纽带。因此，班主任在学校的管理中扮演着非常重要的角色，其地位和作用体现在其工作的复杂性上，其中包括学生的心理健康教育。

班主任在学生的全面健康发展中起着重要的作用，只有具备高水平心理素质的班主任才能培养出心理健康的学生。班主任只有建立起良好的心理素质体系，保持健康的心理状态，才能成功地发挥心理咨询师的作用。一个好的班主任应该有敏锐的观察力，良好的思维能力，良好的情感素质，稳定的情绪，坚强的意志和自信的精神。班主任和学生应该有良好的情感交流，建立良好的情感关系，形成亲近感和相互认同。相互吸引越大，学生就越愿意和老师做朋友，老师对学生的影响也就越大。这就是亲其师、信其道的含义。心理健康教育的关键在于班主任，班主任的心理健康水平往往对塑造学生的健康心理起着重要作用。如果班主任的心理不健康，学生的心理健康就无法得到保证。

许多教学实践证明，教师工作自始至终是一个互动过程，其人格影响着学生的人格，教师工作对学生的成长起着至关重要的作用。俄罗斯教育家乌申斯基说："如果没有教师对学生人格的直接影响，就不可能有真正深入性格的教育工作，只有人格才能影响人格的发展和形成。"教师的人格是教育的力量。每位教师都应该意识到培养自己人格的重要性，给予足够的重视，努力完善自己的人格，用自己美丽的心灵去影响学生的心灵。

1. 以主题班会的形式对学生进行团体辅导

随着教师对学生心理健康的重视，班会作为对学生进行引导和教育的一种形式，被教师赋予了新的功能——心理辅导的功能，也叫班级心理课。在班会前，应做好准备工作，明确学生的心理发展状况，进行适当的辅导，保证班会的正确导向。在组织班会时，教师要善于捕捉学生言语和情绪的细微变化，了解学生情绪的内在含义，寻找学生群体的发展趋势，及时制定计划，解开学生的心结。教师在利用主题班会对学生进行引导时，首先要对学生的想法感同身受，然后有意识地引导学生，让他们在积极的思维下自然而然地改变错误的观念或想法。但必须注意不要暴露学生的个人隐私，也不要制造新的心理问题。教师应充分调动学生的积极性，让他们畅所欲言，通过互相帮助，减轻他们的心理负担。

2. 根据学生的个性差异进行个别辅导

在心理健康教育方面，个体辅导涉及学校中需要特殊帮助的那部分人。人类的心理有一个普遍的方面，但它通常以个性化的形式出现。第一个方面由心理教育来处理，第二个方面由个人咨询来处理。学校有一个心理咨询室，每天都有持有心理健康证书的老师在场，回答需要咨询的学生的问题。学校还可以设立心理帮助热线和信箱等，接收学生和家长的电话和信件。通过这样的咨询，学生们学会了从发展的角度来看待自己目前的困难，增强自尊和自信，积极看待生活中的障碍，找到克服困难的有效方法，最终提高自己。

3. 新型的教育方式——心理剧引进教室

学生们可以学习用生活中的小事件编造心理剧，编写和表演自己的故事。通过表演心理剧，学生可以摆脱不良的心理体验，这使他们心跳加快，心情激动。最重要的是，这个过程可以帮助学生学会照顾自己，有助于形成良好的团队氛围。

4. 用网络优势开展心理健康教育

随着信息技术的发展，校园网的不断完善，为心理健康领域网络教育的开展创造了有利条件。网络的优势在于它的互动性和隐蔽性，可以让学生通过网络更多地敞开心扉，毫无顾忌地表达自己，有利于触动学生的心灵。学校可创建"心灵网"，其中包括"心理积分""心灵教育论坛"和"你我他"。利用网络进行心理健康教育，也将取得明显的效果。

（二）构建心育渗透其他学科的教学管理模式

苏联教育家赞科夫对学习和发展的研究表明，学习不仅包括知识的获取，还包括学生的全面发展，其中也包括心理教育的要求。学生的心理发展不是一个孤立的发展过程，而是学生在学校各方面教育活动中的一个环节。为了加强心育原则对教学的作用，必须强调"没有爱就没有教育"，这是所有学科都要遵循的原则，也是最重要的原则。当学生感到被老师所爱时，他们会产生积极的情绪，如自尊、自爱、自信和自我完善。当他们感到有勇气克服自己的缺点，有热情努力学习时，他们的学习成绩就会提高。实践证明，积极的情绪和情感可以提高人的敏感度和感知力，使记忆深刻而牢固，提高思维能力，丰富想象力，激发灵感的诞生。作为学校管理者，我们可以从管理的角度加强这些心育原则的实施，在课堂上对教师进行评价，看他们是否爱学生，是否因爱而产生积极的情绪和情感，这些做法都有助于提高学生的学习成绩。

心理教育是素质教育的重要内容，构建以心育为突破口的德育管理模式是实现德育目标的有效手段。

1.加强认知心理教育，提高学生的是非判断能力和道德判断能力。认知心理的发展是道德发展的前提，道德发展是认知发展的一部分。因此，我们从学生的认知发展现状出发，以认知心理教学为目标。

2.根据学生的心理特点，实施符合学生心理适应性的各种形式的德育活动。例如，采用树立身边的榜样等方式，鼓励学生产生良好情感，采用挫折训练、自律训练等方法，鼓励学生形成良好意志，用行为矫正、行为改变等方法矫正不良心理特征。

3.无价值评价原则的应用和德育评价改革。无价值评价原则是心智教育原则中的一个重要原则。应用无价值评价原则进行德育评价改革，是提高学校德育工作实效的有效途径。

（三）营造良好的家庭氛围

家庭是人生的第一所学校，它是学校教育的基础和重要补充。调查显示，良好的家庭氛围是家庭幸福和孩子身心健康发展的重要因素。如果说孩子是种子，家庭就是土壤，家庭的氛围就是空气和水。法国启蒙思想家卢梭说，只要父母之间没有联系，只要家庭作为一个整体不能使人感受到生活的甜蜜，不良的道德就必然会填补空白。这就是为什么创造一个良好的家庭氛围对孩子的学习、情感和性格，甚至对整个人生社会化过程的成功至关重要。

气氛是指在某一特定场合下的特定环境或情绪。家庭氛围是家庭内部的特定环境，其核心是父母的情感影响，体现在家庭的物质生活、家庭的人际关系、家庭的生活方式、家庭的文化教养以及其他反映出来的情感、兴趣、爱好、态度、行为等等，通过空间和时间的效率整合，以个性化的家庭情绪和氛围的形式表现出来。家庭氛围，对家庭人际关系、家庭生活质量、儿童成长、儿童认知发展、儿童情绪、儿童士气、儿童健康（身体健康、心理健康）有着重要的影响。

那如何营造良好的家庭氛围？

1. 构建美满幸福的家庭组织

最重要的是，家庭成员之间的人际关系必须是良好的。一个理想的家庭，民主和谐的家庭氛围，是青少年健康成长的基本条件。家庭成员之间的关系决定了家庭的稳定性和心理氛围，对家庭成员尤其是青少年的身心健康有很大影响。南京师范大学的一项研究表明，生活在和谐家庭关系的中学生，18.9%学习成绩优秀，10.9%学习成绩差；39.3%品行良好，7.35%品行差。生活在家庭成员关系紧张家庭的中学生，16.7%的学生学习成绩差，33.3%的学生性格好，33.3%的学生性格一般。家庭成员之间的关系包括夫妻关系：互敬互爱、互学互助、互让互谅、互慰互励；父母与子女关系：民主、平等，既有亲子关系，又有友好关系；代际关系：尊重家庭伦理道德，尊重他人，特别是在抚养子女方面，能相互理解，达成共识。

2. 合理规划的家庭物质生活保障

家庭的经济收入必须用于满足家庭成员的共同需求，以及家庭成员的个人需求，只要通过仔细的预算和合理的支出就可以做到。现实表明，家庭内部的氛围也在很大程度上取决于如何处理这个问题。家庭成员之间的沟通也是必要的。家庭成员不仅应将家庭视为生存空间，也应视为心理发展的空间。当家庭成员面临困难或挫折时，他们应该主动提供安慰、建议和帮助，以加强心理技能。青少年特别需要长辈的关心、建议和帮助，因为他们的实践经验少，情绪波动大。

有必要组织家庭成员之间的活动和互动，以改善他们之间的心理联系。例如：在与家人的假日旅行中，父母可以自然地发现孩子的兴趣、观察能力、处理互动的能力和评价态度；父母和孩子之间的轻松对话，可以使孩子和父母之间产生亲切感、尊重感和平等感，逐渐在家庭中形成一种温馨和谐的心理氛围。

3. 创造学生健康成长的良好环境最重要的是，父母应该注意爱孩子的方式：爱得少，爱得理智，分析他们的要求，合理时满足他们，不合理时拒绝他们，并理智地与他们交谈，随着他们的成长，爱的形式逐渐从外部转向内部。

爱具有深远的影响，所以对孩子的照顾和培养应该面向未来，有助于他（或她）适应未来社会的能力，例如：独立、勤奋和善于学习。有效的爱，一方面是指让孩子感受到父母的爱，一种尊重孩子的个性、兴趣和爱好的成熟的爱；另一方面，要确保孩子对父母的爱能促进父母和孩子之间的理解和接受，创造父母和孩子之间交流和亲情互动的心理氛围。要克服过度的爱，即动机和后果相互矛盾的爱，比如以下两个方面：一是陪孩子上学，用成人的思维方式指导孩子学习，引起孩子的反感；二是喂孩子吃饭，导致孩子的饮食模式不恰当，破坏了孩子的正常发展。当然，父母和孩子之间的爱是不可避免的。如果父母不爱自己的孩子，他们就不能培养孩子爱的意识，有时还会产生反作用。因此首先要从小培养孩子对父母的爱的感情，他们才能将这种爱延伸到社会、周围的人和祖国。其次，对孩子要严而有度：即对孩子要严格要求，要有榜样，从孩子的实际出发，提出明确的要求，要严格，但不能苛刻；对孩子的要求要合理，不说狠话，甚至坚持养成对孩子不多说话的习惯，语言不多，但有分量，可以重复，家长和孩子之间可以进行沟通，让孩子有机会说说自己的想法、困难和需求。心理学研究表明，合理的期望往往会带来好的结果；相反，过高的期望会使孩子产生心理上的反感或失去信心。

4. 留足学生快乐成长的小天地

物质世界：箱子、桌子、房间等，让孩子们学会明智地安排自己的生活，比如把孩子们的小创作和奖励放在适当的地方，让他们欣赏自己的劳动成果，享受成功的喜悦，培养重复劳动的愿望。精神领域的小世界：让孩子们有同龄的小伙伴，自由选择自己的爱好和兴趣，自由塑造自己的生活，让他们学会选择，养成良好的学习和生活习惯，营造适合他们身心发展的精神氛围。

5. 学会正确应用奖励和惩罚

奖励和惩罚是不可缺少的育儿工具，如果使用得当，对营造家庭良好的心理氛围很有帮助；否则，可能会适得其反。鼓励应该比惩罚更经常使用，因为它有镇定、激励和强化的作用，特别是对青少年。惩罚通常是最后的手段，它会造成痛苦和内疚，最好是在积极的教养方式之后，适度地使用。最好是用学校材料、书籍、玩具和其他对孩子智力发展有用的材料来刺激孩子。惩罚应审慎使用，不要把惩罚作为负面情绪的发泄方式。不适当的惩罚，尤其是训斥，不利于青少年的身心健康和个人发展。

6. 要有高尚的家庭文化环境

人类社会的自然和物理环境中渗透着文化因素、人性化的自然和物质。所有的家庭都具有文化性质，文化因素充斥着家庭成员的空间和时间。从这个社会学的角度来看，家庭文化环境的建设，对家庭内部良好心理氛围的形成有直接影响。家庭文化环境可以从三个层面来理解：一是家庭的物质文化，如家具的样式和颜色、居室的布局、装修、生活用品的选择等，应反映家庭成员的共同需要、职业特点、兴趣爱好、个性和教育程度；二是家庭的制度文化，家庭的生活习惯、伦理标准和道德礼仪应体现家庭的道德文化；三是家庭的文化教养，是家庭态度的文化层面，即家庭成员对家庭事务的态度和行为。因此，家长要加强学习，树立正确的教育观和人才观，重视家庭文化环境的建设，把提高家庭成员的思想道德水平和文化教育水平放在重要位置，学习家庭教育的理论和方法，逐步形成积极的家风，营造良好的心理氛围。

第三章 心理健康教育新型模式

课程模式又可称为课程类型，《教育大辞典》有这样的说明：课程类型（curriculum types or categories）也称课程模式（curriculum models）。在不同的教育学者眼中，课程模式有不同的界定，但作为基层学校，从实践的角度来看，普遍认同：按照一定课程设计理论和一定的学校性质任务建立的，具有基本课程结构和特定育人功能的，用在特定条件下课程设置转换的组织形式，即是课程模式。

心理素质是人全面发展的重要因素，而提高心理素质的主要途径是进行心理健康教育。在进行心理健康教育时，要依据本学段学生生理与心理的发展特点，从培养学生良好心理素质的目的出发，开展教育活动，在实施的过程中要运用有关心理教育的方法和手段。目前，进行心理健康教育的方式，主要是开设专门的心理健康教育课和结合主题班会的形式开展。对于教学原则、教学内容和教学方法，我们有比较有成熟的研究，但对心理健康教育课模式的探讨仍然缺乏。教学模式是在一定的教学理论指导下，通过对教育教学实践经验的概括和总结，形成一种指向特定教学目标的比较稳定的基本教学范式。它是某种教学理论在课堂教学特定环境中、特定条件下的表现形式，可以实现特定条件下教学结构和功能的统一。因此，要提高心理健康教育课的实效，促进学生心理健康成长和人格完善，心理健康教育的模式探究十分有必要，笔者从对实践经验的认知出发，从课程实施特点和新课标理念的导向的角度，浅谈两种结合心理健康教育和主题班会的形式开展心理健康教育的课程模式。

一、融合式心理健康教育

在"十四五"期间，中国要建设高质量教育体系，学生全面的发展、优质均衡的发展和高效的发展是中国教育进行学生培养的重要主张。由此，融合式教学进入大众视野，融合式教学以其过程灵活、学习场景丰富、教学方式多样、满足个性化学习需求等特点，成为推动学生核心素养培养、支撑教育供给侧改革、助力学习方式变革的重要教学方式。

开展融合式课程，重要性不言而喻。融合式课程是一种打破学科界限，将不同学科、不同领域的理论和方法无缝对接，有目的、有计划地设计和组织课程内容和学习活动，提高学生能力，促进学生全面发展的课程组织和设计理论。通过融合式课程，学生的知识结构和系统成为一个紧密联系的整体，提供了知识、生活以及面向世界的问题解决的整体观，让不同学科的专业人员参与进来，来修改内容和重新设计课程模式，帮助学生培养稳定的心理健康品质，实现核心素养导向的培育目标——全面发展的人。

融合式课程的实施离不开学生与教师。学生方面，可以培养学生全面综合能力，养成多元思维的学习品质。融合式课程使用以心理健康教育为参与主体的两个或多个学科概念实施活动体验，形成积极心理品质，心理健康视角下的融合式课程开发是学生的学习和实践过程，它不是一个单一的活动过程，而是需要学生在多学科教师的指导下进行实践、实验和反思，不断更新和调整课程内容，形成良性心理品质下的综合能力。教师方面，可以促进教师对心理健康的准确理解，并对其相关性有全面的了解，特别是制定教学内容，以心理健康教育为学科本位，哪些知识需要补充，哪些内容可以关联，都需要教师进行思考，如智力关联和思想关联，心理健康教师在学习中提高融合意识，从不同的学科角度思考问题，以综合的方式处理问题。

曾经看过著名心理学家彭凯平的一篇文章，关于利用积极心理学的科学思维，挖掘《山海经》中的积极心理学，这就是现代与远古文明的融合，更是传统文化与心理学的有效融合，给我们很大的启发。他提到，古往今来，在诗意表达的浪漫中，出镜率最高的是"颜值"，"颜值"对幸福感的提升有很大的影响，他重点讲了"颜值即正义"的浪漫幸福方法。他谈到，"颜值"的负面影响来自成年人的固化思维。普林斯顿大学的亚历克斯·托多罗夫关于陌生人的实验、戴恩关于照片后效的实验，都得出了关于"颜值"的积极结论。抚今追昔，从原始《山海经》中找到远古"颜值"所带来的极致浪漫和幸福感受。这一极致浪漫的幸福感曾被陶渊明用优美的诗句表达出来："流观山海图"，"不乐复何如！"同时，彭凯平又提出这种以童心观览"颜值"所激发的浪漫思维，让陶渊明沉浸在极致的福流状态，从而写出了妙绝千古的幸福诗篇。

然而，西王母的形象在《山海经》中是"其状如人，豹尾虎齿而善啸，蓬发戴胜，是司天之厉及五残"。这和陶渊明的诗句"王母怡妙颜"所描写的形象相差甚远。直到清华美院的插画师陈丝雨的作品《西王母画像》，才体会到他把"蓬发戴胜"的西王母画出了"怡妙颜"的样子。陈丝雨以其童心焕发的想象力、敏锐的色彩感知和精确到毫米的工匠精神，以及用蓬到360度的巨量发量，在二维平面上极致地展现了"蓬发"。在"戴胜"的正中间，镶着一枚硕大的红色宝石。因为在古代，只有最高贵的女子才有资格用红色作为衣饰，这颗无与伦比的红色宝石，恰如其分地表达了西王母至尊的地位，也才配得上"玉台凌霞秀"。这画像是迄今为止最为契合陶渊明诗句的、最深地挖掘古典文化精华的、最能让人体会陶渊明的诗意所蕴含的极致感受的作品。

这就是彭凯平教授这篇文章的主旨思想，穿越千年的《山海经》在当代走向辉煌——西王母的妙颜光环效应，可能在其中起到了意想不到的作用，尤其是这个光环效应的时空半径在跨越一千年后依然没有衰减。在现代积极心理学研究中，光环效应向来被认为是一把双刃剑，它既会给我们带来幸福，也会给我们带来伤害，但作为"颜值"天花板的"怡妙颜"——西王母的光环效应不是双刃剑，而是纯粹的"颜值即正义"，所带来的是可持续的主观幸福感。之所以引入这篇文章，是深入解读中国古代经典著作与心理健康教育的融合之处，再次力证了在心理健康教育领域实施融合教育具有实际的重要意义。

在心理健康教育领域开展融合式教育有其时代性。教育专家成尚荣先生认为更广大更宏大的教育应置于如下四个背景来考量：一是教育高质量发展的背景，二是立德树人的背景，三是"双减"政策的背景，四是义务教育阶段新的课程方案和各学科的课程标准颁布的背景。今年新颁布的《义务教育课程方案》，明确提出"聚焦中国学生发展核心素养，培养德智体美劳全面发展的社会主义建设者和接班人""强化课程综合性和实践性""凸显学生主体地位，关注学生个性化、多样化的学习和发展需求，增强课程适宜性"。这意味着：面对学生综合素养培育的时代需要，学习内容和学习路径都需要重构。如何把心理健康教育和当前课程改革新的要求结合起来，然后从中找到结合点呢？这是新时代摆在心理健康教育课题面前的新命题。我们聚焦中国学生发展核心素养要求，与学科教学进行了对比勾连分析，可以看到，要实现培养"全面发展的人"这一核心任务，需要多学科联合携手整体进行，传统的教学是分学科的，虽然也能从不同侧面分头实现育人目标，但如果能够在日常教学中有意识地将各学科融为一体重构教学内容，那么会更好地走出一条促进学生核心素养发展的实施路径，成为学生核心素养培养落地的重要推动力，在应对新时代变革方面具有天然的优势。

心理健康教育在各学科教学中渗透开展早有研究，并在理论及实践推进的过程中，有其深刻的意义。

要在教学方法、态度以及内容上把心理教育的知识以及理论渗透到学科教学之中，王金丽在《我国中小学心理健康教育的现状与应对》一文中就提出这样的观点。

王莉莉和金聪在关于研究中小学心理健康现状及对策的学术年会中提出：要灵活运用各种教学形式，提高中小学生的心理健康发展水平，特别是在课堂教学中做到学科渗透。

《从人本主义角度浅析心理健康与思想政治教育》中提到：心理健康可以促进思想政治教育的个人实现，思想政治教育的实践体现于人的心理健康。曹雪、韩静、康二云将心理健康教育与思想政治教育深度结合起来。

在学科中进行心理健康教育，近年来也有相关教育政策的支持，如 2018 年教育部出台的《关于加强中小学生心理健康教育的若干意见》强调：加强心理健康教育与学科之间的融合。

综上所述，国内相关专家已经意识到在学生教育中进行融合式心理健康教育的重要性，但目前基本停留在理念研究层面，或者局限于心理健康教育课程中的小范围研究与实践。我们要从这些文献材料和理念研究中得到启示，迈开步子，将研究的范围扩大，做出进一步的探索，真正将心理健康教育深入融合到整个学科教学体系中，充分发挥学科整体育人的教育功效。

二、融合式心理健康课程群

"培养什么样的人，怎样培养人"成为学校和教师的关注点。中共中央办公厅在2019年印发的《关于深化教育体制机制改革的意见》指出：要创新思想政治教育方式方法，将育德与育心相结合，建立促进学生身心健康、全面发展的长效机制。可见，将心理健康教育融入学科教学是大势所趋。由国家教材委员会组织统编统审的《道德与法治》，从教材的编写上可以看出，道德与法治教材主要包括思想、道德、法律、心理、国情等部分，心理健康教育作为一项重要内容位列其中，因此，在道德与法治课中，心理健康教育的研究工作也十分必要。二者的结合旨在帮助学生能够积极健康地生活，引导学生形成正确的世界观、人生观、价值观。道德与法治以它特有的优势，成为心理健康教育融合群搭建的重要合作伙伴。本章从"心理健康教育＋融合课程群"的搭建出发，以"心理健康教育＋道德与法治教育"的双融合教学为例，结合心理健康教育的学科特点，挖掘道德与法治课程和心理健康教育的双效教学资源，对学生进行心理健康教育，引导学生形成良好的心理品质。

1.基于经验，寻找共情，建构认知。中国学生发展核心素养要求，尊重学生学习主体的作用，调动其已有的生活经验，自主建构知识体系。学生的经验主要源于学生的日常生活、学习与各种实践活动等。从"心理健康教育＋道德与法治"双效教育共性来看，基于学生的经验开展课程，作用有两个：一是对学生进行心理健康培养的出发点，二是监测心理健康发展趋势的依据。双效结合的作用就是育德与育心的深度融合，进行心理健康教育，并将之内化为自我的行为和活动准则。心理健康教育内容尽量贴近学生们的"最近发展区"，与学生的经验紧密联系，努力将学生的心理健康"现实发展水平"向"可能发展到的水平"不断推进。

2. 基于情境，形成共情，主动探究。有效的学习都是在特定的环境下发生的，抒发情感，放松心情，这就是教学情境。心理健康教学离学生实际认知较远，充分利用各种教学情境能够使学生更直接简明地认识和把握知识，生成体验。"心理健康＋道德与法治"双效课因情境的创设更丰富，资源就更为鲜活、直接，学生会主动依据情境资源搭建心理平台，并自觉地运用到实践中，激发学生的学习兴趣，克服重复学习知识点的僵化体系。在教学中教师可以根据学生的成长特点设置各种问题情境，学生们通过问题产生疑惑，从而引发进一步思考，激发学生内在动机，也激发其情感，达到心理健康教育的效果。

3. 基于问题，共情释疑，提升能力。问题是表达心声的根源，在"心理健康教育＋道德与法治"融合课程中，妥善安排好问题探究活动对学生的心理健康培养具有重要意义。根据具体的心理健康教育内容 "量体裁衣"的探究、辨析、辩论等是融合课程的重要形式，双效结合也让课程的活动形式更为丰富。心理健康教育的过程并不是放任学生自我成长，而是实现教育最理想的状态——自我教育。基于问题，就是在课程中产生矛盾认识点，教师介入并帮助学生进一步揭示规律，探讨问题，从而使学生在师生互动中达到心理健康的培养，双效结合的课程"活化"了心理健康教育的主动性。

4. 强化训练，形成习惯，启迪心灵。心理健康教育巩固训练的方式有很多，道德法治的渗入，能够丰富心理品质稳定的形式，引导学生克服不良心理障碍，使他们在成长过程中保持良性的心理健康状态。学生身心发展具有较强的可塑性，结合"心理健康教育＋道德与法治"双效育人的特点，通过学科间的共情方式，来滋润学生的心田，涵养学生的品性，塑造学生的人格。

统编版小学《道德与法治》教材编排与心理健康教育领域对比

《道德与法治》	教材编排内容	体现心理健康教育对应内容方面
二年级下册	我能行	认识自我 学会学习
	学习有方法	
	坚持才会有收获	
三年级下册	我是独特的	悦纳自我
	不一样的你我他	
	我很诚实	
	同伴相伴	
	大家的"朋友"	生活和社会适应
	生活离不开规则	
	爱心的传递者	
四年级下册	学会尊重	人际交往 完善自我
	学会宽容	
	学会反思	
	网络新世界	生活和社会适应
	健康看电视	
	我们神圣的国土	
	中华民族一家亲	
五年级下册	建立良好的公共秩序	生活和社会适应 完善自我
	我参与 我奉献	

承担着培育学生的任务是道德与法治课和学校心理健康教育共同的目标，都属于"育人"范畴，最终的目的都是为了落实核心素养的终极目标，即促进学生全面发展。二者都是在素质教育的背景下的关键部分，既有区别，又有密不可分的联系。

三、相关实施案例

笔者于 2021 年 11 月在威海市名家工作室成果汇报会议中进行心理健康教育"一课多维"融合课例展示交流。心理健康教育"一课多维"融合课程群的主旨实施思想是从"1"散发多元思维走向"归一"人格，简单地说，"1"可以是一个作品，也可以是一个问题、一个大观念。多个教师团队实施课程，实现从知识本位的教学到学习品质形成，从育知走向育人，心理健康教育成为终极培育目标的重要载体。本次笔者与语文、艺术教师同台执教"一课多维"研究成果，以《宝葫芦的秘密》为学习蓝本，以奋斗为主题，语文教师执教《阅读力——奋斗收获幸福》，在阅读时指导学生绘制各式思维导图，推行思维导图式学习方式，指导学生梳理人物关系，理清整本书脉络，在语文教学中落实具体目标——"使学生学会学习"。音乐教师执教《审美力——奋斗实现梦想》，指导学生用艺术的方式去读书，引导同学们进行小组（A 组宝葫芦，B 组王葆，C 组主题道理组）选择，并围绕故事情节，根据旋律创编歌词，将艺术与语文学习能力运用深度融合。笔者作为心理健康教师执教《学习力——奋斗助力成长》，其榜样激励法是心理健康团体辅导经常运用的技巧，教师运用《史记》中"屈原放逐，著《离骚》……《诗》三百篇，大抵贤圣发愤之所为作也"的经典篇章，以文学作品的力量激励学生在逆境中坚定志向。这种融合式的课程教学，不同学科共讲一本文学作品，1 本书 N 类教育元素，1 种教育塑造 N 个成长方向，审美力、学习力、阅读力的融合教育，课堂中不仅探寻教育的秘密，更是心理健康教育在其他学科渗透的体现，以及心理健康教育促进人全面发展的纵深展示。心理健康教育"一课多维"融合课程群是"心理健康教育+"课程群的 2.0 版研究，融合的广度更大，"一课多维"既能坚持学科立场，又能打破学科壁垒，既连接学生完整的生活，又直通科学育人高地。

心理健康教育"一课多维"融合课程群 2.0 版研究成功"试水"后，对心理健康教育主题学习活动价值有了再度考量，将其放在了新时代"立德树人"更为宏大的背景来考量。我们有两个思考点：一是从立足心理健康教育本位，如何进行融合教学；二是立足大主题，如何实现以心理健康教育为终极版块的各学科融合。在实践中，两个维度并轨研究实施，才能推动学生核心素养培养落地。融合只是一个起点，心理健康学习品质的构建是目标，只有一如既往，再接再厉，基于实证去变革，才能获得收获。下面部分是心理健康教育学科融合教学的实践应用，以《学习力——奋斗助力成长》为例，具体阐述了心理健康融合课例在各环节的实施步骤和实施建议，为心理健康教育与其他学科进一步融合提供了有效参考。该课例为笔者于 2022 年在威海市跨学科教学研讨会议中所执教的展示课例。

【文学作品解读】

《宝葫芦的秘密》主要讲的是主人公王葆得到了一个梦想中的宝葫芦，这个宝葫芦可以实现他的一切愿望：金鱼、画报、玩具、盆栽、电影票，甚至是考卷，王葆想要什么就有什么。看似这个宝葫芦实现了王葆的愿望，可是却给王葆带来了一系列的麻烦和苦恼……这个故事告诉我们，不劳而获得到的成果并非是完美的，只有脚踏实地才能走得更长远。

【课例解析】

学习力——奋斗助力成长

实施背景：

学习动机决定和支配着儿童的学习活动，在小学四年级至五年级学生学习动机的研究中发现：求知动机、交往趋利动机、利他动机、学业成就动机、生存动机、实用动机等，外部动机始终占据主导地位，内部学习动机在不断地发展中。教师在辅导与激发学生时，应该充分考虑到其发展的变化规律，有意识地引导学生，培养学生的求知欲和学习兴趣，增强学生的自我效能感，促使其学习动机从外部向内部转化，调动学生学习积极性。本课例的重点就是让学生认识到世上没有轻而易举就能学会的本领，成长的途径唯有奋斗。通过分析与交流，活动与体验，让学生掌握奋斗的小秘诀，能将其应用到实际的学习生活中，改变自己的认知与行动方式，树立积极向上、勤奋好学的正确态度。惰性是普遍存在的一种现象，是人在某种环境和某种消极心态的支配下，产生的懈怠、懒惰的思想和行为。受这种现象的支配，有些学生在生活上奢侈，在责任上推脱，在学习上懒惰，在学习上的惰性已经严重阻碍学生的成长与进步，阻碍教学质量的提升。《中小学心理健康教育指导纲要（2012年修订）》提出心理健康教育的总目标是提高全体学生的心理素质，培养他们积极乐观、健康向上的心理品质、充分开发他们的心理潜能，促进学生身心和谐可持续发展，为他们健康成长和幸福生活奠定基础。

活动目标：

1.通过活动雕塑，理解奋斗过程中存在的问题与障碍，引起共鸣；

2.通过交流讨论与情景再现的方法，发现奋斗的方法，使自己不断地坚持，享受成功的幸福感；

3. 在榜样示范与经典启迪中，进一步激发学生在奋斗中实现梦想，通过生涯教育，使学生在成长中奋斗不止步。

活动准备：

彩色卡纸，彩丝带。

活动过程：

环节一：**奋斗者的雕塑**

师：同学们，我们一起跟着书本去旅行，今天到达的站点是《宝葫芦的秘密》。故事讲述到：宝葫芦无条件地满足了王葆所有的愿望，让他不劳而获。但王葆很苦恼，他并不感到幸福。

于是，宝葫芦给他两条路选择：一条是做普通人，什么事都自己动手；另一条是安心做宝葫芦的主人，什么事全由宝葫芦代替完成。

师：你猜，王葆会选择哪条路呢？正在王葆犹豫不决时，宝葫芦讲了这样一个故事：农夫向上帝乞求一年的风调雨顺，避免各种自然灾害的降临，上帝满足了他的要求，但秋收之日，农夫却颗粒无收。上帝告诫农夫："对于一粒麦子，奋斗是不可避免的，奋斗可以唤醒麦子内在的灵魂。人也一样，经历风雨才能成功。"此时，我想王葆的内心一定坚定起来，想靠奋斗去获得成功！

师：孩子，奋斗是什么？你知道吗？那是看不见，摸不着的。我们有无数个口号，更有无数次像王葆一样的幻想。但是最终却被干扰了，这时的我们是怎样的状态？

我们到活动中去感知与发现。（奋斗者的雕塑）

活动要求：1名学生扮演"奋斗者"，另外3名学生扮演"干扰奋斗者行动的人"。

活动表演：

你是谁？3名学生依次介绍自己（懒惰、退缩、即时满足这样的内因，干扰奋斗者的外因等）

我知道了：在奋斗中，不断地有各种内因与外因，干扰着我们的行动。

观察者看到了什么？学生交流。

师：最强奋斗者在各种内外因素的牵制下，都会动摇而止步。这就是我们在奋斗中的样子。

最后，我们听听奋斗者的心声。（痛苦，分裂，马上被动摇等等）可是老师发现你依旧在咬牙站得稳稳的，并没有被打倒，为什么呢？

师：在挣扎中依旧坚定奋斗的脚步。你们想吗？但是，我们究竟该怎样克服这些困难？

设计意图：从文本出发，提出问题，在问题的形成过程中，存在的原因是主观的，很难用肉眼看出来。进行"奋斗者雕塑"的体验活动，让心理形成的过程可视化，直击问题的根源，对解决问题来说十分重要。

环节二：暗示有"力量"

师：同学们，你们觉得"心"会产生力量吗？这儿的"心"肯定不是我们这儿的心（指着胸口）。那是什么呢？

生1："想法"。

生2："意念"。

师：说对了，心会产生力量，你们信吗？信的请举手！

师：那我们来做一个活动，体验一下心所带来的"暗示"的力量。

活动要求：全班起立，伸出双手，闭上眼睛。请跟着老师的语言进入想象暗示的状态，一定要跟着老师的语言提示走哟！

请同学们想象左手绑着一个很大的氢气球，氢气球要飞走，带着你的左手往上飞,带着你的左手往上扬,再请同学们想象右手上放了一本很厚很厚的字典，字典压着右手，右手感觉很重很重。

此时，第二个氢气球绑在左手上了，左手感觉被带上去，很轻，右手再给你加一本字典，很重。

……（循环往复）……

请同学们睁开眼睛看一看，发现了什么？

我们发现大部分同学左右手都分开了，有的人手分得很开，很明显，左手高高扬起，右手向下低垂着。

师：同学们，难道手上真的有东西吗？

生：没有。

师：那到底是什么力量把你的左右手分开了呢？

原来，心，确实是可以产生力量的，对吧？

师：改变心的力量，成长的过程就是不断擦拭"蒙尘"的美好，让奋斗的信念更坚定！

同学们，古今中外，大凡有成就之人，无一不是心理强大之人。所以，司马迁才说："屈原放逐，著《离骚》；左丘失明，厥有《国语》；孙子膑脚，而论兵法；不韦迁蜀，世传《吕览》……《诗》三百篇，大抵贤圣发愤之所为作也。"

设计意图：心理活动课以体验为主，让学生在体验的过程中培养正向的心理素质。本环节开展两项活动——"冥想"和"榜样引领"，从实质上解决心理的负担，挖掘不同阶段的精神典型，吸取正向精神，培养积极的品质。

环节三：情感有"支持"

师：孩子们，在奋斗的过程中坚持不下来是很正常的现象。奋斗从来不是一个人的独行，更是一群人的前行。我们寻求更多人来帮助我们，他们会是谁？为什么？

学生进行交流。

老师告诉你们，除了身边的人外，社会是一个大家庭，他们会给我们的奋斗带来新的突破。

他们给我们的奋斗树立坐标，让我们不断地前行。

师：这些，都是我们在奋斗的路上建立的情感账户，账户中存有来自友情、亲情、社会榜样的激励。不要小瞧它，它会给我们在奋斗的路途中不断地加油，不断安慰、支持、鼓励我们。脑科学研究发现：强大社会支持的力量，对帮助我们应对、缓解不良情绪，抵御风险，健全心态意义重大，是我们奋斗路上的重要保护系统。

设计意图：采用可视化的思想，建立情感账户，在每一个"小我"周边建立来自父母、朋友、社会等社会系统支持，缓解不良情绪反应，打开疏通的渠道，让自我变得更为强大。

环节四：方法有"希望"

师：同学们，心的力量虽然强大，但更重要的是我们一定要有行动。有了情感的支持，王葆有了新的奋斗目标，就是和同学们一起看锦标赛的来源和竞赛文化。这些大大吸引了王葆的兴趣，于是他和同学一起组队参加比赛。通过观察，你认为王葆如何做才能取胜？我们来体验一下，王葆的奋斗之路是否一帆风顺。

活动要求：

小组确立商议口号、队长、方法，思考奋斗路上有什么感受？获得第一的优势，你认为在哪里？你打算用什么方法来优化自己的团队？

教师组织第二次挑战，交流：第二次挑战有什么进步？有什么心情？想对小伙伴说什么？

学生交流。

小结：奋斗后的快乐就是我们的成长，其实在日常生活与学习中，我们也会在奋斗中遇到困难，我们会选择哪些方法优化行为，让我们更强大？

小组讨论，学生交流。

师：方法在手中，奋斗的力量在心中，来，将这些适合我们的方法写入我们自己的宝葫芦中，并挂在小组的追梦园里。

孩子们，习爷爷对我们说："劳动最光荣，奋斗最幸福！"牢记习爷爷的嘱托。用奋斗创造属于你们的美好！

设计意图：实景式操练，创设小主人公为主体的团体活动竞赛，在竞赛中体会奋斗是我们获取成功快乐的重要手段，从积极心理学的视角激发学生发挥自我的能动性，从而创造美好的未来。

第四章　心理辅导室建设

根据《关于进一步加强和改进未成年人思想道德建设的若干意见》《中小学心理健康教育指导纲要（2012年修订）》等，教育部印发了《中小学心理辅导室建设指南》（以下简称《指南》）。《指南》为学校心理辅导室的建设提供了政策依据，为学校心理健康教育工作的开展提供了有效阵地，同时也对心理健康教育教师提出了具体要求，要求心理健康教育教师真正地解决学生的心理健康问题，将学生的健康快乐成长放在教育的第一位置。

目前，在学校特色化建设中，心理辅导室的建设是必备项，具体的建设标准可参阅《指南》。《指南》提出辅导室的建设应坚持立德树人的原则，遵循学生身心发展的特点，在此基础上从建设目标、功能定位、基本设置和管理规范等方面提出了明确的要求。辅导室不仅需要重视硬件建设，更重要的是能为学生心理健康的发展提供支持性的服务，从学生的学习、生活、自我意识、情绪调适、人际交往和升学就业等方面进行个别辅导与团体辅导。依据《指南》，各地相继拟定与下发有关文件，细化了相关建设标准，如：《甘肃省中小学心理咨询（辅导）室建设标准（试行）》从A级、B级和C级三个等级将心理辅导室进行等级化；浙江省出台了《浙江省中小学心理辅导等级站评估指标（修订）》，从一级站、二级站、三级站三个方面制定了等级评估体系；江西省也从简易型、标准型、示范型三种类型的心理辅导室创建，下发了《江西省中小学心理辅导室建设基本条件标准（试行）》这样的文件；《连云港市中小学心理咨询室建设标准》细化了星级辅导室创建工作，并采用了新技术：学生心理健康检测系统（心理电子档案系统）。学生心理健康检测系统（心理电子档案系统）可以帮助心理辅导教师更全面、更准确、更客观地了解来访者的心理健康状态与变化情况，帮助心理辅导教师准确、客观地对来访者进行评估分析，以便提供针对性的心理辅导与治疗。一套专业实用的心理测评系统能大大提高心理辅导教师的工作效率，是心理辅导教师的得力助手，这也是隐性的需求，是时代的要求。学生心理健康检测系统可以全面地、不定时地监测心理健康状况，了解学生的心理特点和发展趋势，用危机干预的方式，早发现，早治疗，防范和应对各种突发事件，减少不良心理状况。

此外，《指南》还对心理辅导室开放时间、人员配备、经费投入、成长记录、辅导伦理、危机干预、及时转介、加强研究等方面的管理规范提出了明确要求。学校心理辅导室的使用不仅面向学生，也可以面向教师及家长，通过举办心理健康教育宣传活动，开展家庭心理健康教育助教，从亲子关系等领域达到学校与家庭、社会协同共育的目的。

一、心理辅导室运行相关原则

（一）科学性原则。心理辅导室的良好氛围营造是心理辅导室建设的关键。心理辅导室的布局应科学合理，例如，完善活动室、游戏室、谈心室和资料室的功能，配备玩具、图书、电脑、音响，还有电话和其他基本设备。咨询室的布置应富有生机，色彩和装饰显得温馨、舒适。可采用主题化布置，使其成为学生的心灵之家、快乐园地。根据条件可以设四大功能区：自助区——供学生阅读心理健康资料；宣泄区——学生可把玩具或木偶当作发泄对象，宣泄自己的情绪；娱乐区——可以很快转移学生的不良情绪；活动区——供组建的心理辅导小组开展种种团体训练活动。学校应成立心理危机干预小组，对有警示讯号的学生进行重点干预。同时，学校应建立健全学生心理电子档案，注重保密制度，要制定完善心理健康教育发展规划并按计划实施。

（二）通用性原则。心理辅导室面向的不仅是有问题的学生，而是全体师生乃至家长。应重视开展团体辅导活动，在宣传与体验中，普及心理健康教育知识，提升参与者的心理素质。辅导室在使用的过程中应关注学生成长发育的特点，开展形式多样的小团体辅导或个别辅导，切实为广大师生服务。

（三）个性化原则。每个学校的心理辅导室不能是千篇一律。满足基本的心理咨询功能是每个学校心理辅导室应完成的指标，但是也应关注差异化和个性化。根据校情和学情，强调个性化运营也应成为学校心理辅导室的重要原则。如经常性开展角色扮演、情景体验、讨论分析、谈话沟通、行为训练、心理陈述等活动，让学生自由讨论、畅所欲言，使心理辅导课程成为适合本校师生的特色课程。

（四）信任性原则。每位学生因所处的生活环境、性格和年龄等不同而具有独特性，作为教师要遵循诚挚可信的原则，在服务中开展艺术性的沟通，以友善的姿态进行咨询，创造轻松、愉快、和谐的氛围。

（五）保密性原则。责任感和道德意识是辅导教师的基本品德，在工作室开展工作时要严格做好保密工作，获得学生的依赖，使辅导工作开展得更加深入，更有效果。

（六）预防重于治疗原则。心理辅导以普通的宣传为主，防患于未然，重视预防措施，从积极的心理观出发，加大推广心理健康教育，帮助学生疏导情绪，引导学生积极应对困难，切实减轻学生心理压力。

（七）实事求是原则。这是基本与重要的原则，心理教师在辅导过程中要实事求是，不淡化问题，不回避不渲染，客观冷静地应对。及早地介入，尽量让问题消灭在萌芽状态。

◎ 心理辅导室运行目标

学校建立心理辅导室，关注学生心理健康，旨在帮助学生健康成长，从以下方面促进他们的自我成长和发展：

1. 精准地认知。思维有意识性、有目的性地发展，知觉准确，注意力集中，认知范围较广，能正确地进行注意力的分配和转移，善于调节和控制自己的注意力；意义识记逐渐发展，能开展有效思维，思维水平从具体形象向抽象逻辑水平过渡；正确认识自己与他人。

2. 情感更丰富。情感日益丰富，道德感增强，情感的稳定性和控制力增强，主观实践性和坚持性增强，具有自立自强的能力。

3. 认同感与同一性。自我形象稳定，心理平衡发展。具备积极的心理状态、较强的自助能力，具有良好的角色认同感和同一性。

4. 学会学习。形成优化的学习方法，能够积极主动地学习，认真规范地学习，积极勤奋地学习，高效创造地学习，具有学习自主性，产生学习兴趣，养成良好的学习习惯。

5. 掌握人际交往的技巧。形成开放与包容的心态，能够与他人积极地沟通，分享快乐，形成正能量的交友圈，加深友谊与情感。

◎ 基础型心理健康辅导室所需心理学产品配置（供参考）

学生心理健康检测系统（包括心理档案系统）、心理学设备管理系统、团体心理辅导箱、艺术心理辅导箱、游戏心理辅导包、沙盘游戏成套设备、心灵"加油站"、放松椅、心理学专业用书、心理学相关影片、放松音乐光盘、心理学挂图等。

◎ 心理辅导室运行制度（供参考）

心理辅导室是沟通思想的窗口，借此具体开展师生心理调适工作，关注师生心理健康，有利于培养师生稳定的心理素质与良好的品质，实现人的全面发展。因此，心理健康教育是学校素质教育的一项重要内容。

服务内容：

面向全体师生宣传普及心理常识，促进他们心理健康，全面发展，形成健全人格；向学校领导、教职工、家长等提供心理学有关知识，掌握学生不同年龄阶段的心理特点、发展目标和应对策略，积极创设有利于学生心理健康发展的环境；对有需要的学生、教职工、家长等提供保密的、有针对性的辅导等。

服务时间：

周一到周五中午12：10—13：00，其他时间请另行预约。

服务对象：

以全体在校学生为主，包括其家长（监护人、直系亲属或领养亲属等）及全体教职工。

服务方式：

预留辅导电话（×××××××）、网络主页（校园网主页"心理信箱"）及当面的预约和咨询，接受有需要团体辅导的群体。

服务原则：

态度真挚而耐心，工作细致而严谨。

尊重来者，保护个人隐私，切实履行保密原则。

客观面对记录材料，做好辅导前的问题分析与整理。

过程中认真倾听，正面引导，做好记录。

正确地为来访者提供治疗方法，严重者建议就医。

服务方法：

1. 心理健康教育课。每周一节，充分利用心理辅导室器材，充分调研学生中存在的心理问题，做好心理健康教育课的准备，集思广益，使学生在每一节课中都能汲其所需，取其所用。

2. 开展形式多样、内容丰富的心理健康教育活动。以学生自己的情感体验为中心，将心理测验和教学内容相结合，在音乐治疗法、体验教学法、游戏拓展法等中，使学生的不良行为得到矫正，使心理健康教育课真正达到共情效果。

3. 完善学校心理健康教育的立体网络。完善学校心理健康教育体系，加强师与师、师与生、生与生之间的信息联系，进一步完善心理健康教育立体网络，建立班级内的立体网络、家校间立体网络以及社会化立体网络，及时了解、反馈学生的心理发展状况，精准掌握学生思想状况，为有心理困扰的学生提供帮助，并为班主任管理学生提供反馈。

4. 建立个别心理辅导制度。除团体辅导外，个别心理辅导是重要的组成部分。辅导教师需要不断学习心理辅导知识，完善心理辅导技巧，深入地了解学生心理发展，更好地为学生发展提供服务。要合理安排个别心理辅导活动时间，促进心理辅导的个性化订制,尊重学生的个性发展。

5.建立开放的心理辅导机制。室外设"悄悄话信箱",及时收阅、登记、回复,如遇学生有危害自身或社会安全的情况,应立即采取必要措施,防止意外事件发生。辅导时保持开放的心态,尊重个体权利和自主决策能力。

6.辅导全过程实施保密制度。尊重学生的人格和保护学生的隐私,为学生保守秘密,保管好咨询记录,不得借他人翻阅,不得向外人透露学生的智力等情况,不得将学生的隐私作为教育案例公开传播。

二、心理辅导室运行纪实

以下是笔者在学校心理辅导室运行中所得所思,仅供参考。

有了制度与原则的支撑,怎样具体开展心理辅导活动才是最为核心的工作。学校心理辅导室教育是学校场馆教育之一,笔者曾在学校心理辅导室开展主题项目课程式"场馆教育"——"爱自己",进行特色心理健康教育实践,以下浅谈实施的过程及自己的一些思考。

"润心"心理辅导室之沙盘室　　　　"润心"心理辅导室之宣泄室

习近平总书记高度重视心理健康工作。他在 2016 年 8 月召开的全国卫生与健康大会上指出:"要加大心理健康问题基础性研究,做好心理健康知识和心理疾病科普工作,规范发展心理治疗、心理咨询等心理健康服务。"在党的十九大报告中,他再次强调:"加强社会心理服务体系建设,培育自尊自信、理性平和、积极向上的社会心态。"在此背景下，威海恒山实验学校的"润心"心理志愿者服务团队应运而生，集结持有三级以上心理咨询师的证书教师13名。团队本着"奉献、友爱、互助、进步"八字真言要求，从为学校的师生服务开始，逐步走出校园，走入社区，走进家庭，走向社会，让"阳光"精神感染服务的每个人。团队服务惠及学生、教师、家长、社区，惠及人数上千人。

威海恒山实验学校是一所九年一贯制的农村学校，外来务工子女、单亲家庭、留守儿童等多种学生结构同存。学校建有"润心"心理辅导室，由接待室、沙盘室、宣泄室三个功能室组成，以及各种文体资料与图书，供来访者阅读，释放心情，释放自我，还配有专业的心理教师，并实施兼职心理咨询教师持证轮岗制度，保证来访者及时得到心理辅导。

"润心"教师心理志愿者团队开展了多项活动，具体如下：

开发心育系列课程：在校园内，针对学生每个发展节点的心理需求，进行小升初及初升高的考试焦虑、青春期的性萌动、初三的时间管理问题等等心育课程，有效地利用"润心"场馆，通过沙盘游戏、宣泄物品等疏导青春期学生的内心"堵结"，有针对性地解决内在问题。

开发心理绘画课程：通过心理绘画"雨中人"，成员快速有效地掌握每个孩子当下的内心状态，便于班主任及时察觉和掌握孩子的心理动向，有问题早发现，早沟通，达到预防效果，课程受到孩子们的欢迎。

设立心理健康周：独特之处是进行体验式家长课堂"我会永远爱你"，让家长们在活动体验中找到教育的初心，学会接纳孩子。授课中的三个游戏环节，每个参与的家长都全身心地投入，每次的活动触到家长内心深处的柔软地带，家长们不禁流下眼泪，其中有后悔，有歉意，有醒悟，也有亏欠……无需过多的专业理论疏导。走心的体验活动，让家长们在参与之后，纷纷表示收获颇丰。参与家长近三百人，为"走心"德育工作提供了新的活动模式参考。

社区协同育人：家庭、学校、社区是学生成长的摇篮。志愿活动设计也很是费了一番心思，耐心了解每一位参与的社区居民内心需求，记录之后，对个性问题一对一辅导，共性的问题沿用游戏的方式解决。为了处理青春期孩子与家长之间的冲突，让孩子与家长配合演示"走与留"的心理游戏，看似玩笑一般的动作，真正让参与者亲自体验的时候，身材高大的爸爸都能哭得像小孩子一般，他说："我就是不想让孩子离开我。"由此，他领悟了自己为什么总是打压孩子——为了折断孩子的翅膀，留在自己的身边。这样的领悟，深入内心，爸爸体验到孩子的不易和挣扎，也让参与的其他家长都有了深刻的体会：孩子的成长，需要家长的放手，过度的控制是在泯灭孩子成长的天性。

专题讲座定期办：志愿者服务团队还组织了针对学生心理健康的调查，涉及自我认识、情绪调整、社会交往等各个方面，在调查的基础上开设讲座《老师，您不知道自己有多重要》《正面管教》等专题心理讲座，用理论支撑解决师生关系问题、亲子关系问题等，其热心服务受到社会的好评。

学生心理健康自测表之一如下：

中小学生抗逆力自测表

本问卷的目的在于全面了解学生的抗逆力，提高团体辅导水平。问卷采取不记名的方式，回答没有对错之分，请根据自己情况如实回答问题。谢谢你的配合。

1. 考试失败，我会（　　）。
   A. 失去信心　　　　B. 心情很郁闷　　　　C. 更加努力

2. 我很努力，但成绩一直没有提高，我（　　）会感到苦恼。
   A. 总是　　　　　　B. 有时　　　　　　　C. 从不

3. 我的学习成绩比身边同学差时，我会（　　）。
   A. 非常自卑　　　　B. 有一点儿自卑　　　C. 没有什么感觉

4. 我跟同学一起学习，进步比别人慢时，我会（　　）。
   A. 放弃努力　　　　B. 继续努力，但热情下降　　C. 加倍努力

5. 老师给了我很难完成的任务时，我会（　　）。
   A. 放弃完成　　　　B. 尝试完成　　　　　C. 想办法做好

6. 遇到挫折，我会（　　）。
   A. 逃避，大哭一场　　B. 强忍着，不哭不闹　　C. 积极面对

> 7. 与同学发生矛盾时，我会（　　）。
> A. 怀恨在心　　　　　B. 满不在乎　　　　　C. 主动沟通，及时解决
> 8. 父母、老师或同学误解我时，我会（　　）。
> A. 大哭一场　　　　　B. 默默承受　　　　　C. 主动沟通
> 计分方法：A=0分　B=1分　C=2分
> 我的抗逆力得分：（　　）分
> 生活中，让你印象最深刻的一次挫折是什么？你当时的心情如何？请具体写一写。
> _____
> _____

"心理直通车"："润心"场馆经常开展私密个体咨询，让每个学生乘坐"心理直通车"，让心育为学生未来幸福人生奠基。同时广泛推广心理知识，除利用学校微信公众号、家长群等多渠道宣传心育功效外，还开设专门的咨询电话，建立微信调查问卷链接，进行线上沟通，探索更有效的心理辅导志愿服务工作的新思路，为学生提供稳定的心理服务。

民族融合教育：在心育主题项目课程式"场馆教育"——"爱自己"专项工作中，志愿者团队独树一帜，提出"融合团结"的理念教育。学校建有民族融合馆，开展全校范围的民族融合体验课。场馆主墙图案是一颗饱满而又紧密的石榴，一粒粒石榴籽紧抱在一起比喻我国的多民族建设，民族融合课程就是为学生铸牢石榴籽精神，从这里开启民族品格的探索。学校有回族、蒙古族等多个少数民族学生，各民族的学生各有特色，在生活习惯、饮食习惯等方面存在差异，多民族一体化发展的精神教育是民族融合教育工作的基石。学校进行主题项目课程式"场馆教育"——"爱自己"的专项探究活动时，将师生召集在民族融合馆内，实地进行了民族融合团结教育。展厅共分为衣、食、住、行四大板块，其中，外展厅包括民族图腾柱、学生民族文化作品展示、民族艺

活动区；内展厅包括民族服饰文化展区、饮食文化展区、民族文字、民族建筑、民族交通文化等。在板块之内嵌入了习近平总书记指出的促进各民族进步的"一条路""两个共同""三个离不开""四个人人""五个认同"和"六个相互"。场馆教育中注重"图、文、物"综合教学，教育效果显著。

威海恒山实验学校获"山东省民族示范校""全国家校共育创新实验校"等称号，在学校领导与老师们的共同努力下，产生了新时代教育的实效。

笔者认为，心理辅导教育的视野应不断拓展，尤其是在农村学校，学生结构的复杂性，来源的多样性，应发挥学校每一处的育人功能，全方位保障学生身心的健康发展。笔者原学校建有多处育人场馆，各场馆在学生心理健康教育中发挥着重要作用。把尊重他人、团结协作这一教育理念放在更为宏大的健康教育视野去培养，走出班级育人场所，走向社会育人的广度。

（一）从"爱自己"，到人格的全面发展。

心育与德育相互渗透，达到"双赢"的效果：心育促进德育发展，德育助推心育发展，二者密不可分。教育部下发的《关于加强学生心理健康管理工作的通知》中要求："进一步提高学生心理健康工作针对性和有效性，切实加强专业支撑和科学管理，着力提升学生心理健康素养。中小学要将心理健康教育课纳入校本课程，注重安排形式多样的生命教育、挫折教育等。"《关于加快推进全省大中小学心理健康教育体系建设的意见》要求：推动形成课程体系……要全面加强家校共育，引导家长关注学生心理健康状况，提高家庭教育水平，形成家校共育合力。《中小学心理健康教育指导纲要（2012年修订）》中也提出："中小学心理健康教育，是提高中小学生心理素质、促进其身心健康和谐发展的教育，是进一步加强和改进中小学德育工作、全面推进素质教育的重要组成部分。"因此，一所好学校一定重视学生身心健康，一个好教师一定是懂心理学的教师，一个好学生一定要具备自我调节的能力，使自身处于积极状态，从而使心理保持自我的平衡协调。心育与德育的结合，从"爱自己"开始"爱他人"，终及"爱社会"，促进学生人格的全面发展。

（二）从"和谐"开始学会"爱自己"。

学校心育教育特色之处在于民族融合教育，每位学生从入学即参加民族融合课程。中国是一个多民族国家，各个民族各具特色，学校将民族融合教育融入心育课程，依托学校"民族融合"场馆实施开展民族教育：民族艺术展示、民族语言展示、民族风俗展示等，学生在欣赏其他民族文化特色的同时形成民族认同感，增强对民族差异的包容性。在此认同与感染下，学校教师先后志愿到西藏日喀则支教三年，到青海门源支教一年，到重庆云阳、山东济宁等少数民族所在偏远地区传经送宝，服务当地。学校的16名少数民族学生受到特别关怀，学校建有的高新区唯一一所关爱室，成为了少数民族学生的家。学校积极开展个案分析、情感沟通、游戏活动、文体学习等等活动，使少数民族与汉族融为一体。学校每个学生都在学习与生活中用实际行动表达着"中华民族一家亲，同心共筑中国梦"的心愿。

社会和谐离不开个体身心的和谐教育。学校积极发挥课堂教学主渠道作用，帮助学生掌握心理健康知识和技能，树立自助互助求助意识，学会理性面对挫折和困难。学校根据身心和谐规律，秉承德育与心育一体化的理念，将德育与心育教学目标与教学内容、开展课程与活动、学习途径与方法等方面相整合，建立起德育、心育一体化课程体系，编写研发心育课程教材，从一年级开始即每周1节心理健康课，列入课表，定期开展心育课程，让全员性问题得到解决。越来越多的学生在形式多样的心育课堂中敞开心扉，以更加积极的心态面对成长路上的每个挑战。学科性的心育课程，让学生学会直面内心困境，将自我调节与心理辅导相结合，勇于打破消极现状，在和谐、融洽的心理氛围中健康成长，"爱自己"沁入每位学生的内心。

（三）从"协同"开始助推"爱自己"。

课内外教学的协同进行。注重"课内外"教学的优势互补，坚持心育知识课程与心育实践活动齐头并进的现代教育教学模式，运用现代心理学的基础理论和教学方法，开展丰富多彩的实践活动，培育中小学生良好的身体心理素质，促进他们身心全面和谐地健康发展。学校的特色做法是心理绘画课程的创编与实施，从学生特别是低年级最喜爱的涂画入手，让学生将自己的心理活动在笔尖处体现，"心理树""全身自画像""画苹果"等绘画艺术治疗，画出了连自己都不知道的潜意识，学生通过参加心理游戏等方式表达自我、释放自我、舒缓心情。"润心"校本教材和防欺凌安全知识手册的开发，从两个专题的角度，针对当下社会热难点问题，实施心理健康知识教育，增加心理教育覆盖面，在知识输送过程中潜移默化地培养学生良好的心理素质。

校内外教学的协同进行。教育是一个系统工程，学生的身心和谐发展需要学校、家庭和社会形成强大合力，共同推进。德育主题项目课程式"场馆教育"——"爱自己"的构建与实施，成功打造校外"第二课堂"，大力构建家校协同干预机制，强化育人实效。学校专门成立了家长心理委员会，定期组织召开家长会和家长心理委员会工作会议，加强家校间的联系，共同研究探讨促进学生心理健康发展的有效途径。家长积极参与"爱自己"心理活动，其中"我会永远爱你"等体验式的家长心育课堂与"走与留"等家长心育教育活动，唤醒家长们爱的力量，成功架构起了学校、家长、社区三位一体的心理教育协作机制，使家校心理教育工作有了新的突破和重大进展。

（四）从"服务"开始润泽"爱自己"。

学校公益服务性团队——"润心"心理志愿服务团队，本着"奉献、友爱、互助、进步"这八字真言，已经逐步走出校园，走入社区，走进家庭，先后进行了86场次心育活动。不忘心育初心，牢记团队使命，切实为人民群众服务，办好每一件实事。不定期根据各阶段学生的不同心理特征和需求，分学段开展专项专题活动：《心理健康知识普及》《如何应对身心成长失衡》《青春期心理专题》。活动贴合实际需求，收效甚好。定期进行心理个体和团体心理辅导，包括学习能力、情绪变化、人际交往、自我悦纳等方面干预，引导学生明白"做自己""爱自己"的真谛。此外，"润心"心理志愿服务团队通过多渠道的心理宣传、定时发布的心理自测表等惠民措施，赢得社会好评，服务惠及学生、教师、家长和社区的四个维度，惠及人数上千人。一个个数字体现着和谐环境里的润心服务，这种润心服务精神催生出丰硕成果，展现全新魅力，滋润丰泽着每一个人学会"爱自己",变成更好的自己,成就更好的人生。

【走笔纪实一】

以下选自笔者所在区域某所学校心理辅导室建设工作纪实,该工作室配备大量心理学阅读书籍,因此工作室利用书籍打造走进参与者心灵的钥匙,在假期中开展悦心阅读工作,通过此项工作滋养参与者心灵。

冬日新年喜洋洋　　心灵滋养暖洋洋
——学校心理工作室假期心理调适系列

亲爱的家长、同学、老师们:

放假啦,大家是否补足了睡眠,看"嗨"了电视,养好了身体?新的精神、心理营养再来一波吧!

党的二十大报告指出,要推进健康中国建设,要重视心理健康和精神卫生。针对青少年的心理健康,教育部办公厅印发《关于加强学生心理健康管理工作的通知》,要求进一步提高学生心理健康工作的针对性和有效性,切实加强专业支撑和科学管理,着力提升学生心理健康素养。这是进一步推动我国心理健康教育蓬勃发展,构建幸福校园、和谐社会、健康中国的新思维、新格局、新方向。

根据区教育分局、教研中心要求,我校开展家校共育系列专题教育,特推出寒假系列之"家庭教育"专题推荐活动,奉上精品书籍、影视作品等,预祝大家收获满满!

一、好书共读——一起体验读书的快乐

1.《在远远的背后带领》(作者:安心)

推荐理由:一本具有非凡疗愈力的心理、家庭教育的书。

这本书给我们讲述了 P.E.T. 课程,即父母效能训练。课程的创建者叫托马斯·戈登,是人本主义心理学家。

书中表达的观点不仅对家长育儿很有帮助,对每个人自己的成长和家庭关系也有非常大的帮助。本书中的很多观点都跟《正面管教》《可复制的沟通力》《亲密关系》不谋而合。这本书通俗易懂，案例也是身边的事情，更加有中国味道，方法运用起来实操性强。

2.《终身成长》（作者：卡罗尔·德韦克）

推荐理由：重新定义成功的思维模式，成功往往是一时的，成长才是一辈子的，没有成长，也不会有真正的成功。

在对"成功"进行数十年的研究后，斯坦福大学心理学家卡罗尔·德韦克发现了思维模式的力量。她在《终身成长》中表明，我们获得的成功并不是能力和天赋决定的，而是受到我们在追求目标的过程中展现的思维模式的影响。

她介绍了两种思维模式：固定型与成长型，它们体现了应对成功与失败、成绩与挑战时的两种基本心态。你认为才智和努力哪个更重要，能力能否通过努力改变，决定了你是会满足于既有成果还是会积极探索新知。只有用正确的思维模式看待问题，才能更好地达成人生目标。

二、好文共学——一直走在"充电"的路上

在"国家中小学智慧教育平台"中的"心理健康"板块中，分别有情绪调适、人际交往、学会学习、生命与成长等具体分类，其中有"心情难过时，我们怎么办？""疫情之后　结伴成长""提高注意力的游戏"等优课30余节，且音视频同步播放，教师、学生、家长可以根据自己的实际情况，有针对性地选择相关主题内容进行学习或跟随练习。

三、好片共享——看剧悟生活、感人生

心理健康和家庭教育一直都是成长过程中密不可分的环节，孩子的所有事情都牵动着家长的心。我们整理了从幼儿园到高中的家庭教育剧合集，影片从不同年龄段孩子的成长发育特点、心理动因、内在需求等心理视角，讲述了不同家庭中的亲子故事。

推荐影片：《加油，妈妈》《小欢喜》等

如何养育孩子是一门需要终身学习的课程。我们四处借鉴，但拿着"别人家的孩子"对比"我的孩子"这本就是不平等的比较。我们不如转换思维，关注孩子自身的成长。同时，沟通也是一门艺术，好的沟通方式可以变"鸡飞狗跳"

为"父（母）慈子孝"。在这个特殊的假期里，我们给大家奉上了精心挑选的系列资源，希望能缓解学生和家长因居家上网课、亲子相处等带来的心理压力和家庭教育问题。借助此次推荐，我们希望成为照亮学生、家长内心深处的一缕暖阳，为心理健康教育贡献一份专业力量。

【走笔纪实二】

以下课例展示，着重解决学习意志品质薄弱的问题。在开展的过程中，使用心理辅导室部分器材，展现团体辅导的作用，受到心理健康骨干教师的好评。该课例是笔者于2021年在威海市小学心理健康研讨会中的执教课例。

打开坚持的智慧行囊

实施背景：

本主题属于小学高年级学习板块中学习意志方面的内容，旨在使学生认识到不良的学习习惯的危害，培养学生良好的学习品质。在本课例中，培养"坚持"品质的重点是自我目标的实现。哈佛大学有一个非常著名的关于目标对人生影响的跟踪调查，调查的结果发现：27%的人没有目标，60%的人目标模糊，10%的人有清晰但比较短期的目标，3%的人有清晰且长期的目标。经过25年的跟踪研究，结果表明，那些3%有清晰且长期目标的人始终朝着同一方向不懈努力，他们几乎都成为社会各界的成功人士。根据心理学家的研究，目标之所以能够增强动机，因为目标有助于集中注意力，目标有助于调动资源，有助于推动任务完成。但是，目标的实现是有方法的。目标需要分解，一个人制定目标的时候，既要有最终目标，也要有短期目标。最终目标是宏大的、引领方向的目标，而短期目标是具体的、明确衡量标准的目标。把宏大的目标分成一个个短期目标，这就是目标分解法，也是本次课例需要突破的教学重难点。随着意志品质的发展，小学高年级学生的自我控制能力进一步增强，"坚持"这种个人意志的品质也有一个新的发展阶段，对高年级学生的学习、生活是至关重要的。我国《中小学心理健康指导纲要（2012年修订）》中明确指出：小学高年级要帮助学生克服学习困难，培养学生分析问题和解决问题的能力，让学生体验学习成功的乐趣。

活动目标：

认知目标：认识到学习过程中的一些"短期坚持"的不良习惯，了解提升坚持力的方法与技巧。

情感目标：自觉地应用掌握方法应对"短期坚持"的现象，并感受长期坚持的成长乐趣。

行为目标：养成良好的学习品质。

活动准备：

分七个小组，呈U形排列，每组前放两张并排的课桌，学生在U型内站立式活动，准备部分心理辅导室器材。

活动过程：

环节一：音乐暖场，心灵破防

（轻缓音乐）同学们，今天换了陌生的学习环境，还有些不适应，不知所措，音乐可以舒缓我们的紧张情绪，音乐有着独特的心理疗效。听，在音乐中你汲取到怎样的力量？

学生感受到积极向上的力量、永不放弃的力量、持之以恒的力量。

教师小结：坚持是一种多么好的品质。

设计意图：使用心理辅导室有关心理音乐，采用音乐治疗法切入团体辅导的主题，营造温馨氛围。

环节二：活动体验，心灵起航

活动一：猜人物，引主题"坚持的长期性"。

活动要求：屏幕出现人物影子，当老师发出"1，2，3"的口令后，同学们迅速摆出人物的经典动作。注意：用经典动作表示猜测的答案！

学生摆出孙悟空、唐僧、猪八戒等人物标志性动作。

教师小结：同学们猜到的这三个人物出自我们中国的经典名著《西游记》。他们很了不起，在那种恶劣的环境下，靠步行走天下，从长安走到天竺，历经九九八十一难，智斗妖魔，战胜困难，取得真经，获得成功，他们靠的是怎样的一种意志呢？带着这样的思考，下面我们重温《西游记》。

播放《西游记》取经的有关视频。

思考：从长安到天竺长路漫漫，他们靠的是怎样的一种意志？

教师小结：没有坚持哪有精彩？师徒四人为取真经，一走就是十几年，这样的长期坚持必定是一条成功之路。

活动二：体验"坚持力"，进行归因，寻找提升的浅层方法。

活动要求：保持孙悟空的经典动作，试试你能坚持多久，动作要规范：手搭凉棚，眼若灿星，目及远方，单脚挺立，直冲云天。

配音乐，学生仿做孙悟空的经典动作。

师生交流活动成功与失败的经验与原因。

进行二次活动，要求：再来体验孙悟空，你觉得你会坚持多长时间？把你的预期目标告诉身边的同学，互相监督。

教师引导学生思考：完成目标的同学，你是用什么方法更长久地坚持下来的？

学生交流方法：目标导航、有效奖励、刻意练习、积极的心理暗示、榜样引领、外部监督、名言激励等。

重点方法体验一：榜样的力量。

在困难时，引导学生树立身边榜样、同龄榜样、学习榜样、伟人榜样等，如：毛主席数九寒冬坚持冬泳的事例等，激发学生体验坚持的意义。

重点方法体验二：积极的心理暗示。

心理学家曾经设计 60 秒 PR 法进行积极的自我暗示训练。仿照此法，我们可以在一分钟内不断地对自己说："我有办法战胜困难，我会坚持下去，重要的是我们要不断坚持。"如果每天重复强化这样的激励语言，你会发现你的坚持力更长久。

设计意图：课前已运用心理测评系统对学生的学习现状进行了数据统计与分析，本环节在游戏体验中，使学生具体而形象地了解自我坚持力的情况，明白同学间的坚持力是有差异的，学会采用以上两种基本方法强化训练，促进学习意志力的提升。

环节三：场景再忆，心灵解码

活动一：问题分享与解决方法交流。

活动要求：想一想，在日常生活中，我们每个人在学习中也都遇到过不想坚持的情况，比如：写作业时我们不想坚持；对于不感兴趣的事，我们不想坚持；遇到难题时我们不想坚持；背诵内容太多时，我们不想坚持。打开回忆的空间，拿起笔来勇敢地将这些现象写在蓝色纸上。

学生分享问题，交流解决问题的方法。

活动二：个案分析与方法应用。

视频播放：五年级某学生在学习几何数学的知识时，反复遇到挫折，于是给自己确立目标：拿下第一名。可是目标太大，无论如何也完成不了。

请学生为视频中的主人公支招，说出理由。

查找问题后，教师播放《梦想的天空》，从小蜗牛的故事中，寻找启发。

启发一：适合自己的目标才是最好的！

启发二：分解目标，把大目标分成几个小目标，逐一完成，大目标就可能实现！

活动三："希望"小飞机的旅行。

"希望"小飞机的旅行

主人将手中"希望"的小飞机传递出去，可以小组传递，伙伴间传递。收到的同学为"飞机"的主人写一招提升坚持力的好方法，写完再传，两次之后传回到主人的手里。

活动要求：将手里的"困难"蓝纸折成"希望"的小飞机，飞出去，收到的同学写下提升坚持力的方法，写完再飞，两次之后飞回到小飞机的主人手里。

阅读收到的方法，体会这些方法给学习带来哪些改变。

教师小结：坚持一定能改变自我，使学习变得更轻松。

设计意图：每个人都有自己的目标，从较易完成的事入手，让目标具备可行性。本环节从目标制定、目标实施以及成功感体验等方面，辅导学生掌握系统的坚持力提升方法，掌握终身受益的心理辅导技能，在长期学习中形成较强的学习力。

环节四：方法贯通，心灵启迪

同学们，今天我们为什么要探讨"坚持"这个话题？因为我们有一个特殊的身份，那就是即将升入初中成为初中生，你们的学习将迎来新的挑战。学习科目的增多，知识的增多，困难的增多……迎面风雨，怎样一路坚持，笑迎美好的未来，现在的你有方法了吗？

学生交流。

展示个人发展"生涯图"，进行小组活动，成员顺着学习线延展的方向，每到一个学习的节点暂停一下，思考会遇到什么困难，用什么方法长久坚持，达到目标。

活动展示。

教师总结：不同的阶段有不同的方法，每个阶段都有同伴和你一起坚持。在学习的肥沃土地上，坚持必定收获满满，未来一定是属于新一代，一切需要勇于坚持的你们去创造。

设计意图：方法不是一时掌握的，方法需要长期运用。每一次学习的成长都与坚持力紧密结合。

板书设计：

现在　未来

名言激励、心理暗示、榜样引领、目标导航、外部监督、有效奖励、刻意练习、兴趣价值

活动反思：

2012年修订的《中小学心理健康教育指导纲要》，明确地把"学会学习"作为中小学心理健康教育面向全体学生的具体目标之一，突显了对学生学习心理问题研究的必要性和对学生进行学习心理辅导的重要性。

由此，我选择山东省教育出版社五年级上册《学会学习》手册中的《打开"坚持"的智慧行囊》作为教学材料，通过锻炼意志的好方法探寻，锻炼学生在充满干扰的环境与困境中坚持学习，建立良好的学习品质。

良好的学习品质是成长的必要条件。心理健康教育要遵循学生成长发展的

规律,在学生成长最为关键的年龄,即由儿童期向青春期过渡的关键时刻,同时也是心理发展的骤变期,培养学生形成良好的意志品质。本次活动磨炼意志力,从自觉性、果断性、自制性、坚持性四个方面阶梯式入手,引发学生联系自身生活实际,指导学生在活动中觉察和反思自己面对困难时的态度,对自己的坚持力进行分析,明确改善的方向。

了解意志力强弱的表现,明确坚持的作用,培养自己坚持的意志,三个教学目标落地实施,对学生在实践活动中建立良好的意志品质深有启发。

整个活动的教学流程的设计:

活动前有效地利用心理辅导室内的音乐,播放《坚持的价值》等暖场音乐。作用有二:一是直击主题,打开心扉,开启心与心的交流的快速通道;二是实现最佳的心理效应,通过音乐聚焦,增强活动的代入感。

第一个环节是活动体验,心灵起航。

活动一:猜人物,引入主题"目标为坚持导航"。

从儿童的视角,采用"猜人物""看视频"等方式,借助经典的素材唐朝高僧玄奘印度取经,从"坚持"的民族性与经典性出发,初步引出"坚持"的品质人人皆具备,人人皆养成,并初步认知"坚持要有目标"。杜绝盲目坚持!

活动二:体验"坚持力",进行归因,寻找提升的浅层方法。

学习心理辅导活动课的核心是"活动",而小学以游戏体验为主,设置情境"体验孙悟空",在游戏中,以"坚持"为核心体验,完成具体性的认知:一是找出影响坚持的内外因素,二是交流、提炼令自身不断坚持的方法。

第二个环节是场景再忆,心灵解码。

活动一:创设问题情境与深层方法提升应用。

解决问题一定要回归到问题的发源处,从问题追源,开启学生心灵深处的"发动机",最终回到学生的学习场景之中。

问题情境——寒假计划书,对于学生"目标过大"、坚持路上"虎头蛇尾"的常见现象,情境创设就是一种影射现象,在他人身上找出自己的问题。

故事启迪——《梦想的天空》将解决问题的方法故事化,激发兴趣,在阅读中提取关键的方法，即：大目标分解小目标，不断在成功的体验中走向成功。同时，辅以夯实"积极心理暗示"的内在赋能。

进一步梳理目标分解方法过程，重点：分析准备——制订计划——小目标完成——不断鼓励（突破自己）——大目标实现，以方法指导应用，为坚持力的提升打下坚实基础。

活动二：学习问题回顾与方法应用。

"你在学习中遇到哪些'拦路虎'？"《学会学习》手册第44页的问题泡泡，是教材中的核心，落实这个目标是教学中的重点。有了前面的诸多活动体验，以方法解决困难似乎水到渠成。借力"希望飞机传递"活动，完成方法优选、方法应用。同时，辅以夯实"榜样激励"的外在支持。"希望小飞机"是一种意象，它将学生心理辅导中的"珍珠"串成"项链"，让学生直观地感受到目标、方法、监督、行动，轨迹式的成长才能真正地坚持做好当下。

第三个环节是方法贯通，心灵启迪。

《中小学心理健康教育指导纲要（2012年修订）》中指出：帮助小学高年级学生克服学习困难，为初中阶段学习生活做好准备。所以，立足学生成长的关键时段的心理状态，借助"学习线"这样直观的人生发展轨迹图，用预想的方式，帮助学生树立一种正面而向上的学习价值观。

基于活动实施后的效果反思：

从两个维度，即维度一：基于本次活动的收效；维度二：基于持久发展的思考交流。具体如下。

一是从活动的成效来看，游戏是活动的重要载体。在操作过程中，学生对游戏的认知仅为游戏，沉溺在玩的状态，不能做到游戏中收获，在收获中应用。当要求学生从自己的经历中觉察、反思自己的意志品质，明确培养自身坚强意志的具体做法时，一些学生没有达到良好教育生态下的闭环效应。这样的收效引发我的思考，究竟该如何将游戏与方法及应用有效接轨。如果将方法概念化，违背辅导的"润心"效应，非概念化时又导致"走心"效应不足，所以优化活动过程如何实现双赢，仍值得深入探讨。

二是辅导的持久性与延时性。我们是在学校教育模式下的辅导，辅导体现全员、全时、全段的性质，力求让活动的尾音依旧存在于学生的学习场景中。我认为应建立班级"辅导站"，将有利学生心理发展的辅导资料保存，随手可取，随时可阅。在这一课时中，我只选用了"梦想的天空"资料，而在班级辅导站中可以留下备课时延伸的"如何全力以赴""蝴蝶的故事""海伦·凯勒的故事"等资料，这些资料有内心赋能作用。此外还可以设立"自我挑战书"，随时可取可用，真正地将小目标建立落实到学生的发展之中。

自我挑战书

这个挑战是
设定的目标是
时间：自　　年　　月　　日至　　年　　月　　日
可能遇到的困难：
此时，我会这样提醒自己：

教育是人学，心理是科学，而人本的核心一定是以心灵为逻辑思考的起点，教师在活动辅导中应努力探索细耕，做走心的心理教学。

（中小学生核心素养系列读本《学会学习》五年级上册）

下篇
专项实操策略与辅导建议

根据学生每一个阶段的年龄特点，确定与之相适应的心育培养目标，师生双方共同围绕一定的心理健康教育专项主题目标，开展形式多样的活动，这是心理健康教育的重要组织形式。

国外关于"主题式心理健康"的研究较为深入，其内容贴合学生心理发展的实际，开展方式灵活多样，主要以游戏活动来启发学生思考和获得体验。笔者根据文献资料总结其研究成果，发现研究者主要以开展专题心理健康课程或者主题班会为载体，对学生进行心理健康教育。这些对心理健康教育的具体开展有很高的参考价值。国内研究者对心理健康教育比较重视，研究者相对较多，对心理健康教育的研究始于二十世纪七十年代末至八十年代初，随着改革开放政策的贯彻，我国的心理健康教育工作首先在心理卫生领域展开。1985年，中国心理卫生协会成立。1986年底，中国心理卫生协会在北京召开了首届青少年心理卫生学术交流会。以此为标志，心理卫生运动开始了向教育界的延伸发展，从而对学校心理教育产生了重要的影响。心理健康教育首先在我国的高等学校获得了重视和发展。1989年，上海市成立了中小学心理辅导学会，为上海市乃至全国心理健康教育的发展起到了积极的推动作用。以"主题心理健康教育"为关键词在中国知网（CNKI）进行搜索，经过对相关文献的梳理和分析得知，已有的研究成果主要从三个方面进行论述：主题方面是什么，有什么问题，如何解决这些问题。而对于一线学校教育来说，心理健康教育的主题选取、内容和形式设计、学生行为内化及后续的反思教育等专项实操的实践经验更为重要。

1994年，《中共中央关于进一步加强和改进学校德育工作的若干意见》颁布；1995年国家教育委员会颁布《中国普通高等学校德育大纲》，把心理健康教育列为德育内容；1999年8月，教育部第一次就心理健康教育问题专门颁发了《关于加强中小学心理健康教育的若干意见》，对中小学心理健康教育做了非常具体的要求和规定。由于得到了政府的支持，许多高校和中小学都系统地开展了心理健康教育工作。2001年，教育部颁发了《关于加强普通高等学校大学生心理健康教育工作的意见》；2002年4月，教育部颁发《普通高等学校大学生心理健康教育工作实施纲要》；2002年9月，教育部颁发《中小学心理健康教育指导纲要》，这些政策文件都有力地促进了我国心理健康教育工作的快速高效发展。2018年9月10日，习近平总书记在全国教育大会上指出："培养什么人，是教育的首要问题……要努力构建德智体美劳全面培养的教育体系，形成更高水平的人才培养体系。要把立德树人融入思想道德教育、文化知识教育、社会实践教育各环节，贯穿基础教育、职业教育、高等教育各领域……"2019年10月中共中央、国务院印发《新时代公民道德建设实施纲要》。由此可见，国家要求我们在立德树人的根本任务下，开展学生心理健康教育，将提升学生素质教育摆在首要位置。然而，心理健康教育往往忽略其具备的心育作用，或者以不太符合学生身心特点的方式和内容进行所谓的道德教育。本篇将着力提炼开展心理健康专题的实践经验，这既有利于学校良好校风的形成，又有利于教师提高自身的专业素质，还能对学生进行有效的心育教育。因此，我们有必要充分研究心理健康教育主题实践研究，让其发挥应有的教育价值。

下篇的研究应用价值是开发学生潜力，提升学生心理素质。以心育为抓手，结合其教育优势，立足班级教育平台，搭建起心育序列化课程，让学生入脑、入心、入行。在活动开展中，学生是主体，其设计与实施环节有很多需要学生去思考和完成的部分，能够使学生的思维得到拓展，增强收集信息和分析信息的能力，还可以学到适合自己且能使心理素质得到提升的知识。另外，课程致力于使学生将学到的知识理解、掌握、内化，培养学生健康、健全的人格。

笔者从2006年起致力于心理健康教育课程研究，具有课程研究的基础和能力，具有良好的心理学基础和教育素养，且长期从事小学教育教学管理与研究工作，先后执教心理健康教育优质课，获得多项嘉奖，近几年重点研究心理健康教育学习心理的辅导策略。在三个方面有所建树，一是"心育"视野下，主题化课程序列化的梳理与建构；二是"心育"视野下，探寻课程实施的基本路径；三是探索"心育"视野下，学校提升教师专业素养的有效路径，在实践中探究并完善主题心理健康课程学习范式和教学范式，让学生在情境和游戏中学习，在思辨与感悟中获得真实体验，激发学生自我成长动机。在新课标"教学评一致性"这一新的理念下，多级评价标准研究是对研究效果的反馈与评析，为改进实践研究提供实证与指导。在核心素养导向下的心理健康专题研究方向，是从"心育"背景下出发，梳理了基于学生学情的"心育"发展要求，确定以课程体系构建、学生成长动机激发、教师与学生核心素养提升三个方面为重点研究目标，开展"心育"视野下的主题课程序列化构建的实证研究。经过实证，目前梳理出学会学习、适应版块、人际交流、生活与社会适应等方面，分学段、按主题形成序列化、可操作化的创新课程体系，丰富主题课程的内涵，帮助学生健全人格并激发自我成长动机。下篇的每一篇章将以"游戏导入""情景体验""深度拓展""体验感悟""行动落实"等为突破口，通过实证课堂，探索出体验感强、参与度高、情感共鸣、体悟深刻的团体辅导组织形式，拓展深化课程实施路径。以下章节也是近几年笔者及团队骨干教师序列化主题心理健康课程部分研究成果的展示与提炼，其中不乏在一定范围内有影响力的精品资源库建设，希望进一步提升主题课程的应用价值，为一线教师开展主题式心理健康教育提供有效范例。

第一章　学习：策略优化，学而轻松

一、基本内涵

2012年修订的《中小学心理健康教育指导纲要》，明确地把"学会学习"作为中小学心理健康教育的具体目标之一，确立了对学生学习心理问题的研究与辅导已经成为中小学心理健康教育的重要组成部分。学生的大部分生活是在学习中度过，在这一过程中产生的具体问题与衍生问题占据心理健康问题的主要部分，这也是笔者将其作为第一个版块的原因之一。

从中小学心理健康教师的工作经验出发，以往一线的心理健康教师在学生自我认识、情绪调控、人际交流、社会适应等方面关注较多，也有许多值得参考的借鉴材料，对学习心理这一领域关注极少。而当下，从各项数据调查来看，困扰学生成长的重要问题就是学习问题，学习问题也是诱发其他问题的重要导火索。"学会学习"心理辅导课程是以预防发展为主，以问题矫正为辅，以团体辅导的形式帮助学生解决学习的困惑，积极应对学习，快乐学习，健康成长。该类型辅导课以山东教育出版社《学会学习》活动手册为授课依据，根据不同学段学生的特点，循序渐进地展开学习方法的指导，通过认知调整、活动体验等方式，促进学生在体验与感悟中，优化自己的学习方法，激发学生主动探索知识，推动产生学习的发动机，开发学习潜能，获得自主学习能力，培养学习兴趣，树立学习的自信。

"学会学习"心理辅导课程的目标是学生在本门类的辅导活动后，能够主动学习、乐于学习、善于学习。借鉴徐崇文、姚仲明、魏耀发等在《中小学生"学会学习"研究》中的观点，以态度、知识、策略、方法、能力为目标指向内容，将这些目标指向分解成"学会学习"的四个操作子目标，从低到高层层递进，依次为：好学——范学——勤学——巧学。在刘开勇主编的《学会学习》一书中，也将具体目标要求为：

好学——积极主动地学习，致力培养和保护学生的好奇心、兴趣、爱好，产生学习的动机；

范学——认真规范地学习，规范地掌握基本知识、基本训练、基本方法，形成良好的学习习惯和学习态度，为进一步学习打下坚实的基础；

勤学——终身勤奋地学习。终身学习是21世纪的生存概念，培养终身学习意识，树立新的学习时空观，注意培养学生的意志品质；

巧学——高效创造地学习。实现学习方法最优化及方法在不同知识的迁移，提高学生的元认知水平和学习能力，培养创新精神和创造能力。

大教育家叶圣陶先生说："对于学生来说，能够得到一把开启智慧大门的钥匙，养成一些良好的习惯，练就几项真正有用的本领，那才是最大的实惠，终身受用的好修养。"学会学习类型心理辅导课程将开启学生心灵深处的"发动机"，产生让师生和家长都惊讶不已的学习动力，让学生养成良好的学习习惯，取得优异的学习成绩自然水到渠成，学会学习型心理辅导课程就是这样一把神奇的金钥匙。

二、问题及建议

"双减"政策出台给义务教育实践提出新难题：学生减下了"负担"，质量该如何提升？2021年印发的《关于进一步减轻义务教育阶段学生作业负担和校外培训负担的意见》中提到：大力提升教育教学质量，确保学生在校内学足学好。双减持续推进，质量提升的出口是校内，课堂提质增效是关键。作为学校，在校内给学生提供"优质供给"，使"学会学习"的心理品质真实发生就尤为重要。

课堂，目前"学足"已不成问题，但是"学好"饱和度不足，存有一些现象，如：片面化学习，专注于需要应试的知识学习；过度学习，对学科性知识投入过多时间和精力，多为重复、机械的学习；强化知识本位等。这些高代价性的重复学习，会给学生身心健康带来一定的影响。这些都是当前课堂学习供给所产生的现状。学习供给，提供知识（技能）传授，学生最终形成知识导向下的某种能力或品质。要想解决这一问题，我们就要研究如何提供优质的学习供给，从供给入手使课堂提质增效，使学生真正"学好"，形成良好的学习品质。那如何输入"优质供给"使"学会学习"真实发生？从中国学生发展核心素养的主要表现来看，"学会学习"是以"全面发展的人"为核心的六大素养之一，是学生适应终身发展的必备品格和关键能力。从《义务教育课程方案和课程标准（2022年版）》来看，基于核心素养进行教学，开展综合性学习活动，成为教学的"新贵"，也成为课堂"优质学习供给"的主要手段。基于以上思考，在一线教学中需探索形成"优质供给"的新路径，使学生"学会学习"心理品质构建成为现实。

前面的第四章中谈到场馆主题项目研究是一种沉浸式教学供给，把课堂从班级搬到场馆里来上，将说教转化为体验。我们所面对的学生群体结构存在复杂性，外来务工子女、单亲家庭、留守儿童等多种学生情况同存，心育与德育双轨并行，才能锁定"育人"目标。如：在心理辅导室开展"爱自己"系列心育课程，让"学会学习"由"心"而生发。每个生长期的学生心理需求不同，他们可能会遇到考试焦虑、青春期萌动、时间管理等等问题，教师可通过沙盘游戏、宣泄物品等开设体验课程，成功疏导学生的内心"堵结"，有针对性与辅导性地解决内在问题。

还有第三章谈到的多维课例资源开发，学习是"学科融通"的探究。这是《义务教育课程方案和课程标准（2022年版）》实施后引发的综合式教学供给的变革，旨在加强学科间相互关联，带动课程综合化实施。在这一教学供给变革探究中，构建一种多维课例资源开发的学习通道，让它既能坚持学科立场，又能打破学科壁垒，而且这个通道既连接学生完整的生活，又直通科学育人高地，同时推进多维课例的开发资源，使学习心理品质实现立体网格状。例如以"奋斗"为主题，形成阅读力、学习力、审美力完美融合的教育，从而完成一场学科融通的"大课程"探究，1种教育塑造N个成长方向，从"1"散发走向学生"归一"的人格形成，即促进每一位学生完整人格的形成，这就是"优质教学供给"催化"学会学习"真正意义所在。

本章谈到"学会学习"方法指导,学习是"技能贯通"的畅达。《学会学习(活动手册)》是中小学心理健康教育中广泛使用的指导性教材,也是策略式教学供给的重要依托蓝本。《中小学心理健康教育指导纲要(2012年修订)》明确提出要初步培养学生的学习能力,激发学生的学习兴趣和探究精神,树立自信,使学生乐于学习。《学会学习(活动手册)》提倡在具体学科的学习过程中,从学习意识形成、学习方式方法选择、学习进程评估调控等方面达到授之以渔的效果。如,下面将呈现的五年级"给知识写'家谱'"专题心理活动辅导。活动前,我们通过调查问卷与访谈的形式对小学高年级学生进行心理健康状况调查及心育背景摸底发现:随着学生年龄增长,知识容量的增加,学生学习力减弱,出现记不住、概念混淆、断点式接收知识等现象,造成学习吃力,特别是多维知识建构时存在无奈感,很多学生就靠单纯的时间堆砌提高学习成绩,那究竟知识间有哪些联系?每项知识的归属和层级关系是什么?学生迫切需要解决此类问题。本主题学习心理辅导活动,积极应对问题,以团体辅导的形式展开,从巧识"家谱图"这一情境体验入手,感知"家谱"在梳理提炼思维方面存在的应用优势,从而使学生在具体的知识体系建立过程中,产生尝试使用"家谱"式思维导图工具的意识,经过运用将工具转为方法,再形成"学会学习"的能力。活动中,教师引导学生在科学"水的三态"、数学"三角形的认识"等不同学科乃至不同知识点中感知不同思维方式,从而了解提纲式、梯级式、表格式等整理知识方法各自的特点。怎样精准运用呢?比如学习"长方体和正方体"时用思维导图进行单元知识梳理,学生以"长方体和正方体"为大观念,引出"体积、单位、特征、表面积"四个关键词,又分别从"面、棱、顶点……"不同的维度理顺大小知识点的层级关系。在这个过程中,学生通过理解给零散的知识建立一个亲密关系,在记忆和运用时就变得方便与准确。学会学习,是一个持续多维的梳理架构,它是有策略的。再如,三年级"善于追问收获多"专题心理活动辅导,教师借助"洋葱模型"心理活动体验,对学生进行刻意训练,使其形成深度学习意识,形成持续追问"为什么"的能力。还有五年级"会生长的'短板'"专题心理活动辅导,由"木桶效应"引入,引导学生思考学习的"小木桶"是由智力因素、学习动机等组成,找出自己的学习"短板"在哪里,采用目标驱动策略让自我的"短板"补齐等等。

《柏拉图论教育》中曾经这样说,强迫学习的东西是不会保存在心里的。《学会学习(活动手册)》系列专题心理活动辅导所带来的"教学供给"就是从根源解决强迫学习的"堵点",学会学习方法策略的形成,让学而有乐,学而畅达。

优质教学供给聚焦场馆项目、课例开发、策略形成三方面,这只是一个起点,"双减"背景下,我们还需在教育的全场域,探究学生心理所需,在育人关键环节持续输入优质学习内容,将"学会学习"心理品质的真实发生作为永远的目标,不断地在教学实证中去优化,去变革。

"学会学习"的问题解决,在新课程的导向下,更应重视有效导引的活动评价。评价是活动目标实现的手段,是目标形成成效的检验工具。下面课例展示中以"善于追问好处多"为例,根据本次活动的目标确立两种评价方式与之呼应,即应用性评价与跟踪性评价。一是应用性评价。应用将所学知识转化为学生综合实践能力,应用是知识迁移的重要表征之一,也是学生学习成果的体现,在课程的尾声,设置体验情境,运用"追问"去解决问题。第一步,"追问"引领式评测练习,设置的情境为一组科学实验:两支燃烧的蜡烛,盖灭其中一支,盖灭的蜡烛冒出白烟,用另外一支蜡烛靠近白烟,两支蜡烛都会燃烧。学生的问题争论形成了接近现象本质的问题链"为什么会燃烧?——是什么引发燃烧?——怎样引发燃烧?"追问从浅层问题向深层问题逐步推进,教师再抛出最关键的问题。作为科学实验,最终如何解决所提出的问题,学生将解决问题的方式聚焦到动手实验,此环节,学生感知到不同的知识要用适合的不同方法去解决,设置引领式评测的意义就是引发学生在应用中思维进阶。第二步,追问自动式评测练习,指导学生自选学习自助材料的内容,在"追问"中解决问题。教师提供"生活中的摩擦力""闰年的生日""动物的家庭成员"等自然练习材料,层层追问,层层思考,学生对"追问"的认识再加深,对"追问"的使用力再强化,对今后学习中"追问"的应用力再提升。应用性评价让学生在具体的活动体验中，享受学习策略所带来的高光时刻产生的学习能量。二是跟踪性评价。《认知觉醒》中提到一个概念：成长权重对比，它是一个漏斗模型，由上及下有四个量，分别是学习量、思考量、行动量、改变量。学习是起步，一步一步地去思考与行动，最终才是完美的成长。在心育过程中，我们需要继续思考的问题就是，如何将辅导活动效果转化为积极学习行为？因此，我们在每次心育课程后都会推出"行动卡"，以此为抓手让"学会学习"落地生花。比如在"善于追问好处多"中设置"追问行动卡"，每天设立5个项目目标，即每日知识疑问、提出问题、解决问题、收获知识、价值知识的产生情况。"追问行动卡"使学生追问有目标，学习有方向。心理学上著名的鲶鱼效应就是用外力刺激个体成长，我们将鲶鱼效应应用到行动监督中，对学生的每一次展示成果都会进行评价，有来自自我的评价，有来自同学与教师的评价，过程性评价让学生不断体会到成功的"微体验"，进而提高自我效能感：要成功，先自信，成功与自信向来是双向奔赴的！学生在"行动卡"中看到量化的进步，感受到幸福愉悦，"学会学习"便成为一种积极向上的自发力量。

"善于追问好处多"之类团体辅导式心育课程的开展，让"学会学习"真实发生，学生的自主发展不再遥不可及。该辅导课程从解决深层心理问题入手，紧扣"用什么来培养人""怎样培养人""培养得怎样"，从学生最近发展区来实施团体辅导活动，充分发挥课程育人功能，激发学生自我成长动机，让培养全面发展的人变成现实。

三、相关实施案例

【课例解析　范例一】

心育知识链接：

学习策略对中小学生的重要作用

学习策略使学习者的主观能动性增强。为达到学习目标，学习者积极而主动地使用方法技能就是学习策略。运用学习策略，学习者首先要有学习需求与动机，然后能自觉地分析学习任务，根据自身的特点，制定适当的学习方案，它能体现主体有意识的心理过程，激发内驱力。

运用好的学习策略可以实现高效的学习。这是使用学习策略的主要目的，我们进行的往往是低效学习，浪费时间，结果不突出，运用学习策略是为了取得学习的高效率。比如：某个人使用最原始的方法，最终也能达到目标，但效果不会好，效率也不会高。如果他主动使用良好的学习策略，那么他在完成任务时，效率倍升，成绩也更显著。

学习策略有过程性。优质的学习策略，是要让学习者理顺一种很合理的学习规律，能合理规划自己学习时做什么、不做什么，先做什么、后做什么，用什么方式做、做到什么程度等诸方面的问题，因此学习策略是体现在学习的全过程。

学习策略有通用性。学习策略是学习者制定的学习方案，由于学习任务和学习者个人特征的不同，每个人每次学习时使用的学习策略不可能完全一致。但相对而言，对于同一类型的学习，人们有着基本相同的计划。这些基本相同的计划就是常见的一些学习策略，如"SQ3R"阅读法、记忆术等。从知识分类的角度看，学习策略是一种程序性知识，由一套规则系统或技能构成，具有通用性。

给知识写"家谱"

实施背景：

《中小学心理健康教育指导纲要（2012年修订）》明确提出：着力培养学生的学习兴趣和学习能力，体验学习成功的乐趣，培养学生分析问题和解决问题的能力，为初中阶段学习生活做好准备。

《给知识写"家谱"》是山东省教育出版社《学会学习》活动手册小学五年级心理辅导课程内容。过去，学生心理辅导的内容仅涵盖自我认知、情绪认知等方面内容，很多人认为学科学习是知识版块的归属问题。而随着社会的发展变化，以及人们对学生学习心理研究的深入，我们发现学生因学习产生的问题很有可能引发心理疾病。因此，"学会学习"，从积极心理学的视野下提前干预学生的发展状态，对培养全面发展的人才尤为重要。

本课基于此背景进行，旨在助力学生习得对所获取的知识进行整理、分析、提炼能力。教材关注形成前的体验，以生活认知、游戏活动、欣赏感知等手段为载体，从学生的学习现状出发，通过激发学生感受构建知识思维导图的便捷、准确的学习优势力后，让学生学会初步地利用简单的关键字、图形等绘制思维导图，形成对知识进行整理与分析的基本学习能力。本次跨学科主题学习活动使教材蓝本的素材形成一系列的情境，心灵相约、心灵回音、心灵解码、心灵启迪、心灵收获，通过案例分析、成功体验等，让学生在真实的学习情境中，逐步形成优良的学习品质。

关联学科：

心理健康教育：《学会学习》活动手册（小学五年级下册）

数学：《长方体与正方体》（小学五年级下册）

科学：《水的三态变化》（小学三年级下册）

图例梳理：

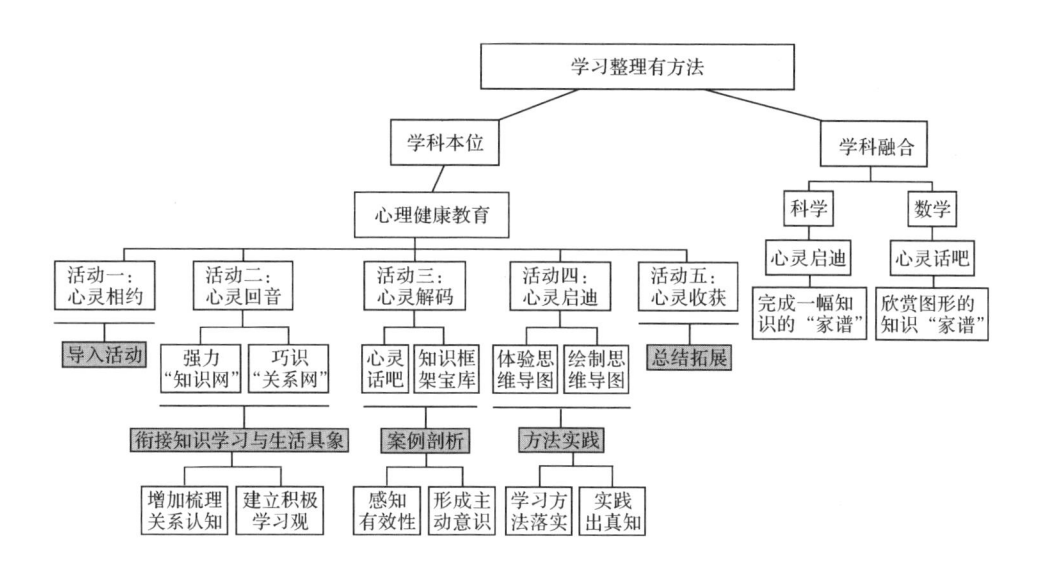

```
                        学习整理有方法
                    ／                  ＼
              学科本位                    学科融合
                 │                    ／        ＼
           心理健康教育              科学          数学
    ┌──────┬──────┬──────┬──────┐   心灵启迪      心灵话吧
  活动一： 活动二： 活动三： 活动四： 活动五：  │           │
  心灵相约 心灵回音 心灵解码 心灵启迪 心灵收获  完成一幅知    欣赏图形的
    │    ┌──┴──┐  ┌──┴──┐  ┌──┴──┐  │    识的"家谱"   知识"家谱"
  导入活动 强力  巧识  心灵  知识框  体验思  绘制思  总结拓展
        "知识网""关系网" 话吧  架宝库  维导图  维导图
         └──┬──┘         └──┬──┘    └──┬──┘
        衔接知识学习与生活具象   案例剖析    方法实践
         ┌──┴──┐          ┌──┴──┐   ┌────┼────┐
        增加梳理 建立积极   感知   形成主  学习方 实践
        关系认知 学习观    有效性  动意识  法落实 出真知
```

活动目标：

大概念

"给知识写'家谱'"帮助学生搭建"学会学习"框架，对学生"学会学习"

具有指引作用,可促进学生对学习产生浓厚的兴趣,学会运用恰当的学习方法和策略,在不同学习情境中,利用传统和信息化学习资源自主地、持续地学习。

"教学评"一致性目标

1. 初步体验搭建知识框架对知识梳理的重要性,产生掌握这种学习方法的意愿,并学会简单、形象的知识框架绘制。

2. 通过游戏串联的方式,引导学生感受知识吸收过程中散点式的特点,引导学生在排解学习困惑与畏难情绪的基础上,对学习方法进行探索的欲望。通过不同方式的知识框架的呈现,引导学生创作知识思维导图,在绘制中感受学习的成功体验。

3. 掌握学习方法策略,运用思维导图解决学习或生活中的其他问题。

活动过程:

环节一:心灵相约

《学会学习》活动手册陪伴同学们五年学习生活,它引导我们去发现学习的动力,它教会我们制定学习目标,它更像是一个知识的点灯人,教给我们许许多多的学习方法。本次活动,我们共同的感悟和收获:勤奋,是学习的钥匙;思考,是学习的利器;方法,是学习的捷径;探求,是学习的创新。

环节二:心灵回音

1. 强力"知识网"

(1)活动要求:每个人都是知识学科代言人,每五个学科为一组,手拉手围成一个圆圈,我们将构成一个知识的整体。请大家双臂交叉并握住旁边同学的手,这样,我们的手就织成了一张"知识网"。

(2)学生活动并思考:知识融合,给我们带来哪些困惑或苦恼?

(3)教师小结:方法对于我们的学习力提升至关重要。

2. 巧识"关系网"

(1)每个同学都是独立的"我",在我们身边有许许多多关心爱护我们的人。每一个"我",都拥有一个大家族。

活动要求:限时10秒钟,请你识别屏幕上的人物名称。想一想:他们之间有哪些关系?

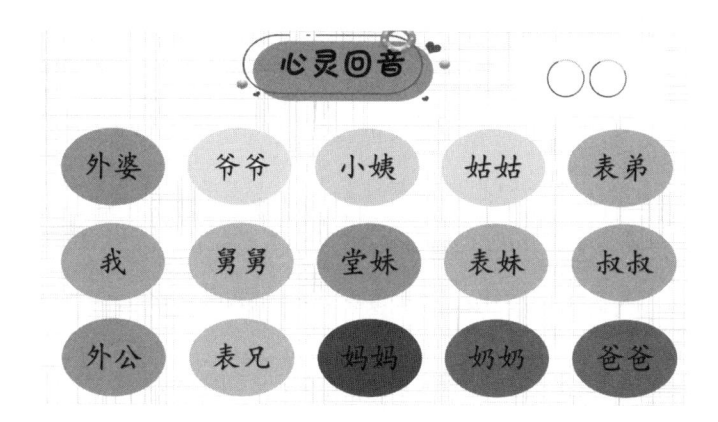

心灵回音

外婆　爷爷　小姨　姑姑　表弟
我　　舅舅　堂妹　表妹　叔叔
外公　表兄　妈妈　奶奶　爸爸

（2）学生活动并思考：寻找哪些有效方法可以解开关系谜团？

（3）课件出示：我的家谱

（4）教师小结：家谱，就是将有血缘关系的一群人按"辈份"依次写出来。利用"家谱"能准确快捷地找到人物。

设计意图：将知识整理这一学习策略在开课前即具象化，引入家庭关系图谱，由此来发现家谱在使用时的几个优势：便捷、准确、清晰，在游戏中进一步感受到使用家谱的好处，启发学生进行知识的迁移。

环节三：心灵解码

1. 心灵话吧

（1）播放心理剧场小视频，旁白：数学课，真是一团乱麻！学完周长，学面积，学来学去把我闹糊涂了。什么平行四边形、三角形、梯形，转来转去，长得不一样，公式也不一样，一个个地记太麻烦了，记着记着就混在一起了，这可咋办呢？

（2）学生支招交流，欣赏图形的知识架构。

2. 知识框架宝库

（1）知识框架已经不是什么新鲜事了，很多人都在为学过的知识梳理框架、绘制框架。下面，我们一起走进知识框架宝库，去欣赏，去学习。

（2）课件展示各式知识框架：梯级式、表格式、知识树、框图式、集合式、思维导图式。

（3）视频播放：思维导图的起源与发展，美国波音公司运用思维导图方式设计波音747，工程师容易从一个点联系到其相关的所有点，省时省力。

（4）课件展示：某著名大学将思维导图列入必修科目。

（5）学生欣赏并思考：有什么发现与感受？

（6）教师小结：用知识框架来整理知识，可以给零散的知识建立一种密切的关系，可以帮助我们把知识理解得更有条理、更清楚。

设计意图：从学生实际学习问题出发并进行思考，通过心理剧场让情景再现，直击问题的本质。让学生了解知识整理的方法是多种多样的，不同的情况应采用相适应的整理方法，进一步提示思维导图在生活与生产中的重要性，激发学生掌握整理知识方法的动力。

环节四：心灵启迪

1. 体验思维导图

（1）如何制作一张思维导图？欣赏自然界事物的图片：阳光、蒲公英等。

课件展示：

观察发现：这些事物就是一种大自然的思维导图。

2. 绘制思维导图

心灵启迪

水的三态变化

冰、水、水蒸气，就是水的三态。水的三种形态有着循环变化的关系。当水蒸发后会变成气态的水蒸气。如果把水加热至100摄氏度，水便会沸腾，迅速变成水蒸气。水蒸气遇冷，又会凝结成小水滴。如果把水冷却至0摄氏度以下，水便会凝结成固态的冰块。冰块受热，又会融化为液态的水了。

（1）发挥团队力量，小组内合作，以"水的三态变化"为主题，完成一幅思维导图。

（2）小组合作完成作品。

（3）小组选派代表，班级内交流小组思维导图作品。

（4）同学互评、老师评价。

环节五：心灵收获

今天的活动你有什么收获？你喜欢自己制作的"知识家谱"吗？课后，你可以尝试用"知识家谱"来整理今天的收获，期待同学们的精彩展示！

设计意图：根据学情，初步指导学生掌握思维导图绘制的基本方法，以"水的三态"为示例，进行实际的应用。从应用结果来看，学生已能够对材料的主旨、形成路径以及结果进行精准分析，懂得用不同的形式表现知识间的关系，并乐在其中，树立起正确的学习观。

拓展活动

一、思维导图我来绘

请以本册语文书中的一篇课文为主题，绘制一幅思维导图。

二、思维导图我来创

读书使人明智。思维导图能够帮助我们梳理文本结构，让书越读越薄；也能够延伸课文知识，让书越读越厚。请选择一本你喜欢的书，为它画一幅思维导图。

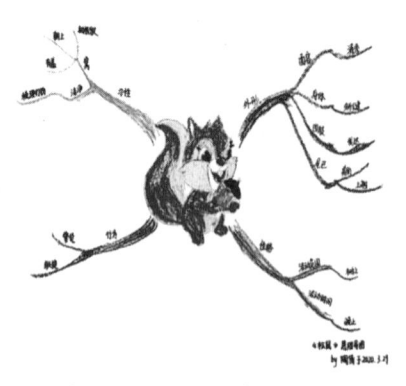

学生绘画作品1（来源于网络）　　　　学生绘画作品2（来源于网络）

三、思维导图助我思

思维导图不仅能助力我们学习，还可以帮助我们理清生活中的让我们感到困惑的一些问题。在你的学习或生活中，有哪些让你忧心或理不清头绪的问题呢？比如"自习时，周围有人说话影响我休息，我要不要告诉老师？"或者"我要不要加入合唱队？"等问题。请自选一个问题，绘制一幅以问题为主题的思维导图。

学习评价

思维导图绘制评价表		
内容	评价标准	自我评价
内容	1. 目标明确，要素完整。 2. 层级科学，逻辑合理。 3. 关键词提取精准。	☆ ☆ ☆
形态	1. 整体布局合理，核心主题明确、突出。 2. 颜色和谐，分支有粗细变化。 3. 文字书写工整。	☆ ☆ ☆
创新	能在内容准确的前提下，进行形式的创新。	☆ ☆ ☆

内容	评价标准	自我评价
合作	能根据活动中所学习的方法和自己对文本的理解及思考，和小组同学合作绘制思维导图。	☆ ☆ ☆
交流	1. 能在小组内大方交流自己的观点和想法。 2. 能大方地参与对其他小组思维导图作品的评价。 3. 能在班级交流中，清晰介绍本组思维导图作品。	☆ ☆ ☆
倾听	1. 能在组内成员发言时，认真倾听。 2. 能认真倾听其他小组的介绍，以及师生的评价，从中汲取优点，反思不足。	☆ ☆ ☆
拓展	能从三项拓展活动中，选择自己喜欢的内容，尝试独自进行思维导图的创作。	☆ ☆ ☆

"给知识写'家谱'"学习活动评价表

活动反思：

一、来自学生的反思

学生1：第一次参与学习方法的探究活动，我觉得自己很有收获。在探究的过程中，我了解到了各种亲属关系，还知道了水的三种形态变化，更重要的是我认识了"思维导图"这一学习的好帮手，我觉得自己非常有收获！

学生2：在这次活动中，我和我的伙伴们有了很好的互动，我们学会了通过思维导图理清关系，抓住重点。在分享过程中，我发现大家都很喜欢我们组绘制的思维导图，这是团队的合力，我们小组真棒！

学生3：今天真是太有收获了，绘制思维导图可以让知识变得更有条理，这个学习办法真是太好了，既简洁又有效，我还要把这个方法运用到其他学科的学习中，相信一定会事半功倍的！

二、来自教师的反思

让学生在情境中不断地认识自我的学习现状，通过活动体验增强学生的自我调控能力，逐步培养学生健全、积极、优良的学习品质。在实施过程中，老师根据学生现阶段发展的情况，灵活选择不同的心理健康教育的方式与方法，以游戏和活动为主，帮助学生提升学习能力。

以游戏为载体，采用"强力知识网""巧识关系网""走进思维导图宝库"等游戏串联的方式，让学生在游戏中体验，在学习中成长。如：针对小叶子在图形学习中知识混淆的问题，辅以具体的心理发展案例；如：讲授水的三态变化，辅以具体的知识认知环境材料。特别是利用当前五年级学生普遍关注的数学图形等相关知识体系的形成，在学生具体的学习过程中进行学习方法策略的指导，有的放矢，有效地提升长久的学习力，从而帮助学生形成良好的学习品质，并受益终生。

2022年教育部基础教育司工作重点强调：进一步充实心理健康教育专题资源；我国《中小学心理健康教育指导纲要（2012年修订）》也明确提出：在小学中年级要初步培养学生的学习能力，激发学生的学习兴趣和探究精神，树立自信，乐于学习。本主题课程高效地完成了这一教育目标。

（中小学生核心素养系列读本《学会学习》五年级下册）

【课例解析 范例二】
心育知识链接：

儿童创造力

儿童创造力发展最突飞猛进的阶段就是入学后，这时儿童开始进入学校从事正规的、有系统的学习，学习逐步成为他们的主导活动，这一时期也是创造力获得进一步发展的实质阶段。

研究表明：小学生创造力持续发展趋势，不是直线上升，而是波浪式前进。主要原因有二：一方面，有意想象逐步发展，并占主要地位，想象的目的性、概括性、逻辑性都有了发展；另一方面，想象的创造性也有了较大提高，不但再造想象更富有创造性成分，而且以独创性为特色的创造想象也日益发展起来，小学生创造力的发展是一个受多种因素制约的复杂的动态进程。

小学生学习活动与创造力的发展紧密相连。以小学语文课为例，小学语文中的识字、看图说话、造句、阅读、作文等知识只要运用得当，都可以极大地促进学生创造力的发展。数学课更是培养创造性思维最合适的学科之一，数学概念学习中的变换叙述方式、多向比较、利用表象联想，计算学习中的一题多解、简化环节、简便运算等，对创造力的发展有着巨大的推动作用。此外，课外活动，尤其是创造性科技发明活动是小学生创造力发展的重要方式。因此许多国家对此都十分重视，我国也在积极倡导开辟"第二课堂"，举办科技创造活动和小发明创造竞赛等。此外，我们还可以从常识等课程入手来促进小学生的创造力发展。

善于追问好处多

实施背景：

学会学习，是心理健康教育的主要内容之一。我国《中小学心理健康教育指导纲要（2012年修订）》明确提出：在小学中年级要初步培养学生的学习能力，激发学生的学习兴趣和探究精神，树立自信，乐于学习。

目前，中年级小学生呈现对知识的心理饱和，发现问题的能力逐步减弱，无表达兴趣等现象。本次主题活动，从"学会学习"的维度出发，以团体辅导的形式锻炼学生的观察力、想象力、质疑力、表达力等，从而提升其学习思维品质，落实《中小学心理健康教育指导纲要（2012年修订）》中"激发学生的学习兴趣和探究精神"的核心理念，助力学生积极应对困难，学会快乐学习。

本次课程，以心理健康教育为主体，融入语文、数学、科学以及社会拓展等有关学科，形成以"学会学习"为主题目标的一体关联的知识体系，指导学生在具体的、不同的学习应用情境中"发现有价值的问题——寻找问题的根本原因——产生深层的探究能力"。本次活动，采用情境设计、游戏辅导等多种形式，使学生逐步认识自我的学习现状，逐步培养学生主动、积极、优化的学习品质，为提升学生的核心素养、培养其健全人格服务，为立德树人服务。

关联学科：

心理健康教育：《学会学习》活动手册（小学三年级下册）

语文：《奇怪的大石头》（小学三年级上册）

数学：《年、月、日》（小学生三年级下册）

科学：《鞋底花纹的启示》（小学三年级下册）

《燃烧》（小学五年级下册）

社会拓展：生物的属性与营养价值、万有引力定律、社会防疫知识等。

图例梳理：

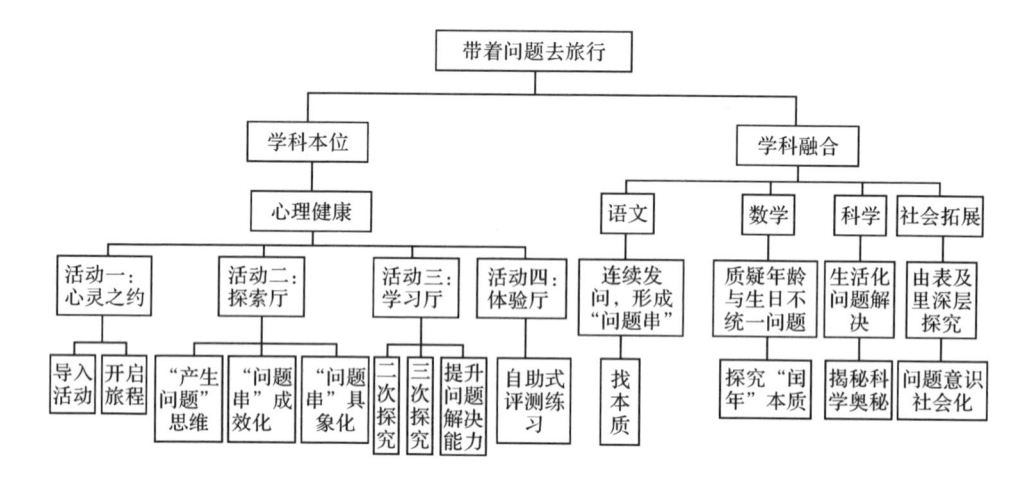

```
                        带着问题去旅行
                ┌───────────┴───────────┐
             学科本位                  学科融合
                │              ┌───┬────┬────┬─────┐
             心理健康          语文  数学  科学  社会拓展
     ┌────┬────┬────┬────┐      │     │     │      │
   活动一 活动二 活动三 活动四  连续发  质疑年  生活化  由表及
   心灵  探索  学习  体验    问，形成 龄与生  问题解  里深层
   之约   厅    厅    厅    "问题串" 日不统  决     探究
                                   一问题
   ┌─┬─┐ ┌─┬─┐ ┌─┬─┐  │       │       │       │        │
  导 开  "产 "问 "问 二 三 提  自助式   找    探究    揭秘   问题意
  入 启  生  题  题  次 次 升  评测练   本    "闰年"  科学   识社
  活 旅  问  串  串  探 探 问  习      质    本质    奥秘   会化
  动 程  题" 成  具  究 究 题
         思  效  象        解
         维  化  化        决
                          能
                          力
```

活动目标：

大概念

"带着问题去学习"是形成"学会学习"能力的重要方面。在具体学习环境中，引导学生产生问题意识，激发学生主动解决问题的学习意识，以及学生体验成功感的结果意识，有助于学生形成乐学的心理品质。

"教学评"一致性目标

1.通过对典型人物与事件的感知，理解问题意识对"学会学习"的重要性，产生主动发现问题的学习意识。

2.通过对洋葱模型意象的探究，产生问题意识与深入发现问题的意愿，并能将问题意识迁移应用到不同学科学习的全过程。

3. 通过学科自助材料的应用训练，体验并形成"学会学习"的技能，在技能转化为习惯的过程中，注重观察、思考，弄清根源。

活动过程：

环节一：心灵之约——开启"学会学习"的快乐旅程

三年级下册起始课程，引入阳光学习小伙伴"小蓓"，其意义为"在春天里陪伴同学一起收获知识的蓓蕾，开启新学期快乐学习旅程，探索学会学习的密码"。

环节二：探索厅——探索"学会学习"的密码

1. 进行"剥洋葱"活动，体验"产生问题"的思维方式。

（1）展示"洋葱"进行第一次提问，对其表象进行提问。

（2）读活动要求，思考：每剥一层，你有什么发现和问题？

（3）学生开展活动。

（4）引导学生进行深层思考：洋葱该怎么剥？为什么要剥？

（5）教师小结：洋葱是一种生活中常见的调味品，虽然它大多时候只是配角，但是，一个小小的洋葱却给了我们深刻的启发：只有一层一层地发现问题、解决问题，我们才能深入思考，才能发现藏在最深处的知识"核心真谛"。

2. "问题串"具象化。

通过活动材料引发学生思考：什么是问题串？小蓓有疑问就爱打破砂锅问到底，这样做有什么好处？

（1）教师引导学生理解小蓓连续产生问题的学习发展历程。

（2）学生交流：连续产生问题的好处。

（3）教师小结：连续产生问题让我们更深入地思考问题，从而获得更多的知识。

3. "问题串"成效化。举例：牛顿坚持追问的学习发展心理轨迹。

设计意图：追问是一种深度学习的能力，怎样具象化地展示追问的全过程是本次辅导的一个重难点。教师引入"剥洋葱"活动，一层层地剥开，发现每一层的生理结构的不同，促发学生不断地去追根求源，这个环节的设计也是一种判断追问力的方式。

环节三：学习厅——提升"学会学习"的能力

对"洋葱"进行第二次问题探究，引发学生在经历"剥洋葱"活动后，对洋葱本质的深入思考。

1. 读下面的知识材料，思考：你还能提出什么问题？进行第三次问题探究，鼓励学生在体验的基础上进行更为科学而专业的探索。

> **洋葱**
>
> 洋葱是石蒜科二年生草本植物。鳞茎粗大，近球状；叶片圆筒状，5~7月开花结果。原产亚洲西部，国内外均广泛栽培，是中国主栽蔬菜之一。
>
> 洋葱含有前列腺素A，能降低外周血管阻力降低血黏度，可用于降低血压、提神醒脑、缓解压力、预防感冒。此外，洋葱还能清除体内氧自由基，增强新陈代谢能力，抗衰老，预防骨质疏松，是非常适合中老年人群的健康食物。

2. 活动提升问题解决力：

（1）展示"课堂学习样态"，思考：年龄增长，追问力下降的原因是什么？学生交流其原因。

（2）通过活动体验，引导学生发现在追问路上的心理障碍其实是个人意识导致的心理负担。

（3）进行冥想活动，引导学生理解：个人的意识产生力量，给其心理增加勇敢的力量。

（4）教师推荐积极心理暗示的方法，如：在"不敢追问"面前，我们的心要呐喊："敢于发声！"我们一起大声地对自己的内心说："我可以！我来问！我是学习的小主人！"

（5）教师小结：积极的心理暗示，能帮助我们增强信心，因此要让追问成为习惯。

设计意图：二次追问的环节，从具象到抽象的一个过程，对洋葱的认识不仅仅是一个表象，对洋葱的营养价值、历史发展进行全面的提问、思考与了解，以此为例，学生感受到深度追问对知识形成的重要性，培养其深入思考的学习品质。

环节四：体验厅——运用"学会学习"的方法——问题

【自助式评测练习】

学科练习材料：科学课上，老师说，推桌子时之所以感到费力，是因为桌子和地面之间有摩擦力。对此，你有问题要问吗？

思维练习材料：小明的爷爷七十多岁了，他却对小明说自己只过了18个生日，有同学说小明爷爷应该是闰年出生的。对此，你有问题问吗？

自然练习材料：蚂蚁个子小小的，长得非常可爱，它们有的住在草丛里，有的住在树洞里……蚂蚁是群体生活的，它的家庭成员很多，最多达几百只。蚂蚁的类型有四种：蚁后、雄蚁、工蚁、兵蚁。对此，你有问题问吗？

社会练习材料：秋冬是流行性感冒的高发季节，建议同学们减少到空气不流通的公共场所活动，出门应佩戴口罩，特别是儿童，自身免疫力不高，更要做好防疫措施。对此，你有问题问吗？

（1）学生交流，教师引导，层层提问，层层思考。

（2）对小组追问成果进行个体评价，体验高光时刻带来的赋能作用。

（3）教师总结：寻找学习密码——敢于提问，激励学生在学习之路上乘风破浪。

拓展活动

要求采用"知识阶梯"的方式，指导学生培养从浅层问题向深层问题推进的问题解决意识。

设计意图：实践应用的过程，选取来自学生的生活与社会等方面的材料，活学活用，培养自我的学习意识。

学习评价

1. "问题"活动评测表

\multicolumn{3}{c}{"问题"活动评测表}
内容	评价标准	自我评价
前测评价	1. 对自我心理水平进行检测。 2. 能通过调查问卷搜集相关信息。 3. 能自主查阅相关问题的资料。	☆ ☆ ☆
活动评价	1. 能积极参与组内活动，应对在活动中出现的各类情况，对于问题能进行有针对性的探究。 2. 了解问题所要探究的内在知识，形成问题探究的结论。	☆ ☆ ☆
后测评价	能有效利用日日评测表，进行跟踪评价。	☆ ☆ ☆

2. "问题"日日评测表

\multicolumn{2}{c}{问题评价卡}
姓名：	时间：　月　　日
1. 今天你在（　　　　）方面有疑问； 2. 今天你提出了（　　　　）个问题； 3. 今天你解决了（　　　　）个问题； 4. 今天你收获了（　　　　）知识。	
评价等级：	评价人：
\multicolumn{2}{c}{发声有自信　追问收获多}

活动反思：

一、来自学生的反思

学生1：在学习过程中，我一直处于被动接受知识的状态，经常沉默，懒于提出问题，也不自信，不敢表达。本次活动中，我跟随老师进行系列的"提升提问能力的策略"学习，我觉得我的提问能力有了很大的提升。

学生2：我尝试了在"自选材料"中进行"问题串"的连续发问，学会深层思考知识的本质。我感觉自己提升了对知识层层分解的分析能力，也在产生问题的过程中提高主动观察事物的自觉性，我发现自己开始喜欢学习了。

学生3：俗话说"得法者成功快"，正确的学习方法能取得事半功倍的学习效果。学会提出问题就是学习最宝贵的方法之一。为了使这一方法得到有效运用，我合理地使用"日日评价卡"。我还通过奖励机制让这一能力反复强化，使之成为持久的学习动力。

二、来自教师的反思

本次课程的辅导对象为三年级学生，这一阶段的学生处于心理转折期，他们既面临着思维发展"质变"的过程，又正面临着学业增多等烦恼。本次活动通过对"问题的积极意义"的认识，使学生能正确地理解"敢于提问"所带来的积极学习效应，能正确理解"提出问题"是顺利完成学习任务和提高学习效率的基础和前提。引导学生反思自己学习品质方面的不稳定、不完善因素，引领学生正确辨别积极的学习品质，并形成坚定、优质的学习品质。

本次活动立足心理健康教育的学科本位，实现语文、科学等多个学科渗入融合，达成在具体学习环境中解决问题与形成能力的目标。本次活动符合2022年新课程标准的新要求：开展跨学科主题教学，强化课程协同育人功能。在综合环境中育人才能培养具有完整品格的新时代人才。

以精准明确的活动目标做"导航仪"。活动目标的精准度决定团体辅导的心育成效。活动目标的确立需要借助评价量表、调查问卷、个案追踪等工具手段评估学生心理发展值，而在小学阶段，调查问卷是最常用的方式。为什么课堂是沉默的？围绕这一主要问题，在设置调查问卷时，我们的归因维度从师生两个主体出发，涵盖学习内容兴趣度、学习动机强度、学习习惯定势方向、学习思考能力、学习疑难问题的成因这5个方面的12个问题。将归因全面覆盖，通过对调查问卷的表征分析，我们把学生学习表现的"沉默"原因大致分为几种有代表性的类型，如：知识性心理饱和、缺乏学习动机，自我认同感低，学习方式以听为主，长期处于表层认知状态、好奇心及观察力逐步减弱等。如此一来，"追问"的对症下药环节就容易做到目标明确，思路清晰。

由此，"善于追问好处多"的活动理念是：在专题团体辅导的过程中，以活动为主，采取情境设计、游戏体验等形式载体，使学生认识自我学习现状，指导学生解决追问能力弱的问题，积极应对困难，逐步培养学生积极的学习心态。在团体专题辅导中，我们进一步落实了《中小学心理健康教育指导纲要（2012年修订）》提出的"在小学中年级要初步培养学生的学习能力，激发学生的学习兴趣和探究精神，树立自信，乐于学习"这一目标。围绕这个理念，此次活动确立四个目标：一是了解"追问"形成的过程，知道"追问"是由表象问题向深层问题链条式、主线式进阶思考的历程；二是产生"追问"的意识，在具体的学习知识版块中，尝试使用"追问"的学习策略，形成追求事物本质及规律探究的能力；三是鼓励运用"追问"学习策略解决学习过程中的实际问题，指导学生进一步练习并优化所掌握的学习策略；四是通过心理干预，产生积极心理，引发学生不断地体验学习成功的喜悦情绪，这种情绪正是建立稳定持久学习力所必需的。

综上可知，本次活动的目标站在学生的角度，去发现学生学习过程中产生什么问题，要用什么心理技术干预，要体会什么样的学习策略形成路径，最终要达成什么水平的学习能力，还包括活动前测的学生心理发展初值，活动后测心理发展进阶值等。四个目标通过"了解……""知道……""干预……""鼓励……"等表述，明确地体现出学习策略形成与积极心理双向循环的逻辑关系。

该课例以紧扣目标的活动体验做"直通车"。

活动与体验是心育课程的核心特征。在课程开展中，教师要主动创造活动机会，让学生亲身经历，去体验学习策略的形成与发展的过程，从而成为一个具体成长的人。活动体验是心育课程中学生发展自己的养分与手段，在心育课程中大多以"游戏导入""情景体验""深度拓展""体验感悟""行动落实"五大环节循序渐进地推进整个辅导过程，并在寓趣于学的过程中，给学生提供健康的情感支持与科学的学习方法与策略。"善于追问好处多"一课设计了意象、冥想、雕塑、榜样激励等心理体验，融入心育课程五大活动环节中，让学生全身心感受快乐学习的乐趣。

活动一：心理雕塑，发现问题。

此环节是活动的开始，要解决问题，首先要从内心去发现问题的根源。"内心"是一个复杂而丰富的世界，每个人都身在其内而不知所以然。这时，教师在设计活动时通过心理雕塑方法将"内心"显现出来，形成可见、可听、可感的事物，让问题触手可及。

这个活动的名称是"学习雕塑"，具体的表现形式为请一名学生扮演"学习者"，另外几名学生扮演"干扰学习者行动的因素"并扯住"学习者"不同部位，掣肘"学习者"行动。在组织过程中，教师给这组"学习雕塑"赋予一次解决问题的活动情境，通过这样典型化的事件，学生可以观察到"学习者"整个心理变化，找到引起心理变化的影响因素。在活动情境中，"学习者"遇到难解问题保持雕塑不动，"干扰者"纷纷亮出观点并掣肘"学习者"行动：一组"干扰者"发出了"太难了""放弃吧"的心声，学习出现停止；一组"干扰者""仅对表象问题探究"，学习浅尝辄止；一组"干扰者"连续不断地发出"再想想"的声音，凝神苦思，学习处于思考状态。三组"干扰者"对"学习者"雕塑最终干扰的结果样态完全不同，学生在参与、观看、分享和讨论过程中产生共鸣，清楚地看到干扰自我解决学习问题的内因是什么，归因后怎么办，这时，行动就有了清晰的路径。

活动二："洋葱"意象，解决问题。

教师通过投射出一些意象来洞察学生的心灵状态，通过改变这些意象状态，最终改变学生的心灵状态，这种意象活动可以直抵学生深层次的心理。本次心育课程，教师投入一颗极其普通的"洋葱"，通过针对洋葱展开"三问"，指导学生进行一场由表及里的追问历程，形成"洋葱"思维。

教师提出的第一个问题：生活中我们经常见到洋葱，你对洋葱有哪些了解？在第一问环节，学生交流：洋葱是蔬菜，洋葱有黄色和紫色两种，洋葱起到调味作用等等。这样的答案是学生基于原有生活认知的回答，也是基于对事物表象观察后的回应。

教师提出的第二个问题：想进一步了解洋葱，我们可以剥开它，会获取到更加深层次的知识。以小组为单位开展剥洋葱的活动。怎么剥？为什么剥？学生带着这样的问题在活动中会发现洋葱内部构造，如：每层中间夹有膜，越剥气味越刺鼻，颜色逐渐变淡等等。在第二问中，学生对洋葱的内部结构有了探究的兴趣，此过程学生形成进阶思维。

教师提出的第三个问题：探索不止步，教师展示有关洋葱的知识材料，组织学生阅读，在阅读中你还会产生怎样的思考？学生借助材料对洋葱的发展历史、营养价值等有了更为科学与专业的认知。在第三问阶段，由具体到抽象，学生完成对事物本质的认知。

整个活动体验的过程犹如剥洋葱一样，一层层剥开问题的外衣，然后学生就能得到更深一层的答案。由表层问题开始后，不断地提出进阶问题，然后逐一回答，在问与答的双向循环互动中，揭开问题的本质。通过三个问题的追问，学生的学习也历经"初级认识——深度思考——本质揭示"三个阶段，如果以此为例反复强化进行刻意练习，学生的追问能力就会越来越强，深度学习就会成为一种学习习惯。心理学家曾提出著名的"洋葱模型"，最核心的就是动机，即推动个体为达到目标而采取行动的内驱力。如果学生在每次学习过程中都将"追寻问题本质"作为内驱目标，采用"追问"的行动方式，终能学会学习，实现自主发展。

活动三：冥想暗示，释化问题。

冥想可以锻炼人的意识、心智，让人进入深度的状态，来了解自己的思维与情绪，从而提高人的自我认知水平，保持良好的心理状态。为达到活动更好的升华效果，冥想前，教师展示一组拍摄到的课堂学习场景，这组场景指向学生学习游离的样态，引发学生对追问力下降的原因进行思考，这时，教师把活动的大块时间让给学生吐露心声，交流中会发现羞涩、不自信、害怕等状况"拦住"了学生追问的脚步，那如何让学生认识这些心理障碍是个人意识强加于自我的心理负担呢？为了解决这个问题，本次活动体验的冥想可以这样设置：配乐，请同学们闭上眼睛，想象左手绑着一个很大的氢气球，氢气球要飞走，带着你的左手往上飞。再请同学们想象右手有一本很厚很厚的字典，字典压着右手，右手感觉很重很重，往下沉。左手再绑上一个氢气球，右手再加一本字典，感觉到左手变得更轻，右手持续变得沉重，最后冥想结束。学生观察到双手中什么也没有，但是双手的高度却产生巨大的落差，而造成落差的根本原因就是个人意识。在冥想前不自信等是消极的心理，使我们在学习中不敢追问，如果我们给个人的意识赋予"我能行""我可以""我是学习的小主人"等积极的心理，追问就会让我们的学习更快乐，内心就会增加勇敢的力量。冥想使心育课程在宁静而祥和的氛围中疏通问题"堵点"，让学生卸下负担，在坚定和自信中乐于学习。

该课例以有效的活动评价做"轨道线"。

评价是活动目标实现的手段，是目标形成成效的检验工具，根据本次活动的目标，确立两种与之对应的评价方式，即应用性评价与跟踪性评价。

一是应用性评价。应用将所学知识转化为学生综合实践能力，应用是知识迁移的重要表征之一，也是学生学习成果的体现。课程的尾声，设置体验情境，运用"追问"去解决问题。

二是跟踪性评价。学习是起步，一步一步地去思考与行动，最终才是完美的成长。

"善于追问好处多"此类团体辅导式心育课程的开展，让"学会学习"真实发生，让学生自主发展的目标不再遥不可及。构建"心育"视野下的课程，从解决心理深层问题入手，紧扣"用什么来培养人""怎样培养人""培养得怎样"，从学生最近发展情况来实施团体辅导活动。其实，学生的心理形成过程是复杂的，心育课程还可立足学情，探索"心育"视野下不同课程的实施路径，如情绪管理、品格塑造等，构建序列化心育课程体系，充分发挥课程育人功能，激发学生自我成长动机，让培养全面发展的人变成现实。

（中小学生核心素养系列读本《学会学习》三年级下册）

第二章 适应：在逆境中反弹

一、基本内涵

心理适应是指当外部环境发生变化时，个体通过自我调节系统做出能动的反应，使个体的心理活动和行为方式更加符合自身发展和环境变化的要求，使个体与环境达到新的平衡的过程。每个人从出生到成年会面临许多的变化，如居住的条件变化、所处的学习环境变化、成长的心理变化等等，都需要良好的适应能力和应对方法来应对，否则会引发适应障碍从而产生抑郁、焦虑、敌对、恐惧等负面情绪。多数研究者认同，心理适应能力是衡量心理健康的重要标志。儿童的心理适应情况也引发教育者关注，根据多元方差分析的结果可知，儿童的心理适应能力受到所处年级的影响，高年级学生的心理适应不良的程度明显要比低年级学生高。儿童进入青春期之后独立自主意识萌发，很容易产生矛盾心理，随着儿童想要越来越多的个人空间，心理适应也会变得不稳定。

在中小学阶段，心理适应的教育与辅导主要包含三个方面的内容：

情绪适应是个体在特定情境下对压力产生的主观情绪体验。这种主观情绪体验有两个方面的作用，一是对社会交往和适应具有引导和协调功能，二是对个体的身心健康有着重要意义。开展情绪辅导，运用心理健康教育的理论和技术，帮助学生认识、接纳自己，能够使学生愉快地与他人沟通交流，掌握疏导不良情绪的方法。在中小学基础教育阶段，情绪调节训练主要有两种方式：合理宣泄法和理性情绪疗法。笔者在 2008 年执教《不做"小火山"》优质课时使用合理宣泄法，指导学生通过音乐疗法、体育运动、换位思考、适当环境下的放声大哭、对亲人或朋友进行倾诉、阅读自己喜欢的作品、写日记等方式转移不良情绪，培养稳定心态，收效较好。这些都是采用合理的手段适当宣泄，化消极不良情绪为积极健康的心态的建设性行为，这些情绪宣泄的方式，基本都是从身心两个方面入手。理性情绪疗法，在情绪 ABC 理论中应用较多，情绪是由个体对某一诱发事件的解释和评价引起的，理性情绪疗法通过分析情绪背后的产生原因，消除不合理信念，建立合理信念，从而达到消除或调节不良情绪的目的。基本思路是首先要知道情绪的问题来源，确定诱因，其次寻找方法，进行剖析，最后感受新方法带来的良好情绪。

生活适应是人在生活中的一种自我调节活动，也是一种生活方式，它包括学习生活、娱乐生活、自理生活等等，它是每个人心理发展必不可少的一部分。生活适应辅导是运用心理健康教育的理论和技术，帮助学生树立正确的生活观念和态度，获得必备的知识和技能，从而让自己获得充实而丰富的生活，发展自己的才能与个性。对于中小学生来说，生活适应范围包括校内与校外，因此生活适应辅导也从这两方面进行。在做出生活行为时，要初步了解自己的生活行为可能产生的后果，及对他人和社会带来的实质影响，注重个人需求与社会价值取向的一致，从自己的兴趣和特长出发，合理安排自己的生活。本章节将提供义务教育地方课程心理健康教材《课余生活巧安排》课例，它是一节解决学习与娱乐协调发展的心理辅导课程。之所以选择这个课例，是因为它是解决学生生活适应中的问题，更是"双减"背景下的需求。该类型的心理辅导课程可以促进学生自我教育和自我成长。学校要认识到指导学生合理安排课余时间的重要性，要让学生认识各类课余生活的作用与意义，帮助学生树立正确的休闲观念和态度。

社会适应是比较复杂的领域，它是根据学生的居住环境、成长环境等变化引发的适应心理，是每一个学生心理健康发展最为重要的部分。特别是当前的环境变化极快，每个人都处于信息化的网络时代，疫情扩散也给社会复杂性带来更为严重的问题。社会适应就是教育者运用心理健康教育的理论和技术，对于处在复杂社会环境中的学生给予帮助和关心，提供心理危机预防和干预措施，及时提供心理帮助和支持的过程。当前电子产品的应用影响着学生心理健康发展，是学生出现心理问题的主要因素。随着时代的发展，现在的学生很容易接触到平板电脑、智能手机、学习机等各种电子产品，由于学生的认知能力有限，自控力比较差，加上父母忙于工作，学生很容易沉迷于电子产品，以至于影响学习与生活。面对社会适应中出现的此种现象，心理健康教育应从电子产品的利与弊的相关知识进行普及宣传，通过各项活动体验让学生感受电子产品带来的正向乐趣，并将学到的心理辅导技能运用到实际学习、生活中，使学生在使用电子产品时具有积极向上的心态，这就是心理健康教育工作者对在使用网络过程中产生情绪情感障碍的学生进行教育与辅导。社会适应辅导就是帮助学生根据自己的需要去解决问题，目前许多学生不具备此种能力，只有具备解决该问题的能力，才能够真正适应社会。

二、问题及建议

"人民教育"公众号在2023年1月转载了一篇文章《过度学习不可取，有张有弛是生命常态》，这篇文章很好地揭示了当前学生在生活中的心理适应问题，作者盖笑松是东北师范大学心理学院教授，他的观点很有见地。

文中写道："有些家长和教师倾向于一味地给孩子们的学习加码。经常有家长说：'这孩子不是笨，他还有劲儿，再使使劲儿的话还能往前提。'这是十分荒谬的逻辑。'满负荷运转状态'只能是人类在重大利害时刻偶尔呈现的应激状态，根本不可持续，有张有弛才是生命的常态。"

正是因为给孩子学习加码的观念的覆盖面之广，才引发了学生群体焦虑之大，"内卷"之重。2021年中共中央办公厅、国务院办公厅印发了《关于进一步减轻义务教育阶段学生作业负担和校外培训负担的意见》，倡导从根源上进行变革，进行作业结构改革以及校外辅导机构的整治，将过度学习导致的学生体质健康问题、心理健康问题（尤其是社会性发育不良、抑郁症和自我伤害问题）、厌学问题等问题扼杀在萌芽状态。盖笑松教授的文章中有以下图表数据呈现：

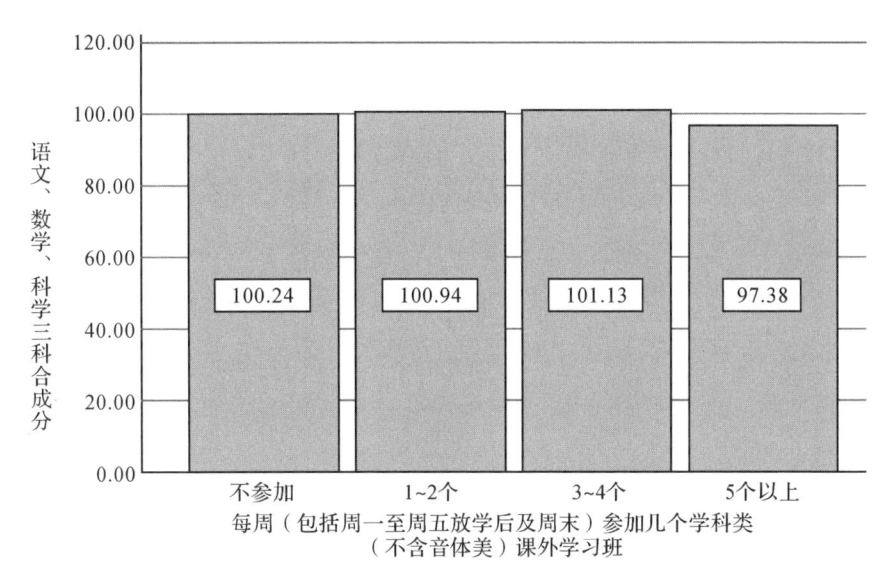

[图表：柱状图，纵轴为"语文、数学、科学三科合成分"，横轴为"每周（包括周一至周五放学后及周末）参加几个学科类（不含音体美）课外学习班"]

- 不参加：100.24
- 1~2个：100.94
- 3~4个：101.13
- 5个以上：97.38

课外班数量无助于学业成绩提升（数据采自"双减"政策发布之前）

结果表明，不参加课外学习班的学生成绩也不差，每周参加 5 个以上课外学习班的学生成绩反而更差。调查的结果与家长的意愿出现反差，并且反差率不小，我们得到一个结论：学科类课外学习班数量与学业成绩无关。

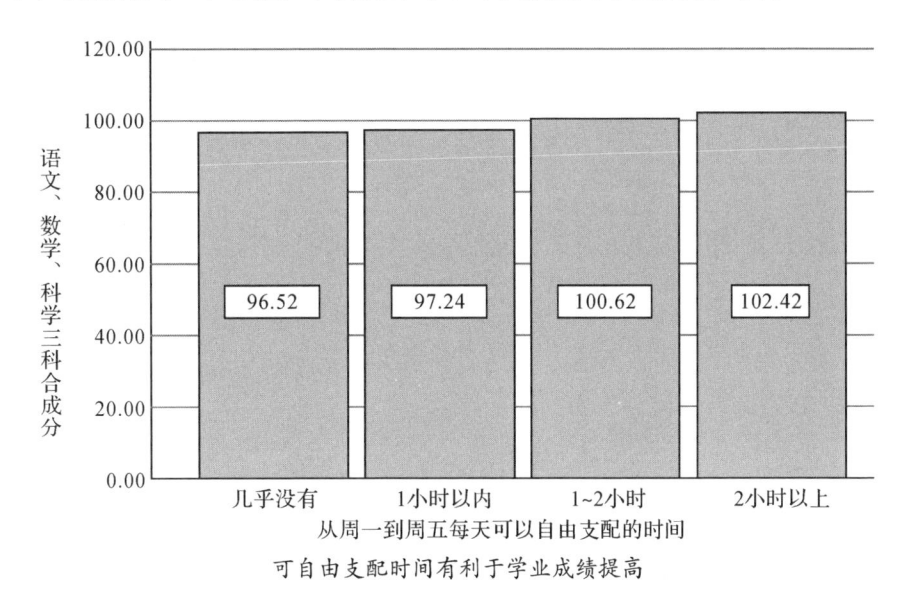

[图表：柱状图，纵轴为"语文、数学、科学三科合成分"，横轴为"从周一到周五每天可以自由支配的时间"]

- 几乎没有：96.52
- 1小时以内：97.24
- 1~2小时：100.62
- 2小时以上：102.42

可自由支配时间有利于学业成绩提高

从这个结果来看，学生可自由支配的时间与学生成绩成正比，反观我们现在的学生，他们的时间被大量的作业、无数个学科性辅导班挤占，这抹杀了学生自身的创新性与想象力，使学生成为重复低效学习的工具。当学生每天没有自由支配的时间，他们的学习就不具有价值，他们便会缺乏学习动机，陷入被动应付的境地，缺乏主动发展的空间。可自由支配时间可被视为一种"机会成本"，一旦过度地被学习所挤占，就丧失了其他多种发展机会。

在该篇文章中，盖笑松教授阐述了过度学习的危害：

第一，过大的学习压力会扼杀学习兴趣。在外部向儿童灌输过量知识的条件下，儿童对学习活动会产生一种发自内心的厌恶感、恐惧感和焦虑感。而这种消极学业情绪将会长久地破坏未来学业生涯中的学习动机。

第二，被排得过满的时间表会破坏学生的自主学习能力。根据教育心理学家齐默尔曼（Zimmerman）、皮特里希（Pintrich）、博克尔斯（Boekaerts）等人的观察，学生自发的自我调节学习过程中包括任务分析、期待形成、计划、自我控制、自我观察与监控、进度判断、自我奖赏等环节。这些环节上的习惯和能力，不是被教会的，而是在充足的自主学习的机会中自发建构生成的。

第三，过度紧张的学习安排挤掉了身心健康和精神繁荣所需依赖的其他活动机会。

以上正是当前学生在生活适应板块存在的最严重的问题，学习成为学生生活中唯一的内容，因此，正确进行生活性心理辅导极其重要，笔者在下面的范例中进行了《课余生活巧安排》的团体辅导课例示范，这是笔者在进行此类型心理辅导时所付诸的实践。林崇德教授说："学校健康教育必须是教育模式。"在生活适应中，一线工作者从学生的实际特点出发，以活动体验为突破口，强调生动活泼的形式，强调活动中学生的强烈生活体验，研究符合学生年龄发展特点的生活适应教育课程，如：

1. "我的自由生活"活动，在确定了自己的"目标""梦想"后，制定"生活计划书"，让孩子们分步骤、有方法地一点一点实现自己的计划，不让计划成空想。

2. "我的课余生活我做主"活动，学生针对自己半个学期来的表现，就自己课余生活中遇到的困难进行分享交流，在交流中找到解决的方法，获得健康课余生活选择的办法，为健康生活加油。

3."生活，我做主"活动，在学期或者学年结束的时候，拿出学生的"生活计划书"进行对照总结，给学生积极的鼓励与引导。

通过以上课程活动，学生有梯度、有步骤、有方法地建立起合适的、健康的生活，学生们渐渐地找到了努力的方向和学习的意义，对自己短期内的学习生活和长期的人生规划都有一定的指导作用。从学生课余生活方面入手解决生活适应问题，助力学生形成良好的心理健康状态，这是目前解决学生心理问题的重要方法。

社会适应板块也是学生在适应心理健康教育领域中最为重要的板块，影响着学生的未来成长情况，在这个板块，社会比较关注的就是学生安全的保障。随着社会的经济发展，学生外部生存环境与结构比较复杂，性发育日趋提前，性骚扰对象也呈现低龄化，近几年校园安全中欺凌现象也此起彼伏，高年级学生社会化不足，内心对性的好奇和自我保护意识不足，却有强烈自主意识，这种反差造成了他们各种矛盾的心理。在这种情况下，青少年往往受到外界的诱惑和影响，从而导致受到伤害，造成不良的心理状态，严重者爆发心理危机，形成严重的心理失衡状态。面对这样的问题，我们心理健康教育者在实施心理辅导时，首先要帮助学生对世界有正确的认知，正确的社会观与生活观可以改变一个人对自我和他人及世界的看法，这时需要我们帮助学生使用"格式化"的手段，即"自我合理化"冲淡内心的不安，实现自我安慰，在认识自我中悦纳自己，接受现实，促进学生积极的心理形成。在学生安全保障方面，个人的能力往往不足，想要成功地应对，社会支持就显得尤为重要。如各学校现在都设立了防欺凌专门热线电话，它可以在校园内打开疏通的渠道，区域内设立了心理健康专线，让学生有渠道去倾诉。再比如上海市的做法，成立962525热线，这是一条专门为中小学生开通的心理热线，中小学生遇到烦心事、难解事、忧愁事，可以随时拨打。300多名心理咨询人员，24小时值守接线，有实体化运行的工作专班……962525热线的志愿者团队由精神科医师、高年资护师、心理治疗师、心理咨询师、社会工作者组成，通过心理健康疏导的方式，减轻学生心理困顿，更广泛地面向大众常见的心理问题答惑解疑，例如情绪问题、情感问题、压力缓解、亲子关系、个人成长、睡眠问题等等。这些都为学生在社会适应方面提供更强有力的社会支持。

笔者曾与所带团队于2020年编写了《校园防欺凌手册》，以案例与应对方法相结合授课的方式，帮助学生认识社会中学生成长的安全问题，掌握应对技巧，学会在危机发生后调整自我，培养积极向上的心理健康状态。该手册根据学生成长阶段的特点编写，可读可用性较强，利用心理健康课、主题班会课，作为选读课本，隔周进行教学，收效甚好。该手册所包含的部分内容如下：

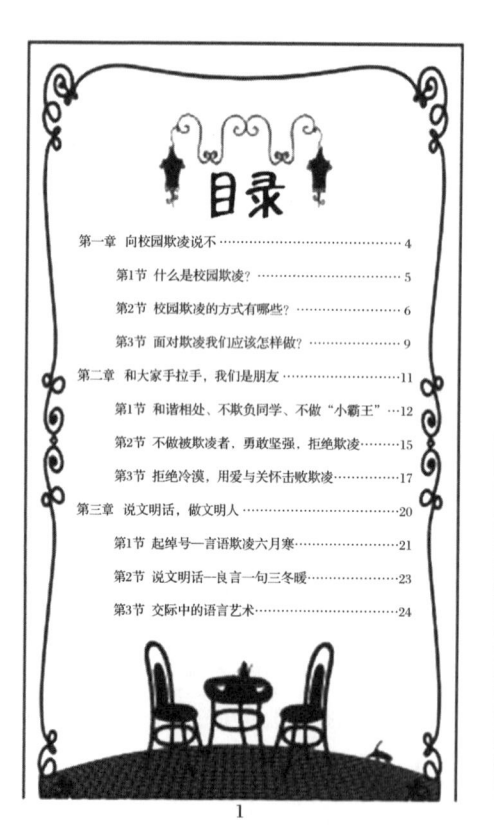

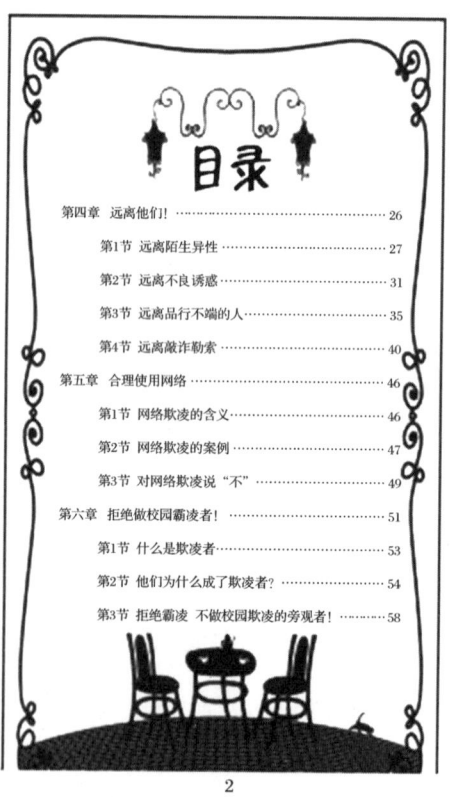

目录

第一章 向校园欺凌说不 ················ 4
　第1节 什么是校园欺凌？ ············· 5
　第2节 校园欺凌的方式有哪些？ ······· 6
　第3节 面对欺凌我们应该怎样做？ ····· 9
第二章 和大家手拉手，我们是朋友 ······ 11
　第1节 和谐相处、不欺负同学、不做"小霸王" ··12
　第2节 不做被欺者，勇敢坚强、拒绝欺凌 ··15
　第3节 拒绝冷漠，用爱与关怀击欺凌 ···17
第三章 说文明话，做文明人 ············ 20
　第1节 起绰号—言语欺凌六月寒 ······· 21
　第2节 说文明话—良言一句三冬暖 ····· 23
　第3节 交际中的语言艺术 ············· 24

1

目录

第四章 远离他们！ ···················· 26
　第1节 远离陌生异性 ················· 27
　第2节 远离不良诱惑 ················· 31
　第3节 远离品行不端的人 ············· 35
　第4节 远离敲诈勒索 ················· 40
第五章 合理使用网络 ·················· 46
　第1节 网络欺凌的含义 ··············· 46
　第2节 网络欺凌的案例 ··············· 47
　第3节 对网络欺凌说"不" ············ 49
第六章 拒绝做校园霸凌者！ ············ 51
　第1节 什么是欺凌者 ················· 53
　第2节 他们为什么成了欺凌者？ ······· 54
　第3节 拒绝霸凌 不做校园欺凌的旁观者！··58

2

每一章节展开的内容采用阶梯的方式推进，通过具体的情境案例，剖析问题，结合有效的防欺凌知识，在增加学生认知的基础上引发思考，每一章节"成长阶梯"鼓励学生运用已掌握的方法解决所面临的问题，能够进行自我安全防护。

本书还包括欺凌事件中不同角色的扮演体验与情感体验的内容，在安全教育方面给予学生很有效的指导，使学生准确认识自己，了解心理适应的常见问题类型，能正确地自助和求助，提高在实际生活中的自我保护能力，并能提升自我的社会力，做一个身心健康的人。

三、相关实施案例

【课例解析　范例一】

心育知识链接：

挫折的含义

　　个体的意志行为受到无法克服的干扰或阻碍就是挫折，它是指个体有目的的行为受到阻碍而产生的必然的情绪反应，包含三层含义：一是挫折情境，即干扰和阻碍意志行为的情境，如学生由于过度紧张，考试时没有正常发挥。二是挫折认知，即个体对挫折情境的认知、态度和评价，这是产生挫折和如何对待挫折的关键。挫折情境能否构成挫折，在很大程度上取决于个体对挫折情境的态度和评价，同一挫折情境由于个体的志向水平不同，感受挫折的程度也是有区别的。如有的学生满足于60分的成绩，而有的学生对同样的成绩则会感到失败和沮丧。三是挫折反应，即伴随着挫折认知而产生的情绪和行为反应，如愤怒、焦虑和攻击等。挫折情境，挫折认知和挫折反应同时存在时，构成心理挫折。如有的学生总是怀疑周围的同学在议论自己、看不起自己从而产生紧张、烦恼等情绪反应。人的一生中，挫折是经常会遇到的，只有学会了与挫折斗争，人才会成长。通过积极的归因，采取正确应对挫折的措施（宣泄、调整目标、改变行动等）可以建立起积极的心理防御机制，从而提高挫折容忍力，改变策略再做尝试。

我有抗逆力

实施背景：

教育部发布的《中小学心理健康教育指导纲要（2012年修订）》指出，提高承受失败和应对挫折的能力并形成良好的意志品质，是小学阶段学生应该具备的必要心理品质。本课例属于山东省画报出版社心理健康教育内容，对学生进行挫折教育，帮助学生在遇到挫折时，学会如何面对挫折、战胜挫折、摆脱烦恼。培养学生的挫折承受能力，是心理健康教育的重要内容之一。在本次辅导中，学生将正确认识什么是挫折，通过情景模拟、心理剧场等活动形式剖析挫折产生的原因，在互动研讨中寻找应对挫折的方法，从而形成积极地应对挫折的态度，并能够从挫折中走出来，拥抱更为宽阔的平台。本课例落实《中小学心理健康教育指导纲要（2012年修订）》的主旨，《纲要》明确指出在小学高年级要帮助学生克服学习困难，正确面对厌学等负面情绪，学会恰当地、正确地体验情绪和表达情绪。

活动目标：

1. 通过游戏体验和分享活动，认识到挫折是不可避免的，懂得在挫折面前要有正确的态度。

2. 了解抗逆力，通过测评分析，发现不足，并在活动体验中获取提升抗逆力的三种方法，学以致用。

3. 增强积极面对挫折、战胜挫折的勇气和信心。

活动准备：

多媒体课件、目标卡、心语卡。

活动过程：

热身游戏："一指"定乾坤

1. 了解游戏规则，学生参与挑战。

2. 采访获胜者和失败者的心情，懂得生活中我们既会经历成功，也会遇到失败，而那些失败的经历，那些曾经让我们遗憾、失落、伤心、难过、失望的经历，就是我们所说的挫折。

设计意图：以游戏的形式导入课程，烘托气氛、放松心情，在活动体验中体会成败，并以此引入关于"挫折"这一话题的讨论。

环节一：分享挫折经历，了解"抗逆力"

回想一下，在你的成长道路上，经历过哪些或大或小的挫折？

1. 学生分享挫折经历。

2. 在挫折面前，有的人会选择勇往直前，战胜挫折；有的人则灰心绝望，逃避挫折。这就是一个人抗逆力强弱的体现。

设计意图：通过回顾挫折，交流分享，认识到人生难免有挫折。同时，明白每个人在学习生活中抗挫折能力是不同的，进而了解什么是"抗逆力"。

环节二：分析测评结果，发现自身不足

课前我们一起完成了一张抗逆力自测表，对自己的抗挫折能力进行了简单的评估。

1. 了解统计结果，对照标准了解自身不足。

2. 通过测评统计，我们不难发现，全班大部分同学的抗挫折能力，在许多方面还是有明显不足的。接下来，就让我们一起到训练营中寻找提高抗逆力的好方法，获取能量勋章，助力我们逆风前行、笑迎挫折！

设计意图：通过对课前测评表的统计和分析，引导学生发现自身抗逆力的不足，认识到提升抗挫折能力的重要性。

环节三：寻找方法，学以致用

方法一：换个想法　积极面对

1. 聆听《半杯水》的故事，寻找第一种提升抗逆力的好方法。

2. 小组交流：面对第一次手指挑战赛的失败，你怎么样换个想法，用积极的心态去想它？

3. 全班分享。

方法二：设定目标　永不放弃

1. 观看夏伯渝的视频，寻找第二种提升抗逆力的好方法。

2. 填写"目标卡"：为了第二次、第三次、第四次手指挑战赛的成功，你想为自己设定一个怎样的训练目标？在"目标卡"上写下为自己设定的训练目标。

3. 分享训练目标。

方法三：寻求帮助　改变方法

1. 做挑战游戏，寻找第三种提升抗逆力的好方法。

2. 分享游戏体会，总结第三种方法。

方法四：小组讨论　学以致用

1. 现在拥有了三种提升抗逆力方法的你们，能帮帮训练营里的小飞同学吗？（看《小飞的困惑》的视频）

2. 小组讨论，帮小飞支支招儿，都有哪些具体的做法，能帮他战胜挫折、找回自信？

3. 全班分享。

设计意图：这一环节是本堂课的精华部分。通过聆听故事、走进榜样人物、游戏等多种形式的活动，让学生找到提升抗逆力的三种好方法，并能解决开课游戏中面对的小挫折和同龄人遇到的挫折，真正做到学以致用，活学活用。

环节四：直面挫折，总结提升

帮助小飞解决了苦恼的你们，再来想一想自己曾经经历的让你印象深刻的挫折，假如再给你一次面对它的机会，现在的你，会用怎样的方法战胜它？你会对自己说些什么？

1. 在"心语卡"上写下想对挫折说的话。

2. 交流分享，树立战胜挫折的勇气和信心。

再次面对挫折，老师相信，你们不但会这样说，更会这样去做，去面对！

设计意图：通过书写"心语卡"，引导学生与自己经历的挫折对话，并做交流分享，互相给予战胜挫折的勇气和力量，更加勇敢、自信地面对今后的挫折。

活动反思：

一、利用教学资源，引发学生共鸣

根据教学要求和学生的实际情况设计的这堂活动课，内容以学生的生活为基础，贴近学生，真实而又亲切。课本不再是学生唯一的学习载体，学生的学习内容是现实的、有意义的，体现了心理健康课的生活性、开放性、活动性的教学原则。

二、着眼活动效果，关注学生发展

课堂教学活动应是师生有效、高质量的活动，作为教师，应有目的、有计划地安排教学活动与情境，维持学生的有效活动状态，力求活动贴近学生，吸引学生的关注，让学生感悟到挫折是无处不在的。从观看视频中，体悟换一种角度去想，心态会截然不同的道理；通过故事交流，感悟到积极暗示的有效性，学生明白了遇到挫折时，要找原因、想办法、不断努力，这样才能获得成功，从而引导学生的正确行为。这堂课就是由学生喜爱的活动作引领，使课堂成为师生交流的舞台。

三、关注教学生成，把握学生成长

1. 关注学生兴趣爱好，在学生熟悉的情境中提炼问题。课堂源于生活，课堂又将回到生活。课堂伊始，通过游戏导入，创设学生熟悉而又亲切的生活情境，由"课前游戏"引向"人生挫折"，将抽象问题具体化，符合小学生的认知规律和年龄特征，能有效激发学生的探究兴趣，营造良好的心理健康教育课堂氛围，打下较好的探究基础。

2. 关注学生年龄特点，在学生喜欢的活动中理解问题。小学生活泼好动，形象思维强于理性思维，教学中要遵循"循序渐进""循循善诱"等原则，坚持从感性认识到理性认识，并把抽象问题形象化，能激发学生的探究思考欲望，激活学生的思维。为此，本节课采用"自主、合作、探究"的学习方式，让学生在听故事、看视频、小组讨论中展开学习，为学生认识挫折和面对挫折做好了铺垫、引好了路。

（山东画报出版社《心理健康》五年级下册）

【课例解析　范例二】

心育知识链接：

兴　趣

认识某种事物或从事某种活动的心理倾向就是兴趣，兴趣会对人的认识和活动产生积极的影响，人所处的历史条件不同、社会环境不同，其兴趣就会有不同的特点。人的兴趣有三种分类：一是物质兴趣和精神兴趣，小学生的人生观和世界观尚未完全形成，无论是物质方面还是精神方面的兴趣都需要教师进行积极的引导，以防止其畸形发展或消极发展；二是直接兴趣和间接兴趣，它们相互联系、相互促进，如果没有直接兴趣，过程就很乏味，而没有间接兴趣的支持，也就没有目标，过程就很难坚持下去，要把直接兴趣和间接兴趣有机地结合起来，才能充分发挥积极性和创造性，才能持之以恒，目标明确，取得成功；三是个人兴趣和社会兴趣，个人兴趣是个体以特定的事物、活动及人为对象，所产生的积极的、带有倾向性、选择性的态度和情绪，社会兴趣指社会成员对某一领域的普通兴趣，或社会某一领域对社会成员的普通需求。

课余生活巧安排

实施背景：

林崇德教授说："学校健康教育必须是教育模式。"因此，建立符合学生心理发展特点的健康教育模式是目前教育的一个重要方向。《中小学健康教育指导纲要》指出："健康教育的形式小学以活动和体验为主，在做好健康品质教育的同时，突出品格修养的教育；小学以体验和调适为主，并提倡课内与课外、教育与指导、咨询与服务的紧密配合。"该专题实践从学生的实际特点出发，以活动体验为突破口，强调活动中学生的强烈体验，研究符合学生身心健康发展特点的心理健康教育的课程，以提高教育的效果。该辅导课程属于义务教育地方课程教材四年级下册第5课《课余生活巧安排》。

活动目标：

1. 初步感悟课余生活分为校内、校外，培养慎重选择的意识。

2. 通过交流话题，体验活动，感悟选择课余生活是自己的权利，也是成长过程中需要发展的能力。

3. 通过合作讨论、制订小丽的一日生活规划，找到选择课余生活的方法。

4. 通过小组讨论，从三个情境中感悟自主选择课余生活时，不仅要会合理选择，还要在特殊情况下巧妙规划自己的课余生活。

活动准备：

课前调查等。

环节一：明晰课余生活

1. 不知不觉，我们的小学生活已经度过了四年多，在这四年中大家也经历了很多有趣的事情，让我们一起来回顾一下吧。（播放《校内课余生活》）

2. 交流：

（1）你们都看到了什么？

（2）我们有这么丰富的课余活动，那你在校内都参加了哪些活动？

3. 校园的活动也见证了你们的成长，有了很多的收获，其实像刚才大家看到的合唱比赛、劳动大赛都是我们学习之余的一些活动。

设计意图：通过回顾学生的课余生活，让学生认识到课余生活丰富多样，我们有很多的课余生活时间。

环节二：课余生活知多少

1. 知时间

师：每个人都有不同的课余生活，那你知道我们有多少课余时间吗？

大家的课余时间有所不同，那接下来我们一起来算算。

一天	每节课时长	每天课时	上课时间	一天课余时间	一周课余时间	一年课余时间
24小时	40分钟	6节	4小时	10小时	78小时	？

交流：你有什么感受？

总结：是啊，同学们，这么多的课余时间，看来合理利用好我们的课余时间，做好选择太重要啦。（板书：我选择）

2.知种类

师：同学们，课前老师调查了大家课余生活中的小爱好，大家发现了什么？

擦窗　打球　练字　下棋　听歌　看书　做操　游泳　编织　野营　植树　散步　登山　朗诵　跑步　扫地　做饭　背诗　弹琴　跳绳

师：这么多不同种类的课余活动，你能给它们分分类、摆一摆吗？

生：上讲台分类。

总结：我们的课余生活丰富多彩，各种各样，有学习类、休闲类、运动类、实践活动类等。

设计意图：通过同学们自己计算，明确课余生活时间很多，要好好利用。课余生活种类也很多，要好好规划，多样选择。

环节三：课余生活谁来选

过渡：这么多丰富多彩的课余生活，都是你自己选择的吗？全部是自己选择的举手老师看看，咱们班自主选择的同学有这么多，那没有自己进行自主选择的原因是什么呢？

预设：父母让选择的。

交流：对于父母帮我们做选择，你有什么样的感受？

师总结：自主选择是我们的权利，也是我们成长过程中应该具备的能力，随着年龄的增长，我们自主选择的能力会逐步提高。现在我们在自主选择的过程中也要采纳父母给予我们的正确的建议。

设计意图：通过交流讨论"课余生活谁选择"这个话题，让学生明确自主选择是自己的权利，但是现在自己还不够成熟，自主选择的能力还不足，所以还需要采纳父母给予自己的正确的建议。

环节四：课余生活慧选择

师：接下来就让我们跟随小丽的一天，看看小丽是怎样度过自己的课余时间的。（一天安排表）

小组合作要求：

1. 回顾小丽一天的生活，找找她课余生活安排上存在的问题并标注出来。

2. 给小丽支支招，重新安排她一天的生活

课余生活慧安排

小丽的一天

7：00	妈妈叫起床，没起
10：00	起床
10：30—11：30	看电视
11：30—12：00	玩平板电脑
12：30—13：00	吃饭
13：00—14：00	在沙发上午休
14：00—14：20	写作业
14：20—16：00	趴着睡觉
……	妈妈回家，作业还没写

小组活动要求

1. 回顾小丽的一天生活，找找她课余生活安排上存在的问题并写在粉色的纸上。

2. 小组内一起给小丽支支招，重新安排她的一日生活，整理到黄色的纸上。

生：上台交流，说明理由。

提炼概括：自主选择课余生活需要会选择，要学习与生活相结合、个人与群体相结合、室内和室外相结合。（板贴）

师：看来我们在自主选择课余生活活动的时候，一定要会选择，合理安排课

余时间，我们课余生活才会充实又有意义。（板贴：会选择）

设计意图：借助小丽的例子，让学生明确合理选择课余生活的重要性，也明确正确合理安排课余生活的原则。

环节五：课余生活巧规划

过渡：同学们，刚才我们帮助小丽合理规划了她的课余生活，其中在课余生活的选择中，我们还会遇到很多特殊情况，这两位同学就有自己的困惑，你能帮助这两位同学解决他们的困惑吗？

小组合作要求：

1. 每个小组自主选择一个情境进行讨论。

2. 小组内共同找出解决的方法。

自主规划有规则

01 学校合唱加练时间和舞蹈班上课时间冲突了，你们说我怎么办？

02 游泳和篮球最近都要比赛，可是我没办法一起参加，这可怎么办呀？

概括总结：自主选择课余生活的时候不仅要会选择，在遇到特殊情况时还需要会巧妙规划，要做到集体优先、理性分析、适度选择。

设计意图：通过讨论现实中在自主选择课余生活的时候存在的冲突矛盾，让学生们明确自主选择课余生活还要会巧妙规划。

环节六：课余生活助燃成长

师：同学们，做好自主选择，并且合理规划好我们的课余生活，它也会助燃人生的梦想，你们看。（配音乐）

> **课余生活助燃成长**
>
> 武亦姝——
>
> 舒文静——

师：《中国诗词大会》里夺冠的武亦姝，她每天放学后都会看看书、背背诗词，也会去爬山、练书法，合理规划的课余活动丰富又充实。后来，她如愿考入清华大学。传承优秀传统文化的小才女舒文静，课余时间吟诵传统经典、练习书法、弹奏古筝，课余时间的多样活动让她拥有丰富的知识，成为身边人的小老师。

交流：听过她们的故事，此时此刻的你有什么触动呢？

总结：老师也建议大家课余时间走出去看看，积极参加各种类型的课余活动，丰富的课余生活有助于我们开阔视野，提高动手能力，培养创新意识；让我们有机会与不同的人交流，学会合作，体会亲情的温暖、友情的宝贵，学习待人接物的文明礼仪；能激发我们爱家乡、爱祖国的情感，体现我们作为社会小主人的责任与担当。无论大家选择了哪种有意义的活动，都希望大家能坚持下去，让坚持成为一种习惯，让课余生活助力我们的成长。

设计意图：通过武亦姝和舒文静的例子，让学生们明确自主选择课余生活时不仅要会合理选择，巧妙规划，还需要坚持。

活动反思：

通过调查发现很多学生课余生活很单调，一般就是做作业、上辅导班、玩手机、打游戏、做游戏、和同学聊天、骑车、看电视等等，不是很明白课余生活的丰富及其意义和价值；同时也发现四年级的学生对一些事情已经有了各自的看法，愿意表达自己的观点，作出自己的决定，特别希望能按照自己的想法安排课余生活；也有些学生觉得没有课余时间，课余时间大多用来补课、做作业、上辅导班了；还有些学生课余就是玩游戏，独立面对与解决问题的意识和能力都不是很强……

因此，本活动主题设计了以下教学活动环节：

1.因为学生是重要的教学资源，让学生都来聊聊课余生活，这样丰富的课余生活内容就一下子呈现出来，让学生感受到了课余生活的丰富多彩；帮助学生解决困惑，选择好各自的课余生活，获得锻炼和成长；充分发挥教材的作用，组织学生思考，基于生活实际选择最想参加的课余生活，并进行交流和分析，促进了学生对不同类别的课余生活的理解、感悟和借鉴；充分利用来自学生的资源，引导并促进学生之间的相互学习和相互借鉴。

2.通过"小丽的一天"让学生观察身边的同学的课余生活并帮助她选择更好的课余生活，来激发学生们在课余时间更好地发展自己的兴趣爱好，让自己有更好地发展，更幸福地成长。

3.把自己班级学生的课余生活进行分类，明确课余生活种类丰富，来自本班学生的资源更具说服力和感染力；引导学生认识到不感兴趣的课余生活也有价值和意义；通过具体的安排引导学生提建议，形象、直观、可感、可行；课内外结合，充分运用可以利用的资源强化校内教育。

4.通过聊聊自己的课余生活是谁选择的，以及小微课，引导学生明白：课余生活自主选择，拿不定主意时可以听取父母的建议；当父母不同意我们的选择时，要学会和父母沟通。在自主选择课余生活的过程中会遇到很多问题，要能正确面对并妥善处理好，如当自己的选择与学校活动冲突时，要学会服从大局；当面对太多选择不知如何选择时，学会和自己对话，依据成长发展的需要做出选择等等。课余生活分校内的课余生活和校外的课余生活，内容丰富多彩，丰富的课余生活有助于我们开阔视野，促进自我发展，提高动手能力，培养创新意识，让我们有机会与不同的人交流；学会合作，体会亲情的温暖、友情的宝贵，磨砺意志，开发潜能，陶冶情操；学习待人接物的文明礼仪，更加热爱祖国、热爱家乡，并有一种作为社会小主人的责任和担当。有的课余生活不一定那么让人感兴趣，但有意义、有价值，能带给人关爱、快乐和温暖，能培养我们服务他人、服务社会的意识和能力；想要统筹安排好课余生活，可做个详细的课余生活规划表，合理安排好时间，要做到个体与群体活动结合、室内与室外活动互补，处理好课内学习与课余生活的关系；课余生活中，言谈举止应该符合小学生行为规范，注意文明礼貌，尊重他人，遵守活动规则。

在教学中，积极开发来自学生的教学资源，用学生身边的人和事感染学生，启发、引导学生从别人的成长足迹中获得借鉴，通过组织学生对课余生活的策划与交流引导学生学会自主选择课余生活，为自己更好地成长与发展助力。

总之，通过教学引导学生学会自主选择课余生活，既要注意个人的兴趣和爱好，又要注重活动的意义和价值，自主选择既是一种权利，也是成长中需要发展的能力。课余生活自主选择是培养独立自主的意识和能力的一个重要内容。在引导学生学会自主选择课余生活的过程中，培养学生学会面对选择中遇到的各种问题，并能很好地自主解决和处理这些问题，健康快乐地成长。

（义务教育地方课程教材《心理健康》四年级下册）

第三章 交流：使关系更为和谐

一、基本内涵

　　人际交往教育与辅导是运用心理健康教育的理论和技术，指导学生在人际交流的过程和活动中，正确地适应互动环境，形成正确的社会适应心理发展状态，克服人际交往过程中的障碍，促进学生全面发展的一种教育活动。二十世纪初美国人事管理协会提出"人际关系"这一概念，美国哈佛大学教授梅奥首次以心理学视角对人际交往中产生的关系进行了解释。林崇德教授也对其进行了精准的分析，指出良好的人际交往取决于五个方面：人际互动双方的社会需求是否得到满足；能否在现实中正确认识自己，正确认识别人；相互交往是否有满足感；是否维持自己的完整；是否相互吸引。在人际交往方面的理论，在基础学段最重要的是美国社会学家哈图普的理论，他把儿童与他人之间的人际关系分为垂直关系和水平关系，儿童与成人（如父母、老师等）的关系，他们之间是互补的性质，他们之间的关系主要是成人为儿童提供安全和保护，这种关系是垂直式的关系；水平关系是指有与自己相同社会经历或者社会权利的同伴关系，他们之间是平等和互惠的，他们在交往时是互相提供学习技能和交流经验。在整个社会化的推进过程中，水平关系比垂直关系对儿童的影响更为强烈与广泛。

　　对于中小学学生来说，人际交往主要包括亲子关系、伙伴关系、异性关系以及师生关系，人际交流的辅导也将从这四个方面展开。

　　亲子关系是家庭关系中最重要的关系，是除夫妻关系之外稳定家庭的第二大关系，亲子关系是父母与亲生子女、养子女或继子女之间的关系，它是永久的，对学生心理健康有着特殊与深远的影响。亲子关系方面的辅导主要包括对家长的辅导和对学生的辅导两个方面。家长的育子观念将直接决定孩子的性格特点与未来发展走向，由于学生属于未成年人，父母的心理是否健康直接决定着亲子关系的成败。比如，父母是否掌握心理学知识，能否随时了解学生在成长的每个阶段的心理特点以及将产生的心理问题，以便于选择对症的育子方式来处理亲子关系；再如，当前学生的学业压力特别大，父母"望子成龙"的心态迫切，父母干预学生学业发展的做法是否妥当，选择课余辅导班的方式是否符合学生的心理发展，父母自身的言行举止对学生的心理健康成长有着休戚相关的作用，可以说学生的心理健康问题，更多地可以从父母的心理现状找到答案。

以上，我们可以看出，家长的辅导对学生心理健康发展产生至关重要的影响。家长辅导时，要重视与子女沟通的技巧，如何与子女表达和倾听子女的心声，是亲子关系的重要辅导内容，良好的家长辅导能够引导子女正能量的成长。再者家长辅导还应从改变自我做起，家长辅导体现出学校心理健康教育中家庭支持的重要性，提高父母的育子水平是家庭支持的重要辅导项目。在实际的操作过程中，家庭为学校心理健康教育提供直接支持的常见方法：家长会，了解子女在校期间的心理发展状态；约访与电话访谈，面对面的交流，增强隐蔽性；网络平台也具有较大的优越性与便利性。在这些方式的支持下，学校心理健康与家庭心理健康实现共情、互相尊重，获取对学生的无条件积极的关注。

伙伴关系，入校以后，学生生活的群体更多的是集体，接触更多的是伙伴，从原来在家庭中获得的熟悉感逐步转移到伙伴身上，在班集体中开始进行正常的伙伴交往。在伙伴关系中，最重要的是帮助学生提升伙伴的接纳度，减轻伙伴间的拒绝度。伙伴辅导需要从三方面入手：人际认知辅导、人际情感辅导、人际行为辅导。简单地说就是建立正确的社交意识，产生愉悦的社交情感体验以及社交沟通的技巧。本章将重点介绍林崇德教授的同伴关系疗法，在学校的大情境中，将要帮助的同学和关系较好的同学结成同伴，鼓励他们经常接触，开展体育锻炼、问题讨论等活动，发展关系，整个过程强调共情，用愉快的方式处理人际交往中的情绪问题。在伙伴关系中有一个重要的支流是异性关系——根据青少年时期学生心理发展特点而存在的特殊伙伴关系。异性关系辅导的核心理念是自然和适度，正确处理友谊与爱情的关系，辅导的方法重点是克服羞怯、真实坦诚、留有余地。有研究表明，异性交往有利于增进伙伴间的了解，有利于人的全面发展，丰富个性的情感体验，扩大交友范围，增进社交能力。

师生关系，首先确定人员身份关系是师生，所以在整个发展过程中，主要的人员活动就是在学习中交往，而学习中的两个主体是教师和学生，师生关系是教育教学过程中最基本，也是最重要、最活跃的人际关系。在人际关系理论中，以学生为中心所产生的与他人的关系大致分为垂直关系和水平关系，这是美国社会学家哈图普提出来的，师生关系就是典型的垂直关系，这种关系是互补的，主要作用是教师为学生提供安全和保护，在交往的过程中促进学生学习知识与技能。在师生关系辅导中，我们侧重于师生情感的培养、对教师角色的认知、对教师行为的理解等，进而使学生在良好的师生关系中健康成长。影响师生关系的外部因素较多，如学生的自身性格特点、学业发展的期望值、情感共鸣的认同感、对教学的期望等等。师生关系的信任值决定着关系的稳定性，根据多年的带班经验来看，在这些影响因素中，学生最为关注的有三点：一是教师是否公平对待自己，二是教师是否满足自己的基本心理需求，三是教师是否对自己提供学业以及人际关系的指导。心理学家西伯曼将不同角度的师生关系分为四种类型：友好型师生关系，在这种关系中，学生喜欢接近教师，认同教师的一切教学行为，学生成绩较好；冷淡型师生关系，师生在教学过程中互动较少，处于基本的交往状态，各自在自我的角色内活动，学生成绩不稳定；关怀型师生关系，师生关系建立在不平等的情感位置中，教师以长辈的情感范围与学生进行互动，难以走进学生的内心，进行对话交流，学生成绩较差；拒绝型师生关系，师生对抗居多，关系之间存在壁垒，由此学生产生抗逆，特别是青春期的学生，甚者产生消极情绪。通过心理学家西伯曼的分析，我们不难发现师生关系辅导的重点为改善两者之间的关系，那么在实施过程中，应从四方面入手：一是树立以学生为中心的教师观，提高教育的服务意识，尊重学生人格，发展和谐的师生关系；二是加强与学生的沟通，在沟通中发现问题，关注每个学生在不同成长阶段的特点，增进交流的积极性，促进学生均衡成长；三是扩大交流的空间，延长交流的时间，在活动中增加与学生互动的频率，增进情感；四是师生关系的主要原则是民主，站在平等的关系上解决问题、开展活动，增强教师的感召力与影响力，在民主和权威之间选择很好的平衡点。

二、问题及建议

学生人际关系不和谐大多数情况是因为家庭，学生从幼年开始就得到父母的言传身教，并形成了自身的性格特点，不同家庭的教育理念、教养方式就会培养出不同行为习惯的学生，比如父母过度的呵护让学生的性格变得多元敏感、不善于表达，在与同伴交往中就难以沟通，难以达到和谐；亲子关系恶劣，父母重视权威，学生不敢与父母交流，产生沟通障碍，也会在其社会交往中得到体现，还可能压抑过度，产生暴力倾向等等。在学生的众多人际关系中，亲子关系是其他关系的基础，和谐畅达的亲子关系更能养成完整健康的人格，所以本章节抓住亲子关系的问题，从家庭教育入手，更多地阐述有关此方面的建议与做法。2022年起《中华人民共和国家庭教育促进法》正式施行，习近平总书记在不同场合对注重家庭、家教、家风建设做出重要论述，家庭教育成为社会关注的热点。而在家庭环境中，最重要的就是亲子关系。关系大于教育，育儿学就是关系学，只有亲子关系和谐，孩子从情感上接纳父母，才会形成正确的亲子价值观。扭转亲子关系的关键在于，作为父母要转换自己的位置，从指导者变为支持者、合作者，成为孩子的"同盟"或者"伙伴"，对待孩子的方式应该是权威与民主兼备，既可以对孩子提出一定的要求，又尊重孩子的选择。作为孩子则应该传承孝德，尊重父母，了解父母，体会父母的辛劳，用实际行动表达对父母的爱。良好的亲子关系就是建立在父母与孩子的相互尊重和相互理解之上。如果家庭当中亲子关系呈现不协调的状态，完全以父母为主导，或者完全以孩子为中心，都会使孩子的行为产生偏差。因此，重视家庭教育，重新审视亲子关系，既要求父母成长，也要求孩子培养孝心，知道自己的成长离不开家庭，感激父母的养育之恩，以恰当的方式表达对父母的爱、尊敬和关心，从而双向奔赴，形成积极的、相互理解和相互关爱的亲子关系。低年级的学生，他们知道父母对他们的爱，但往往不会主动关注日常生活细节中父母的爱，对父母爱的表达方式有误解，也有理所当然享受父母关怀的现象，这些都需要进行一定的引导。孩子都是爱父母的，可他们对父母的了解并不深，不清楚怎样去爱父母，需要教育引导他们用行动去爱父母，学会表达，做自己力所能及的事，承担起为家庭服务的责任。笔者曾经做过亲子关系的团体辅导，活动中通过创设"十岁成长礼"情境，让学生懂得爱父母，应对父母有感恩之情，燃起用行动表达爱的信念。一节充满温情的团体辅导活动往往能引起学生回忆自己在日常家庭生活中的美好，反思有待改进的地方，从而增进亲子关系。团体辅导中从唤醒学生关爱父母的心出发，从三个层面设计了本次活动，"爱是悠悠寸草心""爱是点点孝子行""爱是缕缕孝德风"，三个环节依次递进，达成本次活动目标：一是通过设计"十岁成长礼"情境，懂得爱父母，应对父母有感恩之情，燃起用行动表达爱的信念；二是通过"爱的点滴""爱的规劝"等小组合作探究活动，知道生活中主动分担、关心陪伴、自理自立、温和沟通都是爱父母的表现，学会用具体的行动、正确的方法去爱父母，提高爱父母的能力；三是通过"爱的传承"小组合作，从古人孝德故事中进一步了解"孝"的内涵，明晰用行动孝敬父母是传统美德，进一步弘扬"孝老敬亲"的传统美德，将这份亲情化作进一步融洽亲子关系的助推器，通过活动体验来打开学生的思路，层层深入，引发他们走进父母的世界，在了解父母的前提下感受父母的喜怒哀乐，从而以恰当的方式表达自己对父母的爱，能在日常生活中约束自己不做令父母担忧和生气的事情。从这个角度看，本次活动达成了引领学生思考怎样爱父母的目标，学生在"术"的层面上学会了方式方法，并了解到不光是现在，更应该将爱父母的孝心和行动延伸到未来的一生中。

三、相关实施案例

亲子关系是家庭教育中一个重要的课题，前面谈到的是以案例支撑为前提的学生心理体验。而在真实生活中，亲子关系更是双方心与心的互动，情感与情感的交流。下面提供的是笔者原任教学校以亲子关系为主题的双向互动的系列活动范本：

威海恒山实验学校"明礼、感恩——争做孝行少年"活动方案

孝敬父母、尊敬师长是中华民族的传统美德，是中国传统文化最基本的价值观。为更好地树立新时期孝行好少年的榜样，弘扬尊老、爱老、敬老的社会风尚，弘扬社会主义的道德观和价值观，弘扬励志成长、乐观积极的人生态度，区教育分局在各学校开展寻找"孝行少年"活动。

一、活动目标

通过寻找、挖掘、宣传新时期"孝行少年"的典型代表，展现他们孝敬长辈、自强不息、阳光向上、自立自强的感人事迹和美好情操，在全社会大力弘扬社会主义核心价值观，积极营造"孝敬父母、尊敬师长"的浓厚氛围，引导少年儿童树立正确的道德观和价值观。

二、评选条件

基本条件：热爱党，热爱祖国，自觉践行社会主义核心价值观，知行合一，品德优良。

具体条件：孝敬父母、尊敬师长。

三、活动说明

1.各学校寻找那些怀有孝心、践行孝德的学生先进事迹，通过图片展、班会、校园广播、网络等途径，广泛宣传并形成档案资料。

2.各学校要高度重视、严密组织，结合学校实际情况，本着宁缺毋滥的原则，找出学校"孝行少年"，人数自定。

3.填写"孝行少年"登记表（附件1）和"孝行少年"汇总表（附件2）。

【活动思想】孝敬父母、尊敬师长，是中华民族的传统美德，是中国传统文化最基本的价值观，核心理念是通过孝敬父母、尊敬师长，培养爱心，培养感恩之心。新时期的孝德教育就是对受教育者进行孝敬父母、关心他人、关注社会的道德教育；是弘扬中华民族传统美德，实施公民道德建设，加强社会主义精神文明建设的生动体现；是构建和谐社会、和谐校园、和谐人际关系的具

体实践。为积极响应省、市、区教育局关于积极开展学校德育综合改革的倡议，经研究决定在全校范围内开展"明礼、感恩——争做孝行少年"主题德育活动。

【活动主题】

明礼、感恩——争做孝行少年

【活动目标】

1. 通过孝敬父母、尊敬师长，培养爱心，唤醒爱、传达爱，使爱得到迁移与升华。

2. 形成浓厚的"尊敬长辈、孝敬父母"教育氛围，使学生在潜移默化中受到教育，从而达到人人孝敬父母、尊敬师长、关爱社会、感恩生活，营造出以德立身、以孝兴家、祥和共融的社会风尚。

3. 通过孝德教育活动实践培养学生对自己、对家庭、对学校、对社会的责任感，让学生知道生命的意义在于奉献。

4. 孝德教育活动实践作为我校开展工作的一个突破口，重在让学生养成习惯，并努力形成机制，长久坚持。

【活动内容】

（一）宣传发动

各年级各班认真组织学生学习"明礼、感恩——争做孝行少年"主题活动方案，通过国旗下演讲、黑板报、宣传栏、召开专题会议等形式，全方位地进行孝德教育活动的宣传发动工作。

利用寒假生活，做好孝行故事收集活动，组织"孝行少年"整理孝行故事，课间时间通过广播的形式进行孝行故事宣讲活动，做好"孝行少年"活动宣传发动。

要求：各班级张贴《实施"明礼、感恩——争做孝行少年"主题活动倡议书》，创设浓厚的孝德教育活动氛围。

（二）全面实施

1. 组织一次"孝德"主题课。

课上播放中央电视台《众里寻你——寻找最美孝心少年颁奖典礼》节目，并在此基础上以主题班会为平台，组织学生就"为什么说孝德是中华民族优良传统""如何培养自我忠孝品德"以及"如何践行孝心"等话题展开讨论，让同学们在讨论的过程中交流、体会、感悟、思考。

要求：每个班级要形成班级"孝德"班会课的成果并展示在班级展板和校园网上。

2. 布置一期关于"孝德"主题的文化墙。

要求：各班要紧扣主题、开拓创新，精心开展此次活动。

3. 开展一次孝亲活动。

倡议每一位同学回家主动为父母或其他长辈洗一次脚、剪一次指甲、洗一次衣服、剥一次水果、端一杯茶水、讲一个开心故事等，让同学们在这些小事中感受到行孝的快乐。

要求：重点开展此项活动，并形成图片、文字材料上报。

4. 开展"爸爸妈妈夸夸我"的活动，由家长写一写自己的孩子在孝敬父母、尊老爱幼方面的一个小故事，数量不限，上交优秀案例至德育处。

5. 3—5年级同学围绕孝行"爸爸妈妈听我说"话题，进行一次主题征文，数量不限，上交优秀案例至德育处。

6. 在学生中开展一次"我身边的孝行少年"评选活动。

请各年级各班积极开展评选，推出一批孝心少年典型，通过图片展、班会等途径，广泛宣传那些怀有孝心、践行孝德的学生先进事迹，用学生身边的典型人物教育学生、感染学生。

要求：各年级推荐的"孝心少年"，要充分考虑到推荐对象的先进性、典型性和可宣传性。

（三）总结评优

1. 总结提炼，深化认识。学生谈自己"学孝""行孝"的感受和体会，各年级各班做好活动总结。

2. 各年级要在活动结束后，形成本年级的活动文字和图片材料上报德育处。

要求：

1. 各年级各班要高度重视、严密组织、严格落实"明礼、感恩——争做孝行少年"主题教育实施方案，结合年级实际情况，创造性开展工作，确保此次主题教育收到积极、良好的效果。要发挥学校教育主阵地作用，加强学校教育育人功能的建设，营造良好的环境和氛围。

2. 各班级建立学生孝德教育活动记录簿，并安排专人负责，详细记录班级开展活动的落实情况。加强家校联系，充分调动家长助教的积极性，引导家长参与到活动中来，促进孩子和父母的有效交流和沟通。

3. 要与学校的工作相结合，充分利用一切活动和机会，让学生在实践中体验和感悟孝之心、孝之行、孝之道。

4. 要结合《小学生日常行为规范》的相关条款内容，从小处着手，细致深入，常抓不懈。各年级各班根据本年段实际情况制定出相关的活动计划。

5. 领导小组在此项活动过程中将加强指导和检查力度，及时通报主题活动的进展情况，及时表扬在活动中涌现出来的各方面典型人物和事迹，不断总结经验将活动推向纵深处发展。各班级活动落实情况纳入班级考评。

孝行少年活动月具体安排

活动时间	活动主题内容
3月	孝行少年活动宣传，提出活动倡议，发动学生参与
	孝行少年故事宣讲活动（一）
	三八妇女节孝亲主题孝行活动
	开展孝行主题月班队会
4月	孝行少年活动主题文化墙建设
	孝行少年故事宣讲活动（二）
	尊师重教主题孝行活动
	开展孝行主题月班队会
5月	"我的孝行故事"收集、照片整理
	孝行少年故事宣讲活动（三）
	母亲节孝亲主题孝行活动
	开展孝行主题月班队会

续表

活动时间	活动主题内容
6月	孝行故事征文活动
	孝行少年故事宣讲活动（四）
	父亲节孝亲主题孝行活动
	开展孝行主题月班队会
7月	孝行少年资料收集、汇总、评选
	活动总结、表彰

附件1：

"孝行少年"登记表

姓名		性别		民族		籍贯		照片
出生年月		联系电话						
学校、中队及职务								
家庭地址								
简历及主要事迹								
班主任推荐意见								
学校意见								

（盖章）

年　月　日

附件2：

"孝行少年"汇总表

序号	姓名	出生年月	籍贯	所在学校、中队及职务

威海恒山实验学校家长收集"最美笑脸"活动

为进一步推进我校家校共育工作，努力营造良好的教风、学风、校风以及和谐的家校关系，促进教育教学活动，引导师生发现家长身上的闪光点，传递感动，分享幸福，特此面向家长开展收集"最美笑脸"活动。

一、活动宗旨

通过面向家长开展收集"最美笑脸"活动，弘扬中华民族至真至善至美的传统美德，增强师生、家长的社会责任感和正义感，激发家长支持家校共育工作的热忱，共同营造和谐文明的校园氛围。

二、评选要求

凡是具有先进的教育理念、支持关心学校教育工作、积极参与学校活动等事迹感人的家长均可参与此项活动。通过这样的榜样引领，让更多的家长发挥自己的特长和优势，以学校主人翁的态度为学校的发展建言献策，更好地推动我校家校共育的健康发展。

收集"最美笑脸"活动细则及评价标准如下：

1. "爱心润泽"最美笑脸

评选标准：

（1）有一颗博爱之心，不仅爱自己的孩子，也爱其他孩子，乐于付出，甘于奉献。

（2）为学校教育事业做出贡献，积极为学生服务，奉献爱心，如参与大型活动志愿者服务岗、学生上下学家长志愿者爱心岗、冬季风雪志愿者暖心岗。

（3）当学校遇到困难时，能从每一个孩子的角度出发，伸出援助之手。

（4）支持学校工作，能与学校、老师通力合作，共同教育好孩子。

2."育苗智慧" 最美笑脸

评选标准：

（1）善于读书，认真学习家教理论，重视家校共育，积极宣传科学育人的家校共育新理念，树立正确的家教观，掌握科学的教子方法，对子女教育做到身体力行、言传身教。

（2）家庭作风民主，能倾听孩子的意见、心声，能虚心接受孩子对自己的批评意见。

（3）有良好的自身素质，身体力行，处处为子女作表率。

（4）在教育孩子方面有自己独到的见解，培养出的孩子品格出众，成绩优异。

（5）支持学校工作，能与学校、老师通力合作，共同教育好孩子。

3."健康灵动" 最美笑脸

评选标准：

（1）能与孩子一起参加体育锻炼，身心健康，朝气蓬勃。

（2）引导孩子参加力所能及的家务劳动，支持孩子参加社会公益活动，培养孩子的自理能力及劳动习惯。

（3）能经常带孩子到大自然中去增长见识，丰富见闻。

（4）支持学校工作，能与学校、老师通力合作，共同教育好孩子。

4."勤勉执着" 最美笑脸

评选标准：

（1）经常主动与老师沟通，了解孩子在校的情况。

（2）客观地评价孩子的优缺点，积极配合老师的教育教学工作，使孩子不断进步。

（3）在家能做好孩子的"家庭教师"，关心孩子的心理健康发展，培养良好的学习和生活习惯。

（4）关注孩子的全面发展，注重孩子素质和能力的培养。

（5）支持学校工作，能与学校、老师通力合作，共同教育好孩子。

5."合作包容" 最美笑脸

评选标准：

（1）尊重孩子的人格和自尊心，教育孩子以鼓励为主，循循善诱，帮孩子树立自信心，让孩子始终相信"我能行"。

（2）能抓住每一次和孩子合作的机会，在合作中加深父母和孩子之间的感情。

（3）能正视孩子所犯的错误，并能寻求解决问题的最好方法。

（4）支持学校工作，能与学校、老师通力合作，共同教育好孩子。

6."呵护浸润" 最美笑脸

评选标准：

（1）全面关心孩子成长，家庭和睦，积极为孩子创造一个安静、舒适、温馨的学习和生活环境。

（2）能关注孩子成长中的点点滴滴，及时记录下孩子最美丽的瞬间。

（3）能经常与孩子沟通，倾听孩子的心声。

（4）支持学校工作，能与学校、老师通力合作，共同教育好孩子。

7."圆融和谐" 最美笑脸

评选标准：

（1）能正确对待孩子与同学之间的问题或矛盾。

（2）能配合学校老师处理好发生在孩子们之间的事情，家长之间关系和谐。

（3）举止文明、谈吐文雅，能够成为家校教育的中坚力量。

（4）支持学校工作，能与学校、老师通力合作，共同教育好孩子。

8."共享开放" 最美笑脸

评选标准：

（1）关心学校发展和孩子所在的班级建设，积极地为学校的各项工作献计献策，提供帮助。（如支持基建、社会实践、讲座等等）

（2）积极配合学校教育工作，能为学校发展及班级建设提出合理化建议，并做力所能及的支持，互相配合，保持教育的一致性。

（3）能将现有资源进行共享，发挥教育的最大化作用。

（4）支持学校工作，能与学校、老师通力合作，共同教育好孩子。

9．"奋进书香"最美笑脸

（1）家长能教育并引导孩子多读书、读好书、读整本的书。家庭读书活动能做到坚持不懈。引导孩子在读书中思考人生，认识世界，发表自己独到的见解。

（2）积极参加学校和班级的各项亲子共读活动。家长引导孩子读有所获，尤其对孩子在品德修养、教育成长等方面有较好的影响。

（3）家长经常利用周末或节假日带孩子到书店买书或图书馆看书，让读书成为一种休闲时尚，成为家庭成员的一种生活方式。

（4）支持学校工作，能与学校、老师通力合作，共同教育好孩子。

三、评选实施步骤及时间安排

1．具体实施办法

（1）家长可以积极参与以上9项"最美笑脸"的活动，学校将定期开展"最美笑脸"发放活动，对积极参与支持学校各项工作的家长发放"最美笑脸"。

（2）"最美笑脸"是荣耀的象征，得到"最美笑脸"的家长入校参与各项活动可以佩戴"最美笑脸"，以此成为孩子的榜样。

（3）家长可以进行笑脸积累，留待学期末学校进行统一回收，作为评选"最美家长"依据。

2．表彰奖励

每学期学校根据收集"最美笑脸"的数量评选出威海恒山实验学校"最美家长"并进行隆重表彰活动。

中学阶段，青春期的人际关系更应关注异性关系。青春期是青少年生理、心理急剧变化的时期，也是青少年世界观、人生观、价值观逐步形成的关键时期，在各种文化传播媒介的冲击、家庭结构的变化、社会利益主体的多元化的影响下，在中学生中开展如何处理青春期异性关系的教育课程尤为重要。在团体辅导活动中要全面贯彻落实教育部制定的《中小学健康教育指导纲要》等文件要求，依据社会发展的需要和学生自身的成长规律，通过在学生中开展青春期健康知识普及教育，引导学生树立健康的性别意识和正确的交友观，培养"爱生活、会交往、有自信、有责任心"的良好品质，提高学生的综合素质，为学生的终身可持续发展打下基础。根据积极心理学之父马丁·塞利格曼在《持续的幸福》中提出的"幸福五元素"（积极情绪、投入、良好的人际关系、做的事要有意义和目的、要有成就感），积极的情绪、投入以及情感体验有利于学生获得增值性发展。结合马丁·塞利格曼的积极心理学理念，笔者尝试在活动实施过程中引导学生进行积极的目标管理，系列子课程如下：

性生理方面：知道青春期的变化、怀孕与妊娠等；性保健：月经、痛经、遗精、内衣的选择等；性心理：顺利度过"叛逆期"等。

性道德与性法制方面：形成正确的性道德观念、了解青少年保护法等。

人际交往方面：学会交往、学会处理师生关系和亲子关系等。

自我保护方面：学会预防性骚扰、学会预防性病等。

通过以上系列子课程的实施，青少年在青春期与异性交往时就能掌握合理尺度，收获纯正而和谐的异性友谊。目前，教育部要求学校开展性教育相关的教育研究与实践，但是在学校实施层面存在较大问题。比如，课程设置不足，虽属于初中青春期心理健康教育课程的实施范畴，在内容上，与生命科学、道德与法治课程中有重合部分；在课时上，初中青春期性教育占用部分班会课课时，利用班会时间上课；在教材使用上，有初中《安全教育》等教材的支持，但性教育还未受到足够的重视等等。异性交往当前最难解的问题——青春期性骚扰，在生活中人们一般难以启齿，高年级的学生正处于青春期懵懵懂懂的状态，如何让学生在课堂上放下顾虑，说出自己内心的想法就需要老师在活动前对学生的心理状态、经历有所了解，在活动过程中最好为学生提供真实的、生活中可见的案例，精心设计相关问题，引导学生开口分析与讨论相关的性骚扰问题，在参与和体验中，掌握"防范性骚扰"的相关知识。笔者曾观摩一节《我的青春，请勿扰！》团体辅导活动，活动中正确引导审视生活中的性骚扰事件，培养学生的观察分析能力和应变处置能力，为防范特殊异性关系提供很好的活动体验。

节选如下：

活动一：了解性骚扰的定义及表现形式

活动二：判断性骚扰的因素

行为的持续性、双方的关系、对方的动机、当时的情况以及自己的感受。

活动三：调查分析

课前我们做的问卷调查中，有一项是"你认为你所在的学校是否存在性骚扰行为？"，约有4%的同学认为存在这种行为。个别同学的某些行为给其他同学造成了困扰，甚至个别同学的某些行为已经触犯了国家的法律法规。

活动四：防范性骚扰的方法

（一）安全乘坐公交车

1. 尽量选择和同性站在一起。

2. 不要穿过于紧身或暴露的衣服。

3. 用随身物品进行隔挡。

（二）密集场所用智慧

1. 人群密集的地方遇到性骚扰，大声地拒绝。

2. 求助时，说清事情经过。

（三）僻静场所保安全

1. 遇到危险，沉着冷静。知道对坏人说谎，想办法逃离。

2. 记住坏人的长相，保留证据。回家后告诉爸爸妈妈。

（四）勇敢拒绝不沉默

1. 不和异性独处。

2. 严词拒绝，马上离开教室。

3. 受到伤害告诉家长。

4. 勇敢拒绝不沉默。

【课例解析　范例一】

心育知识链接：

利他行为

小学阶段是利他认知发展的重要阶段，应从三个方面着重培养学生利他行为的形成。一是学会站在他人的角度设身处地地思考与体验，将心比心地想问题，设想自己是他人，有何感受，怎样处理等，对需要帮助的人产生同理心，从而与他人共喝彩，也与他人共感伤，形成情感关联，使学生形成同理回应的能力；二是形成正确的利他行为，当学生具有利他的认知后，应会实施正确的利他行为，在团队中，通过榜样示范与辐射的作用，当学生表现出利他的行为并产生较好的效果时，教师应及时地表扬与鼓励，引导他们把榜样所代表的道德原则和规范加以内化，这是利他教育的重要一环，使学生对利他行为具有正向认知；三是将利他行为在运用中变成习惯，利他行为是日常实践，可以在团队中采用挑战赛、计分卡等任务驱动的方式，使学生乐于利他，并在利他的活动中享受互惠的乐趣。利他行为不仅在学生团队中开展，更应放在社会大视野中进行，家庭、社会、国家同样肩负着重要的责任，家长发挥榜样的作用，培养学生利他的意识，社会通过舆论导向来调动全社会的力量，促进利他行为，国家更应完善法律法规，营造良好的社会风气。

唠叨里的爱

实施背景：

本主题属于人际交往板块中的亲子交往的内容。随着学生自我意识的迅速发展，独立意识大大增强，个体极力想摆脱外部评价的束缚，从而，独立自我的意识增强，所以面对父母的要求，从惯于"被看管"转为抗拒，亲子之间的关系代沟明显加大。《中小学心理健康教育指导纲要（2012年修订）》明确提出：要加强亲子沟通，形成积极健康和谐的家庭环境，在小学高年级要帮助学生学会恰当地、正确地体验情绪和表达情绪。本主题通过创设情境、讨论交流以及促发思考等方式，让学生理解父母爱的方式，并以实际行动报答父母，在感恩与回报中，奉献爱心，收获希望，提升家庭责任感，促进有能力的学生形成积极的亲社会行为。该辅导课程出自山东画报出版社出版的《心理健康》三年级中《唠叨的爱》。

活动目标：

1. 学生改变自我为中心的思考方式，学会站在父母的角度思考问题；

2. 体会父母的爱和家庭的温暖，发现在日常生活中与父母相处的不当方式，并能用恰当的方式去改变；

3. 提高与父母沟通、交往的能力。

活动准备：

游戏道具、活动照片。

活动过程：

环节一：撕纸游戏

看游戏规则：

口令：①把纸上下对折 ②再把它左右对折 ③撕去左上角 ④然后把这张纸左右对折 ⑤再上下对折 ⑥最后撕去右上角 ⑦把纸展开，并与其他参与者做对比。

游戏要求：听口令撕纸，撕纸过程中，同学之间不允许相互看或商量，也不允许询问发出口令的人。

师：同学们，请认真看看自己的作品与其他同学的作品之间有什么区别？我们再来一轮撕纸游戏，这次我们换个游戏规则。

游戏要求：小组内一定要撕出相同的形状来。撕纸过程中，同学之间允许相互看或商量，也允许询问发出口令的人。

师：同学们，同样的口令为什么会出现两种不同的结果？这是什么原因呢？

生：第一轮游戏时，我们是听口令自己完成，我们每个人的想法和操作都不同；而第二轮游戏中，我们先在小组中进行了交流，商量如何进行，然后一起行动，所以结果会一致。

设计意图：撕纸游戏为活动的开展创设了话题情景，并且放松了学生的身心。学生在游戏后，明白一致的结果是经过两者间的交流而得到的，为后面活动环节寻找办法做好铺垫。

环节二：在"家"中听爱的"唠叨"

活动一：我们经历的"唠叨"

师：的确，我们交流商量才能达到想法一致。同学们，我们来看一段视频，从视频中都看到了什么？（妈妈在唠叨）

师：是啊，爸爸妈妈有时看到我们达不到他们的要求，他们会着急，会控制不住地唠叨。那平时你们的爸爸妈妈都对你们唠叨些什么？爸爸妈妈的唠叨使你的心情怎么样？

生1：作业写了吗？怎么还看电视，快睡觉去！

生2：看你房间乱的，也不知道收拾一下。

学习方面（拖拉、不复习、书写不认真、成绩不理想……）

卫生方面（房间脏乱、洗澡、洗发……）

安全方面（行路、骑车、玩耍、水、火、电，外出玩耍不提前告诉父母，父母担心……）

饮食方面（不吃早饭、挑食、吃零食、暴饮暴食……）

玩耍方面（玩电脑、看电视、聊天、打游戏无节制……）

设计意图：通过回忆生活的细节，了解父母唠叨的内容，并说说父母唠叨时学生的心情，让学生在说的过程中得以宣泄。

活动二："唠叨"的烦恼进行释放

师：同学们，看来我们对这个唠叨是满腹怨言啊！老师给你们准备个道具，拿出桌洞里的信封，打开信封，把爸爸妈妈对你们的唠叨全部倒进去，把由唠叨带来的坏心情全部放进去。

师：我看到有的同学信封鼓鼓的，已经装不下所要说的唠叨，老师还准备了一个道具，谁想来试试？

活动三：情境剧场"空椅子"

师：你来扮演妈妈和自己，注意表现出妈妈当时的语气和神态。坐在这张椅子上就是你自己，坐在这张椅子上就是你的妈妈，请把你和妈妈的对话演绎出来吧！

设计意图：从学生的实际心理出发，努力使教学走进生活，贴近生活，创设开放、互动的教学情景，营造自由、民主的课堂气氛，给学生充分参与的机会，利用信封收集爸爸妈妈的唠叨，使学生在情感上得以宣泄，再利用心理学中"空椅子"的技术，找一个个例，让学生分别扮演妈妈和自己，用妈妈的语气来宣泄内心的烦恼，同时在扮演妈妈的时候能够站在妈妈的角度初步理解妈妈。

环节三："唠叨"中成长

活动一：面对"唠叨"寻方法

师："可怜天下父母心"，父母都对我们期许很高，所以他们对我们都很严格，那面对爸爸妈妈的唠叨时，你怎么办呢？把你当时的做法写在这张卡片上。

学生张贴方法。

师：大家的做法都各有不同，大体分了三类，一种是和父母顶撞，用过激行为和言语来解决的；一种不理不睬型，父母说什么"我"不听或者走开的；一种是尊重理解型，尊重理解父母，并通过多种方式和父母沟通，接受父母的教诲。通过模拟表演来看看这三类方法的结果。

活动二：让"唠叨"的爱重现

师：邀请同桌，选取一种类型根据上面情境分别扮演你和爸爸（或妈妈）进行模拟表演。

情境：小宇同学对电脑可感兴趣了。可妈妈一直不同意他上网，担心影响学习。这天放学，他拿着期中检测卷回家了，妈妈一看成绩，生气了，在他耳边又开始唠叨起来。

情景一：过激行为型

小结：爸爸妈妈是我们的长辈，作为孩子，我们是不能直接和爸爸妈妈去顶撞的，也不好直接反对爸爸妈妈，过激的言行既伤害了我们的父母，又伤害了自己。

情景二：不理不睬型

小结：面对父母的唠叨，我们用逃避、不理睬的方法解决此事，也只能解决一时不能解决一世，也是不可取的。

情景三：尊重理解型

小结：同样一件事，用三种不同类型的方式来对待，产生的效果也不同。面对父母的唠叨，我们有时不理解，也会产生厌烦的心情，这都需要我们在尊重理解父母的前提下，用不同的方式与父母沟通，向爸爸妈妈说出我们的想法，同时也去了解爸爸妈妈的想法，彼此互相倾诉沟通，让我们与爸爸妈妈的沟通事半功倍。

活动三：歌曲《唠叨的爱》

师：同学们，我们的爸爸妈妈为什么总喜欢唱这首唠叨之歌呢？这背后有什么原因吗？来，让我们闭上眼睛，身体放松，心中想着自己父母慈爱的面庞，跟随着优美的音乐，一起来静静地聆听父母那"爱的叮咛"。

环节四：共情

师：因为爱，所以爱。同学们，是父母给了我们生命，是父母给了我们世界上最无私的爱。此时此刻，你想起了什么？你想对父母说些什么？现在拿出心情卡，把你想对爸爸妈妈说的话写在上面吧！

播放音乐《妈妈的唠叨》

设计意图：让学生初步学会在生活中应对父母唠叨的技巧，讨论交流虽然是最普通的方法，但却是最有效的。通过探寻父母唠叨背后的原因，了解父母的唠叨其实是父母关心爱护孩子的一种特殊的表达方式。从而理解父母的苦心，学着用恰当的方式应对父母的唠叨，这有利于良好亲子关系的建立，达到本课的设计目标。

活动反思：

在活动前以亲子关系为主题设计心理发展现状的调查问卷，对三年级200余名学生进行数据采集。调查发现：家庭生活中，感到不快乐或者有郁闷感的学生能达到30%以上。家庭是温暖的港湾，理应是解决烦恼的地方，是能够进行问题沟通与处理的场所，是情感交流畅达的地方，是什么原因造成这样的调查结果？各项数据显示，学习方面来自父母的期望，同伴交往来自父母的约束，亲子交往来自家长与子女间的不平等等，都是学生在家庭生活中感到不快乐或者有郁闷感的原因。从调查的结果入手，切入"父母的唠叨"主题团体辅导中，将发挥有的放矢的效果。

活动中的第二个环节，在"家"中听爱的"唠叨"，采用情境再现的方式，在角色转换中归纳对待父母的不合理方式，比如过激、不理睬等，学生置身事外时，会主动发现这些不合理的方式曾经发生在自己身上，且这些方式给父母与孩子带来不良影响，恶化亲子关系，长此以往，家可能就变成"牢笼"，父母与孩子的关系越发冷漠，孩子越发封闭，失去与社会交往的能力。中国家庭的传统思想根深蒂固，作为父母来说，他们总觉得自己的人生有遗憾或缺失某种幸福，并把这种遗憾转化为期望并加诸到孩子身上，望子成龙心切，"爱之深"就"责之切"，意欲打造一个完美的孩子，但在过程中，家长往往教育方法简单，我们常见的教育方法就是本次活动的"唠叨"，这种爱的方式往往不易被接受，所以才产生上述对待父母的不合理的方式。

活动中第三个环节"唠叨"中成长，在其中找方法，正面解决"唠叨的爱"，活动中从理解"唠叨的爱"入手，学会体谅父母的辛劳与苦心，珍惜父母的期望，好好学习，争取取得好成绩，回报父母的感情。寻方法是本次活动的重点，通过解决问题，缓解伤害与僵局，与父母成为平等的知心朋友，营造一个温暖与和谐的家庭环境。

（山东画报出版社《心理健康》三年级下册）

【课例解析　范例二】

心育知识链接：

同伴关系

随着年龄的增长，学生同伴关系的渴望逐步下降，这取决于学生在心理上对自我的认知更清晰，表现得更为独立与自主，有着自我空间的保护欲，对同伴关系的认识不再停留在一起玩耍的小伙伴的层面上，而更重视在认知与情感方面能够有共同价值取向的朋友，能够较为深层次、较为稳定地进行交流。

从性别的角度来区分，女生的同伴关系胜于男生，因为男生喜欢标榜"独特"，独来独往的较多，社会外部因素的影响对男生较多，男生的关注点并不集中于同伴关系。女生情感较为细腻，喜欢结伴行动，喜欢团队生活，喜欢与同伴分享自己的秘密，这些正是促进同伴关系的重要因素，加之女性更善于与他人沟通，所以更容易拥有健康而和谐的同伴关系。

从地理位置来看，同伴关系的差异也比较显著，市区较好于农村，市区学生更多的是群居生活，生活在同一个社区，参加同一个兴趣班，组织同一种团队活动，这些都促进了家庭环境相似、情感相同、兴趣爱好相近的同学交往。在城市中交往更频繁，交流的需求没有那么强烈，自然不容易产生冲突。而农村的学生居住地比较分散，造成彼此之间的交流不深刻，同伴关系相对不稳定。

善于沟通不误会

实施背景：

本主题属于人际交往板块中的同伴交往的内容。学生生理心理方面逐渐健全，家庭长辈不再是获得支持的唯一力量，同伴和友谊成为个体获得社会支持的重要来源。在具体的交际活动中，存在不同的交流方式，每个人都希望寻找合理的方式与他人建立良好的人际关系，这种需求更是通过个体内驱力来实现。舒茨的人际关系理论强调，人有三种人际需要：包容需要、支配需要、感情需要，通过正确人际交往策略，构建积极的友谊观，可以有效增强个体的人际效能感。

我国《中小学心理健康教育指导纲要（2012年修订）》明确指出要帮助学生善于与同学、老师交往。该辅导课程出自义务教育地方课程教材四年级下册第8课《善于沟通不误会》。

活动目标：

1. 学会调整人际交往原则，寻找交往的突破口，理解拒绝别人的必要性。

2. 初步掌握"拒绝"的基本方法和技巧，形成和谐的人际关系。

活动准备：

1. 课件

2. 经历卡

活动过程：

环节一：情景再现，解决问题

师：小王同学人缘特别好，同学有困难都喜欢找他帮忙，他从不拒绝，大家都亲切地叫他"小好"。这几天他很烦恼，请看视频。（播放视频）

同学们，"小好"为什么烦恼？你能帮助他解决问题吗？

学生进行交流。

师：因为碍于情面，不好意思拒绝别人，比起感谢、称赞和道歉，拒绝有时候难以说出口，可是人际交往中我们需要表达拒绝。生活中，你有没有不好意思拒绝别人的经历？

心理剧场表演。

采访：你因为没有拒绝对方，所以违背自己的心愿去做这件事，你的心情怎样？

有的同学不方便在这里与大家分享，请用一两句话写在经历卡上。（分享过的同学，将经历写下来，交给老师暂时保管）

设计意图：学生在老师设定的情景中进行体验，一方面活跃课堂气氛，调动学生的积极性；另一方面，让学生明白"拒绝"与其他意愿的表达一样，都是我们生活中常见的和需要的。调动学生的积极性，感受到生活中其实有很多人都不善于拒绝别人，但是拒绝有时候又是必要的，在孩子们的生活中同样也存在着这样的事。

环节二：生活处理，何时说"不"

师：生活中哪些情况可以拒绝他人呢？

在下面情境中去判断：

（1）小新约我周末去滑冰，可是我不会滑，也不喜欢，我更喜欢骑自行车。

（2）丁丁请我周六下午一起去看电影，可我每个周六下午都要上英语辅导课，我想去辅导班，但又担心丁丁不高兴……

（3）小宁正在看电视，妈妈让他帮忙剥蒜。

（4）学校附近新开了家网吧，明明约你一起去那里打游戏。

（5）你在写作业并预习功课，小新跑过来跟你说班里有位同学受伤了，小新要你和他一起送那位同学去医务室。

（6）老师让小颖进行国旗下演讲，她从来没做过，太紧张了。

总结：当生活中遇到以下情况时，我们可以合理拒绝他人：

明显判断不好、不合理的事。

超出自己能力范围的事。

手头的事比别人约你去做的事更重要时。

别人所要求的事确实是自己不愿意去做的。

设计意图：通过设定现实生活中常见的场景，让学生总结出哪些情况可以合理拒绝别人，一方面让学生学会判断，另一方面结合自己的实际情况，让学生学会拒绝。

环节三：角色沉浸，怎样说"不"

分小组完成情景剧，脚本如下：

东东（正在思考数学题）：这道题怎么做呢？试试这样，好像可以……

小民（走过来说）：嗨，我们一起去篮球场吧，校队有一场比赛，听说很精彩呢！

版本 A

东东：吵什么，没看我正忙吗！不去不去！！（粗暴大声喊）

小民：不去就不去，那么大声干什么！（很生气，很委屈）

版本B

东东：我不去了，你自己去吧。（随意平和，接着做题）

小民：哦！（失望不情愿）

版本C

东东：不好意思，老师等我完成这几道题给他看，要不你找别人一起吧。（真诚）

小民：好吧，你忙，我不打扰你了。（平静）

总结：耐心倾听，态度温和。

立场坚定，直接说不。

陈述理由，讲明原因。

提出建议，获得理解。

采访：被拒绝的人、拒绝他人的人以及观众的想法。交流被拒绝后你的心情怎样？他这样拒绝你，你能接受吗？你还会和他做好朋友吗？看来这是一次成功的拒绝。

总结：成功的拒绝不会失去情谊。

设计意图：东东和小民的事例，很贴近学生的生活实际，学生在观看过程中很自然地就进入到角色，能够切身体会到小民被拒绝后的心情，从而激发学生探索合理拒绝他人的方法，小组讨论又能发挥团队的智慧，最后的情景再现更能够让学生身临其境。

环节四：实践导航，当"好好"碰到"赖赖"

师：生活当中经常会遇到不达目的就不罢休的熟人，他对你提出要求，你不答应他就死缠烂打。同学们，现在教大家"唱片法"和"自我暴露法"，帮你应对执着的对手。

用你们学到的拒绝别人的技巧，帮助我们的同学解决问题，让我们操练起来吧。从漂流瓶里找出问题情境，两人一组，练习"唱片法"和"自我暴露法"。

请一组优秀表演者展演。

同学们，因为某些原因有的同学可能并不想公开自身经历，老师尊重大家的意愿和隐私。但是，请你妥善保管好老师发给你的经历卡，在以后的生活中，可以自己进行实践、填写，逐步提高自己判断是否拒绝、合理拒绝他人的能力。

设计意图：方法的学习最终是为了实践应用，首先让孩子们集体帮助同学解决问题，能够初步将方法应用于实践，然后在较为熟练的基础上再将方法应用到自己身上，更有利于学生解决自己的问题。为了尊重同学的隐私，所以，不强制同学进行展示。

小结：

我的权利宣言

1. 我有权利拒绝
2. 我有能力拒绝
3. 拒绝不是伤害
4. 我有底线边界

同学们，在人际交往中，表达拒绝是我们的权利，只要我们的拒绝是合理的、真诚的，就会得到对方的理解，当然你不能拒绝一个应该得到帮助的人。希望大家能把今天所学的方法用于生活中，能够智慧合理地拒绝他人，让自己的生活变得更快乐。

设计意图：利用小诗的形式作为本课结束，一方面是传达本课主旨——拒绝有时候是为了更好的将来，另一方面让同学们感受到拒绝其实是有利于个人的成长。

真相是，你拒绝只是为了做自己，并没有伤害别人的动机，所以不是坏人。真相是，如果只是他因为请求得不到满足而报复你，那并不值得交往。只要与人打交道，就一定会存在矛盾。如果你面对人的时候无法强势地站稳，对方就很有可能总是威胁你。当这种时候，我们有两种方法应对，第一个是"唱片法"。像卡掉了的坏唱片（只会重复同一句歌词）——无论对方怎么质疑和说服你，你都持续地、一次次地重复表达自己的需求或想法，直到对方真正听到你的需求，不再企图用各种方式否定你的想法。第二个是自我暴露。把自己的内心尽可能裸露在对方面前，表达自己内心真实的想法和情绪，以此让对方更加理解。

活动反思：

高年级的学生人际交往对象发生改变，从与师长交往慢慢转向与同伴交往，这个阶段更需要同伴间的认可与鼓励。而在具体的生活实践中，人际关系不和谐会有不同的原因，比如自己的不良行为对他人造成危害，没有主动道歉的意识；争强好胜产生摩擦；内心羞涩不能建立畅达的同伴关系等等，本次活动正是切准以上原因的其中一个点入手，由生活情境判断，寻找解决办法，形成优化的交往策略。

环节一从生活情境入手，思考当我们做"好人"会遇到什么问题，通过小组讨论交流，发现经营好每一个人的人际关系时，仅靠取悦他人，不断地迎合，会让自己处于苦恼之中，形成不良的人际关系。环节二在打开心扉的同时，将镜头转入人际交往的不同情境时段，判断哪些情况下可以拒绝，采用自我觉察与思考的方式，分析自己的人际交往圈，聚焦于自己可以调整的方面，从中优化自己的人际交往圈，体验不同的人际交往方式带来和谐的人际关系。环节三以及环节四是方法引航，通过分享过去成功的交往经验，在情境再现中，观察或模仿他人成功交往的经验，合理调整自我情绪状态，从而培养积极的情绪体验，帮助个体建立良好的人际效能感。

学生处在团体活动中，学会与同伴人际交往很重要。据不完全统计，青少年交友的标准占第一位的是"同忧愁、相互关心"，占第二位的是"兴趣、想法、成绩、意见和自己差不多"，占第三位的是"性格和思想好"，也就是为对方的内在品质所吸引，精神上的默契和交流是人与人关系中最重要的，学生在与他人建立友谊的过程也是适应社会和周围环境的过程，对待交友，像对待学习一样，讲究策略，保持态度，在生活实践中必能赢得真正的朋友，正像美国第一届总统华盛顿说过："真正的友谊是一种缓慢生长的植物，必须经历并顶得住逆境冲击，才无愧'友谊'这个称号。"

（义务教育地方课程教材《心理健康》四年级下册）

第四章　效能：积极心理促发幸福成长

一、基本内涵

积极心理学的创始人是塞利格曼。积极心理学既关注人的心理问题，又关注人的精神力量；既对人的心理伤痛进行修复，又努力构筑幸福美好。积极心理品质是积极心理学的重要研究内容，积极心理学包括六种美德、二十四种积极心理品质，如下：

一、智慧与知识：获取与应用知识，从而获得幸福生活；

二、勇气：对压力毫不畏惧，为实现目标和梦想而奋斗；

三、仁爱：重视与他人的关系，乐于助人；

四、正义：合理处理自己与他人、集体或社会的关系；

五、节制：善于控制自己的情绪和行为；

六、精神超越：获得精神力量，提升个人修养。

下面的表格呈现六种美德对应的二十四种积极心理品质：

美德	积极心理品质
智慧与知识	1.创造力：思索新颖而有价值的方法来产生概念和做事情。
	2.好奇心：对新事物有浓厚的兴趣；开放式体验；乐于进行探索和发现。
	3.热爱学习：愿意掌握新的知识及技能，不管是出于自愿还是其他要求。
	4.开放的思想：通过全方位信息来思考事物，做决定时能公平权衡所有的信息和意见，具有良好的判断力。
	5.洞察力（智慧）：能对他人提出明智的建议；能着眼于对己、对人都有意义的事情。

续表

美德	积极心理品质
勇气	6. 正直（可靠、诚实）：自我表现诚恳；对自己的情绪和行为负责。
	7. 勇敢：不畏威胁、挑战、困顿或苦痛；为目标而行，不论其是否被普遍认同。
	8. 坚持（有毅力）：做事有始有终；坚持目标方向，不惧障碍险阻。
	9. 有活力（热情积极、有魄力、有精力）：使生活充满激情和能量；感觉活跃、性格活泼。
仁爱	10. 善良（慷慨、关怀、同情、无私）：帮助他人，做好事。
	11. 爱与被爱的能力：珍惜与他人的亲密关系，有能力与他人建立爱的联结，相互珍视。
	12. 社会智力（情绪智商、个人智商）：了解他人以及自己的感受，善于应对不同场合，展现合适的举止。
正义	13. 公正：依照公平和正义的观念平等对待所有人；避免因偏见影响自己对他人的判定。
	14. 领导能力：促进集体中的个人在其中能完成事情；善于维持良好的集体关系。
	15. 公民意义（社会责任、忠诚、团队协作）：作为集体或团队中的一员，能好好工作，对集体忠诚。
节制	16. 宽恕和宽容：宽恕做错事的人；接纳他人的短处；给予他人第二次机会；不心怀报复。
	17. 谦虚（谦逊）：让成绩说话；不自夸，不自大。
	18. 审慎：细心地做出自己的选择；不会冒不当的风险；不说也不做会事后后悔的事。
	19. 自律（自控）：管理自己的情绪和行为；守纪律；控制自己的欲望和情绪。
精神超越	20. 欣赏美丽和卓越（敬畏、赞叹、上进）：欣赏美丽、卓越的事物；欣赏人们在生活的不同领域的娴熟表现。
	21. 感恩：知道并感谢发生的好事情；多多表达谢意。
	22. 希望（对未来乐观）：对将来有美好的展望，并努力实现它；认为未来是可以掌控的。
	23. 幽默：喜欢笑，喜欢逗乐；给他人带来欢笑；看事物的光明面。
	24. 精神信仰（虔诚、守信、有追求）：有对更高追求、生活意义以及宇宙意义的信仰。

本章将介绍在积极心理学视野下的团体辅导的范例。在国际上，最先使用团体心理辅导干预个体的是美国的内科医生普利特。他对患有肝病的病人采用心理干预的手段，使其在重病的情况下依然保持积极乐观的心态，勇敢地面对疾病，积极地去治疗。从普利特的事例中，我们不难看出积极的心理干预对人的影响，以及积极心理学的现实意义。此后，法国心理学家巴特研究发现，运用心理学理论对个体的心理干预，在对团队建设贡献上有较好的效果。随着国外心理学者的进一步研究，我国心理学领域的专家们也做了一系列的研究，其主要是测试积极心理对个体的影响，涉及的品质有乐观、勇敢、感恩、心理自愈等。他们通过对工人、医生、老师和企业员工等普通人群的调查和实证研究发现，应用心理学最基本的理论可以对个体产生很好的效果，使其拥有积极心态，提升心理品质。这些调查与研究都证明，积极心理学团体辅导对个体心理健康有很强的适用性。《中小学心理健康教育指导纲要（2012年修订）》明确提出要"培养学生积极心理品质"。师生关系、学业表现和主观幸福感都与学生积极心理品质息息相关，积极心理品质能够减少学生的心理健康问题，帮助学生发掘自身的心理优势。我国研究学者孟万金与其同事在塞利格曼等人的研究基础上，结合我国的教育文化背景，对中小学生积极心理品质的培养做了学段的区分。小学低年级学生的积极心理品质培养要点为求知力、真诚、宽恕、思维与洞察力、领导力；小学高年级学生的积极心理品质培养要点是创造力、求知力、思维与洞察力、真诚、领导力、宽恕、谦虚、持重；初中生积极心理品质培养要点为爱、信念与希望、友善、谦虚、执着、创造力、真诚、宽恕、领导力。在具体的团体辅导中，我们可以通过相关的心理品质的测量工具以及积极心理品质的相关理论模型，对操作进行诠释，帮助学生形成积极向上的品格。积极心理品质在基础教育阶段具有一定的可塑性，因为青少年处于心理的快速发展阶段，研究发现，从感恩、宽恕和希望感入手，可以提升青少年的积极心理品质。因此，目前研究者主要关注青少年积极心理品质的感恩、宽恕和希望感等方面的建设。本章节案例，将更多地集中于希望感。施耐德认为，希望是一种认知的思考历程。在这个思考历程中，个体会根据先前设定的目标，反复推演计算自己是否具有可行的方法来达成目标，以及自己是否有足够的意志力去运用这些方法。根据相关研究，希望感高的个体拥有更高的复原力与主观幸福感，在面对挫折和困难时，能够积极应对，寻找更多的策略解决问题，反之，则表现出抑制等现象。希望感不等同于乐观，因为它并不是一种简单的情绪表现，而是一套系统的科学方法和解决问题的路径，是可以通过不断训练加以提高的。希望感能促发个体理性地分析现实处境，针对现实情境做出积极的回应。在基础教育阶段，希望是比较抽象的概念，它不是外显的，但却能根据个体的言行、神态等查知。在进行积极心理品质辅导时，辅导人员主要是协助学生认识培养希望感的重要性，并提供培养希望感的方法技巧，通过练习让学生发展自己的积极心理品质。这类积极心理品质培养的团体辅导，通常借助主题心理健康课渗透进行。

二、问题及建议

曾经有这样一幅图片：在母体内的胎儿用脐带缠绕着手机，专心致志地看着手机屏幕上的内容。这张图片说明什么问题？它折射出当代青少年的状态。在网络时代，青少年的生活被手机等电子产品充斥着。他们失去社交能力，也失去自我独立的意识，沉迷于网络，在意志、品德及生活行为方面可能存在着一定的问题。鉴于此，笔者分别从中学和小学选取部分学生样本，聚焦"责任"与"梦想"两个积极心理品质维度进行问题调查与分析。"责任"是二十四种积极心理品质中属于六种美德中"正义"的第 15 种品质——公民意义，公民意义包括社会责任、忠诚、团队协作，是作为集体或团队中的一员应具备的心理品格；"梦想"是属于六种美德中"精神超越"的第 22 种品质——希望，希望是对未来乐观的态度。这两种积极心理品质既是学生应锤炼的健康品格，也是当前学生心理发展的问题所在。根据 256 个小学生样本问卷，发现以下问题：目前学生个人利益唯上的意识强，对自己所承担的责任却很少思考，缺乏责任心、危机感、使命感，责任目标不明确。有的学生认为责任感就是对他人负责，而不把自己的事情放在心上，没有良好的学习和生活习惯；有的学生只关心自己或家人的事情，对集体的事情漠不关心；还有的学生缺乏社会公德心，一旦离开了家庭和学校，在无人监管的情况下就随性而为。学校教育重视活动熏陶，而忽视学生内心世界的塑造和实践能力的培养；注重知识的灌输，而忽视了学生的主体地位。这些教育的缺失，造成学生言行不一，看待事物双重标准，导致"责任"教育不能真正落地。在中学阶段，以初二学生为问卷样本，笔者也发现很多的问题：当代社会一些不良事件的影响，让有的学生产生太多不切实际的幻想，使得他们想走捷径，不切实际。很多学生是没有梦想的，因为他们觉得梦想没有必要。另外，学生对"梦想"的理解很狭隘，有梦想的学生在谈及自己的梦想时也大多和好工作、高收入等关键词联系在一起，很少与集体、社会、国家相关联。当我们聚焦这两种积极心理品质的培养现状时，会发现学生心理发展的诸多问题，由此可见积极心理品质的团体辅导极其重要。

积极心理学理念下的团体心理辅导是以人为研究对象，对辅导者进行积极的心理干预，帮助其消除消极心理，激发人的潜能。近几年，中央教育研究所的孟万金教授提出了积极心理健康教育这一课题，将积极心理学理论的基础运用到实际的心理辅导中去。孟教授提出"人人向善"，呼吁个人，尤其是在校学生，加强自身心理品质的培养，积极向上，有进取精神，通过自身力量影响周围人，做一个传播幸福、开发潜能的新时代人。在孟教授的呼吁下，有学者指出将积极心理学团体辅导运用到班级管理中，通过班会、情景剧、讲座等班级活动，使每一位学生都能拥有积极良好的心理品质和团结协作的团体意识，积极参与到集体活动中去。这样，才能真正发挥积极心理学团队辅导的作用，使每一位学生都有良好积极的心理，形成完备的世界观、人生观、价值观。随着互联网的发展，积极心理学团队辅导还可以利用"互联网＋"的模式进行创新，更好地发展积极心理学，使团队辅导达到更高的高度。积极心理学只是一门新兴的心理学分支，在实际运用中仍然存在许多问题与不确定性。那么，如何使积极心理学团队辅导更好地发展？笔者认为，这需要心理学领域专家、教育学者以及社会各界共同努力，为其提供土壤。

在前面谈到的样本调查的问题，其中一项为"希望"的积极心理品质在中学阶段学生心理品质形成中至关重要。心理学中的"自证预言"现象告诉我们：当我们有了一个梦想，并决定去实现，那么这个梦想就会成为优先级，我们自身会调动一切的资源帮助我们实现这个梦想。由此看来，一个人的梦想就是自己给自己的预言，一旦分享，就会形成滚雪球效应，力量越来越大，所以一个人一定要有梦想。美国哈佛大学心理研究所调查课题组的专家调查表明，有62%以上的人，他们的人生梦想基本上是在中学时期形成的。中学生正处在人生成长发展的关键时期，他们的身体发育趋于成熟，思想水平不断提升，知识基础逐渐充实，自我意识日益强烈，更重要的是他们的人生观、世界观将初步形成。在此关键时期，由教育工作者去引导中学生是十分必要与及时的。笔者所在区的一所中学教师所实施的团体辅导中，曾进行有关"梦想"方面长期的训练，作用效果非常好。教师在新学期以"目标"或"梦想"为主题，开展专题辅导，引领学生学会树立正确的、崇高的目标梦想，对自己有学期规划，让学生在其指引下更高效地学习与实践。开启"梦想计划书"活动，在学生确定了自己的"目标"或者"梦想"之后，制定"梦想计划书"，让孩子们把自己的梦想分步骤、有方法地一点一点照进现实，不让梦想成空想。在这个过程中进行"梦想漂流瓶"活动，让学生对自己半个学期以来的表现，就自己遇到的困难进行"梦想漂流"，在漂流中疏散消极情绪，获得积极解决问题的办法，为梦想加油。"我是大梦想家"活动是学生最喜欢的活动形式之一，在学期或者学年结束的时候，老师拿出学生的"梦想计划书"进行对照总结，并且评选出实现梦想或者阶段梦想的"大梦想家"，进行表彰，给学生积极的鼓励与引领。这个项目是一个关乎学生梦想形成的进程记录，记录在学生成长的档案里，学生可以直观地看到自己梦想的形成。根据小学生样本问卷所聚焦的责任教育部分，教育者应细化责任教育目标：对自己负责、对家人负责、对集体负责、对社会负责、对国家负责。围绕"责任"主题开展丰富多样的团体辅导活动，充分发挥课堂的主渠道作用，围绕着人与人、人与社会、人与环境等方面，合理安排爱学习、爱劳动、讲文明、追梦想等教学内容，将其中的责任意识植根在学生心中。在实施团体辅导的同时还要注重课后的行为实践，关注学生的日常行为，并通过多种评价方式，强化学生的责任意识，让学生体会到帮助他人和为社会文明做出贡献而带来的愉悦，助力学生将责任付诸行动，以公益贡献为乐，主动承担促进社会发展的责任。以下是笔者所在区域的一所小学基于学情创设的积极心理学视野下"六结合"责任教育育人模式，这种模式将课程、文化、活动、实践、管理、协同六大育人途径相结合。

			课程育人			
强健身心	开设"疫情防控下的心理建设"心理健康课，帮助学生正视疫情带来的问题，让学生乐观面对。	开设"课间活动讲规则"等主题课程，培养学生的规则意识，为学生的课间安全提供保障。	开设"我运动 我快乐"主题课程，引导学生健康文明运动，强身健体。	开设"劳动最光荣"主题课程，培养学生的劳动意识和劳动能力。	开设"拒绝校园欺凌"主题课程，教育学生正确处理生活中的矛盾，做个健康阳光的学生。	开设"好习惯伴成长"主题课程，结合《弟子规》引导学生养成良好行为习惯，健康文明生活。
唤醒责任	围绕"英雄""梦想"等话题，开设主题课程，培养家国情怀，增强民族自豪感与责任感。	通过安全教育系列主题课程，教育学生学会自我保护，珍爱生命，远离危险。	开设"班级小主人"主题课程，培养学生关心集体、热爱集体的精神，教育学生团结合作，增强集体荣誉感和责任心。	利用世界地球日、植树节等节日开设主题课程，教育学生爱护环境、节约能源，形成"万物一体，同生共荣"的世界观。	利用妇女节、母亲节、重阳节等节日开设主题课程，进行感恩教育，教育学生要懂得感恩、学会感恩。	开设清明节、国庆节相关主题课程，教育学生爱党、爱国，珍惜生活，继承优良的革命传统。
激发兴趣	开设"变废为宝"主题课程，引导学生节约资源，学会废物利用。		通过地方（传统文化）课程，诵读国学经典，引导学生热爱传统文化。		开设"品书香 悟书道"阅读分享主题课程，交流读书感悟，培养读书兴趣，学习读书方法。	

文化育人					
愉悦身心	布置"老师信箱"，放置"师生沟通本"，倾听学生内心的声音，增进师生沟通。	生日赠诗，生日赠歌，让学生在诗意环境下得到浸染熏陶，感受到班级的温暖与幸福，愿意表达生日祝福。	节日里赠书，课前读书交流，拉近师生关系，便于鼓励学生，增强自信。	设立班级读书角，形成良好的读书氛围；鼓励学生带来绿植，美化教室，愉悦身心。	进行各种活动的最美瞬间特辑展，将运动会、合唱比赛、学科展演等活动的照片汇总展览。
唤醒责任	形成班级文化，以解放战争的重大战役作为班名，如"百团班"，并以该战役中的重要人物作为小组名。	制定班级公约，张贴在墙，规范学生日常行为。墙报上设置"雏鹰起飞评比台""荣誉墙""班级之星"等专栏，时刻提醒学生形成比学赶帮超的班级氛围。	建立红色书籍角，阅读毛泽东、屠呦呦、袁隆平等名人传记或故事，受名人启发，树远大志向，培植家国情怀，争做民族脊梁。	布置融入班级文化的育人环境，如在板报墙上设置楹联创作、硬笔书法、绘画、手工作品等栏目。	参观学习学校党史校史、红色博物馆等，激发学生的爱国精神，珍惜来之不易的美好生活。

活动育人					
调节身心	举办跳绳、广播操等体育比赛，评选"跳绳小能手"，提高学生运动能力。	开展"夸夸我的同学""夸夸我们的班干部"活动，评选优秀班干部和优秀小组、优秀学生，引导学生向身边的榜样学习。	开展"劳动小能手"（水果拼盘、削铅笔、叠衣服）等劳动活动，提高学生劳动能力。	举办散文朗读、硬笔书法、口算等学科类竞赛，提高学生的学习兴趣，增强竞争意识，形成你追我赶的学习氛围。	开展儿童节、元旦等节日大型展演活动，引导学生用不同的方式过节。
唤醒责任	举办"系红领巾""扫地"等比赛，在提高动手能力、劳动能力的同时，培养家国情怀和集体荣誉感。	每周一次读书分享会，将自己一周所读与同学们分享，使学生在分享中学习，在互相交流中拓宽眼界。	每天做一次家务劳动，培养学生的家庭责任感，培养学生的恒心和毅力。	开展"学雷锋纪念日""红领巾大讲堂"等活动，激发学生爱劳动、爱集体、爱生命的精神。	组织"自主学习方法"分享活动，培养学生的阅读兴趣，指导方法。

	实践育人				
能力培养	全体参加运动会，体育节上安排班级志愿者，为大家服务。	利用劳动实践基地、家校劳动实践活动，培养学生的劳动实践能力。	搜集传统节日、二十四节气等相关资料，创作相关主题诗词。	节假日为家人做道菜，感恩亲情，学会担当。	设计读书小报、分享读书收获。
责任担当	开展春节、清明节、端午节等节日的活动，帮助学生了解传统文化，为传承中华文化打下基础。	组织"小红军重走长征路"，参观郭永怀纪念馆等社会实践活动，在活动中长见识，学本领，激发爱国热情和责任感。	到敬老院、福利院送温暖，引导学生博爱。	开展社区志愿服务活动，用实际行动帮助社区清理卫生。	参观科技馆、消防大队，协同家长开展形式多样的社会实践活动。

	管理育人			
强健身心	安排安全管理员，负责班级防疫、安全、心理等工作，负责收发学校制定的各种公约、"一封信"等资料。	安排班级生活委员，负责药物箱的保管、失物招领。安排纪律委员，负责维护班级纪律，维持班级秩序。	安排体育委员，建立"我运动，我快乐"运动打卡制度，成立督促小组，按照兴趣爱好自由组队。	
责任担当	学习《中小学生守则》和校规校纪，民主制定《班级管理公约》。	民主评议组建班委，定期召开总结交流会，商讨解决方案，制定周复习计划。	进行过程性评价激励教育，采用"加减法"星级评价，激发学生潜能，扬长避短。定期评选"班级之星""欣赏星""出彩星""优秀小组"。	
立志筑梦	制定"我的时间我做主"时间安排表，做到早睡早起，"今日事今日毕"。	成立"红领巾责任岗"，负责班级的卫生工作，做到人人有岗位。	成立学习互助小组，制定"一对一"帮扶活动班级计划。	

协同育人			
愉悦身心	协同心理教师，举办"拥有阳光心态，做幸福学生"等心理健康讲座。	成立班级家委会，共商共建共享，定期召开家委会会议，组织丰富多样的家校活动。	与任课老师组建导师团队，使过程性激励评价教育达成一致，共同促进学生习惯的养成和身心的发展。	开展"家务劳动""亲子共读""亲子游戏""亲子运动"等家校共育活动，改善亲子关系，愉悦学生身心。
唤醒责任	联合社区开展丰富多样的志愿活动，增强社会责任感和公众意识。	组建合作小组，对小组成员进行捆绑评价，培养集体荣誉感和责任意识。	邀请高年级优秀同学入班帮扶，对做操、朗诵、劳动等进行示范引领、辅助管理。	主动帮助低年级或有困难的同学，进行分餐、打扫、辅导等。
立志筑梦	开展"家长教师进课堂"活动，丰富课外知识，提高技能。	与社会教师联系，推荐特长生加入社团，培养学生特长；配合社团做好学生的思想、纪律工作，提高社团活动的质量。	通过网络、电视、广播等平台进行宣传，扩大宣传范围，提升影响力，增强学生自信心和荣誉感。	联系社会妈妈，给特殊家庭的学生提供爱心援助；通过"家长开放日""家长驻校办公"邀请家长到校观摩，了解学生在校情况；通过"家长护岗"，保证学生上学路上的安全。

积极心理学理念在学校广泛应用，每个学校都希望培养出积极乐观、对未来充满希望的学生，所以此类积极心理学理念下的团体辅导在学校教育中广泛受欢迎，例如云南省大力推进"三生"（生命教育、生活教育、生存教育），这些内容含有大量有关"责任"与"梦想"的积极心理学的研究成果，利用心理团体辅导的时间，有层次、有梯度地引导孩子正确认识自己，对自己有期待，

对未来有自信，从而树立起正确的、崇高的梦想。

本章节推荐一种测评"乐观与希望"的测量方法，即"期望价值评定法"。利夫等人认为乐观的人才有希望，它是指个体对有关个人生活与社会方面的未来积极事件发生的可能性和价值的主观评定。他们列举了个人生活事件与社会事件各10个，对这些事件进行乐观希望的积极陈述，要求被试者对事件发生的可能性和事件的陈述做价值评定，形成一套40个题目的问卷。对个人生活事件和社会事件的积极评定即乐观希望（20个题目），对个人生活事件和社会事件的消极评定（20个题目）。事件发生可能性评定是0%~100%，价值评定范围是–10（表示非常消极）至+10（表示非常积极），中点0表示既不积极也不消极。期望价值等于可能性评定和价值评定的相关系数，范围是–0.1（表示非常消极）至+1.0（表示非常乐观）。个人生活事件和社会事件方面的期望价值，也就是个人生活领域的乐观水平和社会领域的乐观水平分开计算。期望价值为正，说明被试者较为乐观有希望，否则为相反。

三、相关实施案例

【课例解析　范例一】

心育知识链接：

希　望

希望在心理学研究者眼中，既包括认知成分，也包括情绪成分。斯塔茨等人就认为，希望是一种情感性认知。从情感的角度说，希望是被个体预想的积极情绪与消极情绪之间的差异所左右，即预想中的积极情感大于消极情感时，个体产生希望，差异越大希望越大；预想中的积极情感等于消极情感时，不产生希望；预想中的积极情感小于消极情感时，则产生与希望相反的情感——失望，且差异越大失望越大。从认知的角度说，希望是个体的预期与预期背后隐藏的愿望之间的联系，是建立在认知基础上的，即个体对预期中的成就与其获得成就的愿望强度之间的关系会产生一种认知，伴随着这种认知产生的一种调节力量就是希望。施奈德等人认为希望是一种朝向目标的思想，这种思想包括途径思想（即个体能寻找到实现愿望目标的途径）和意志思想（即个体认识到在实现愿望目标的过程中需要意志力）两部分。心理学研究者对"希望"这一独特心理现象从不同的角度进行富有启发性的尝试和探索，形成了比较成型的希望理念构架和希望的测量工具。近十年来，以施奈德为首的美国堪萨斯大学心理学系希望研究实验室的系列工作，几乎掀起一股希望研究的热潮，其研究成果对教育、医学，尤其心理健康与心理治疗领域产生巨大的影响。

尊重每一个职业梦想

实施背景：

本次活动课例是在小学阶段开展团体辅导。教育部《基础教育课程改革纲要》中指出：要使学生"具有社会主义民主法制意识，遵守国家法律和社会公德；逐步形成正确的世界观、人生观、价值观；具有社会责任感，努力为人民服务……"结合小学生的身心发展特点，把"对国家的前途命运负责，对学生的终身发展负责"作为目标和使命，在活动中使其主观思想和实践行动符合社会要求和社会规范，成为有责任、有担当的社会主义建设者和接班人。重视对学生内心世界的塑造和实践能力的培养，使学生将个人梦想与国家梦想紧密结合，产生积极的心理情绪，形成积极的价值取向，并尊重每一个人的梦想。

活动目标：

1. 通过活动，了解每个人都有梦想，认识到时代与梦想紧密联系，引导学生树立正确的梦想观。

2. 明白个人梦成就中国梦，感受中国梦的伟大，增强民族自豪感、责任感，从而启迪学生为实现梦想脚踏实地，坚定信心，不懈努力。

3. 分享梦想故事，明确实现梦想所具备的精神品质，确立远大梦想，立志做追梦人！

活动准备：

调查汇总表、搜集资料等。

活动过程：

环节一：热身引入，激发兴趣

播放《莱特兄弟的飞翔之梦》。

学生交流莱特兄弟能发明飞机的原因（童年的梦想）。

教师板书课题。

设计意图：通过观看视频故事，激发学生学习兴趣，在热身的过程中，明确本活动的主题。

环节二：认识"梦想"

1. 引导学生谈谈对梦想的理解和认识。

2. 学生配乐朗诵《可爱的梦想》。

3. 学生再次交流对梦想的认识。

4. 交流自己的梦想。

5. 交流家人的梦想。

（1）学生交流家人的梦想。

（2）音频播放：爷爷、妈妈的梦想。

（3）交流音频中不同时期家人的梦想。

（4）出示梦想表格，引导学生对比观察，寻找发现：个人梦想与时代紧密相连，不同时代的人有着不同的梦想；人的梦想随着生活水平的提高也越来越大了。

三代人的童年梦想汇总表

	祖辈	父辈	"我"
家人的梦	吃饱穿暖 种地 广播电话 自行车 出远门坐车 健康平安 ……	吃好穿好 宇航员 智能手机 私家车 出远门坐飞机 健康快乐 ……	吃得营养丰富 穿得时髦独特 随时随地上网 太阳能汽车 能飞的汽车 健康幸福 ……

总结：梦想是几代人共同努力换来的成果。只要家人都能朝着共同的梦想努力，那么日子肯定会越过越好。

设计意图：通过分享家人的梦想和对比观察三代人的梦想，了解家人的梦想，认识到个人的梦想与时代是紧密相连的，知道"今天的幸福生活是几代人共同努力的结果"这一结论。

环节三：个人梦与中国梦

1. 初步理解中国梦

师：同学们，"家是最小国，国是千万家"。你是怎么理解这句话的？（学生交流）

小结：每个人、每个家庭实现了自己的小梦，就能成就中华民族大家庭的共同梦想！这个梦想我们称之为——中国梦。

2. 深入认识中国梦

（1）交流自己认知的中国梦。

师：你觉得我们的中国梦是什么？（学生交流）

（2）观看采访视频，明确中国梦的内涵。

师：对中国梦，大家都有着自己的见解。下面我们听听习近平总书记怎么讲。（播放视频）

3. 感受中国梦的力量

（1）见证祖国的光辉历程。（播放祖国发展历程的介绍视频）

师：你看到了什么？你想对祖国和人民说些什么？（学生交流）

小结：同学们，腾飞的祖国是我们的骄傲！

（2）观看祖国遭遇的灾难。

5.12 汶川地震

69227人遇难、17923人失踪、374643人不同程度受伤、1993万人失去住所，受灾总人口达4625.6万人，直接经济损失8451.4亿元。

1998 特大洪水

受灾面积3.18亿亩，成灾面积1.96亿亩，受灾人口2.23亿人，死亡4150人，倒塌房屋685万间，直接经济损失达1660亿元。

师：为什么我们的民族能够历经磨难，成就今天的辉煌呢？

小结：正是因为我们心往一处想，劲儿往一处使，才筑起了一道坚不可摧的钢铁长城！这就是中国梦的力量！

设计意图：通过初步了解中国梦——识记中国梦内涵——深入理解中国梦——感受中国梦的力量四个环节，学生进一步认识到个人梦与中国梦的关系，感受到中国梦的强大力量，从而将"为实现伟大的中国梦而不断努力"作为自己的人生梦想。如此一来，中国梦便在学生心中扎根，学生的民族自豪感、责任感也油然而生。

环节四：接力梦想

1. 小组交流：探梦

师："心中有梦想，脚下有方向。"翻开历史长卷，数不清的仁人志士向梦而行。古时候有岳飞"精忠报国"，近代有梁启超"少年智则国智"，现在有"当代愚公"黄大发等等，他们是怎样为梦想而努力的呢？接下来，我们进行小组合作学习，探寻不同领域的梦想之路。

活动要求：

（1）交流自己知道的梦想故事。

（2）组长打开资料袋，阅读感兴趣的梦想故事。

科技梦组、冠军梦组、航天梦组、爱国梦组、平凡梦组。

（3）组内合作探讨梦想是如何实现的。

2. 集体交流：说梦

学生分享最令自己触动的梦想故事。

教师板书：善于发现、勤思善问、勤学苦练、敢于挑战、说到做到、坚强不屈……

3. 观看视频：追梦

（1）学生谈对袁隆平的了解。

（2）观看袁隆平的采访视频。

（3）学生谈收获和体会。

小结：梦想的力量很强大！虽然大家属于不同的领域，有着不同的梦想，但是所有的梦想，都要付诸行动，不断努力。

4. 重塑梦想：写梦

师：此时此刻，你的梦想一定有了更深的内涵，有了对国家和人民的责任，你也有了追求梦想的力量。现在就让我们拿起手中的笔，用童心编织一个属于自己的梦，在梦想卡上写下你的梦想。（播放歌曲）

总结：听了你们的梦想，我仿佛看到了祖国的未来和希望。梦想就在前方，让我们——从现在做起，带着一颗赤诚的中国心，怀揣伟大的中国梦，努力学习，积蓄能量，乘着梦想起飞吧！

设计意图：通过探梦——说梦——追梦——写梦四个环节，了解名人梦想，探寻实现梦想的途径，明确实现梦想所具备的精神品质，拓宽对梦想的认知，进一步确立自己的梦想，一步步坚定梦想信念。将"我的梦"和中国梦紧密相连，升华中国梦的内涵，从而树立正确的人生观、价值观，为实现中华民族伟大复兴而努力奋斗，立志做新时代追梦人！

活动反思：

1. 课堂组织有特色：课堂教学围绕"个人梦——家庭梦——中国梦""梦的提出——梦的思考——梦的实现""是什么——为什么——怎么做"三条线索展开，环环相扣，自成一体。

2. 活动开展有特色：学生活动按照个人分享、思考讨论、总结提升三个层次依次推进，注重学生思维过程和学习方法培养。

3. 教学风格有特色：尊重学生个性发展，课堂气氛民主平等，教学氛围生动活泼，师生互动自然和谐。

4. 行动落实有特色：通过课后延伸，学生制定"梦想计划书"。这为学生能践行梦想提供了行动指南，解决学生言行不一、双重标准的问题，助力积极心理学视野下的心理健康教育的真正落地。

（义务教育地方课程教材《心理健康》四年级下册）

【课例解析　范例二】

心育知识链接：

压　力

关于压力，科学家认为，人需要激情、紧张和压力。适度的压力可以增强人的免疫力，从而延长人的寿命。实验表明，如果将一个人关进隔离室内，即使让他感觉非常舒服，但没有任何情感体验，他也会很快发疯。适度的冒险可以增强人体新陈代谢能力，促进大脑发育，增强抵抗力，最主要的是可以使肌体摆脱沉重的压力。

科学家发现，寻求刺激与大脑中的一种酶——一元胺氧化酶B过低有关。这种酶直接影响对快感的传递。当这种酶不足时，身体就会产生将其提高到正常水平的趋势。在非常紧急和恐怖的情况下，人有时能超越自己的生理极限。这样的例子很多。美国一个旅行者在乡间旅行时遇到泥石流，情急之下，他的奔跑速度居然打破了世界纪录。科学对此的解释是人有一种"接受冒险"的心理。

应对挫折有方法

实施背景：

本主题隶属适应版块，但从积极心理学理念出发进行重新架构。高年级的学生正处于学习生涯中一个重要的转折时期，失败感的产生特别强烈，同时，父母与老师对学生期望很高，无形中又增加了他们的压力。据课前的"至今，你经历的最难忘的事情是什么"有关内容的调查与归类，发现学生在学习方面所经历的挫折比例最高。因此，指导学生建立战胜挫折的勇气和信心，提高抗挫折能力是此阶段的教学重点。教育者应引导学生合理应对挫折，形成正确的、积极的心理反应以及正确应对挫折的行为，对学生个性心理的形成和发展形成正确的导向。《中小学心理健康教育指导纲要（2012年修订）》的具体目标中指出：增强调控情绪、承受挫折、适应环境的能力，培养学生健全的人格和良好的个性心理品质。本主题从活动入手，让学生感受积极的挫折心理表现对生活的正面影响，形成"勇于面对挫折"的意识，通过三个方法指导，转变看待挫折的态度，采用积极的行为应对挫折，在讨论与交流中掌握处理具体挫折的问题的具体方法。

活动目标：

1. 能正确看待挫折，认识挫折是成长过程中不可避免的；
2. 学会应对挫折的技巧与方法；
3. 激发学生战胜挫折的勇气和信心，提高抗挫折能力。

活动重难点：

重点：掌握应对挫折的各种方法，并能在不同方面的挫折事件处理中灵活运用，不断地完善自我。

难点：积极地应对成长中的各种挫折，形成最优的认知与行为路径，增强抵抗挫折的心理韧性，幸福成长。

活动准备：

课件、心灵信箱、彩卡与字典、抗逆力资源圈、名人成长故事、重点方法辅助性附板。

活动过程：

环节一：热身引入，激发兴趣

1分钟挑战游戏要求：根据屏幕随机出现的三个画面（鸡蛋、咖啡、土豆），做相应的动作。

当出现咖啡的画面时，学生坐下来享受时光；

当出现鸡蛋的画面时，学生夹着胳膊抖动两下表现小鸡的样子；

当出现土豆的画面时，学生用双手在头上摆出圆或爱心动作。

结束后，交流：挑战成功者与失败者的心情与想法分别是怎样的？

小结：挑战一个游戏会有成功与失败，带给我们不一样的心情而后产生不一样的想法。成长也和游戏一样，历经成与败。

设计意图：从游戏入手，破冰，在较短的时间内建立较好的团队辅导的情感与氛围基础，初步让学生感受到在成长中随时存在挫折事件，挫折会引发两种不同的情感，即积极与消极，会给学生学习生活诸多方面带来影响，激发学生探讨此主题的兴趣。

环节二：活动在线，探究方法

活动一：瓦楞纸的承重——挫折是财富（挫折的认知）

活动材料：每个小组有若干张纸与硬直尺、一本字典。

活动要求：想一想，做一做，怎样可以使纸变得承受力更强，稳稳地托住厚重的字典？

小组活动，交流：将纸用直尺不断地折叠，形成许多褶皱，褶皱越多承重力越强，它的名字是瓦楞纸。

教师引导学生，进一步思考：如果成长就是这张纸，随着时间的推移，学习生活中也会出现各种困难曲折，我们把它们统称为"挫折"，而瓦楞纸活动带给我们什么启示？

学生谈活动启示：挫折历练我们，让我们更有能力去承受成长之重。

小结：挫折就是成长的宝贵财富。

格言警句共情：挫折是人生的老师，通过挫折，走向欢乐。 ——贝多芬

活动二：抗逆力资源圈——系统账户的支持（应对挫折的方法一）

课前在学生中进行以"至今为止，你经历的最难忘的挫折是哪件事"为话题的有关内容调查，将学生经历的挫折事件归类整理。课堂呈现学生受挫折的5个主要原因（学习方面、人际关系方面、生活条件方面、生理方面及其他方面）所占比例的情况，以条形图的方式向学生呈现。

思考：我们在成长的方方面面都可能会遇到挫折，但我们也不缺少抵抗挫折压力的经验方法与资源。那么，有哪些方法可以解决问题，帮助自己快速摆脱困境，逆风飞翔？

活动材料：每人一张抗逆力资源圈。

活动要求：用简练的词语在相应的等级程度上写出你应对挫折问题的方法资源。

一级抗逆力资源：你在遇到挫折压力时最愿意使用的方法，或者最愿意向其求助的资源。

二级抗逆力资源：并不是你解决困境的首选，但是也非常重要，它的支持和帮助让你感受到人生温暖。

三级抗逆力资源：平时想不起来，但一旦你需要，它会发挥重要的作用。

由中心点出发，由近及远的距离表示你所利用的方法或资源的优先程度。

个人思考并填写。

师生交流，梳理形成基于学情的抗逆力资源圈。如下所示：

```
家庭父母                                    合理宣泄
朋友同学  ——情感支持——              调适方法  兴趣转移
学校老师                                    放松舒缓
          \                              /  小目标设立
           \___应对挫折___/
          /                              \
       自我力量                      社会系统  专业机构
                                              信息资源
```

小结：用气泡图的方式进行资源的整理，形成应对挫折的系统账户支持系统。在成长中，我们可以不断地在账户中积累更多的方法资源，我们就会在挫折中积聚力量。

重点引导：空白处是最具潜力的抗逆力资源，尽量搜索你的记忆系统，有一个人最能全力以赴帮助你，无条件接受你的求助，而你忘记了，他是谁？

重点揭示：遗忘的人是我们自己！万物皆有裂痕，那是光照进的地方。挫折不一定是坏事，积极地去拥抱它，从中获得收获，从逆境中反弹的最终力量是来自自身。

活动三：人物挫折修炼记——成长思维（应对挫折的方法二）

材料1：东京奥运会"亚洲飞人"苏炳添冲刺时刻视频。

问题1：所有的选手，只有苏炳添一位黄种人。在世界百米赛场上，黄种人要打破10秒，专家会参考遗传学理论和人体解剖学来告诉人们这有多难。面对权威所说的极限，苏炳添怎么做？接受挑战。

问题2：2012年，苏炳添创造中国短跑速度的最高记录。在伦敦奥运会男子百米半决赛，中程过后，他就被对手快速超过。面对现状，苏炳添怎么做？勇于改变。

问题3：2013年，苏炳添换脚起跑，集训时，连女选手都跑不过。面对持续不断的失败，苏炳添怎么做？把失败当作课堂。

问题4：当今训练，多种仪器设备全面监控，体育竞技，不是体能的比拼，更是科技的竞赛。面对全新领域的学习，苏炳添怎么做？终身学习。

材料2：从2012年到2023年，苏炳添应对挫折的纪实视频。

师生交流，梳理形成基于材料的应对挫折的成长思维。如下所示：

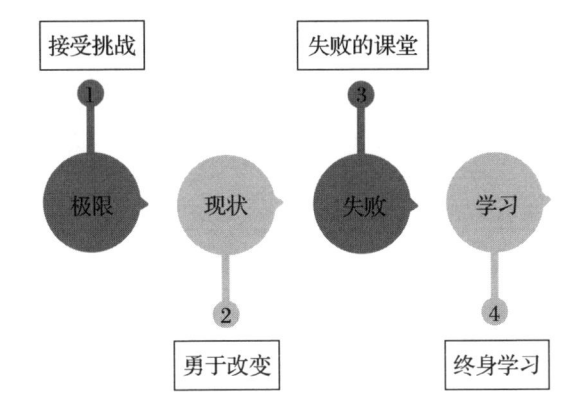

小结：在无数次的挫折中，形成应对挫折的成长思维：面对挫折——积极应对——设计目标——勇于实现，并焕发出自身积极的品质。

材料3：古今中外9个学生较为熟悉的名人应对挫折的故事。

思考并交流：用简练的语言交流，面对挫折时他们用什么品质积极应对，谈感受。

材料4：全红婵2021年东京奥运会获得冠军镜头和2023年全国跳水冠军赛的失败镜头。

思考并交流：全红婵一年中"6连败"败于队友，面临身体条件、技术改进等挫折，你对她有什么建议？

小结：面对挫折，需要强大的心理韧性。

活动四：积极的品质——个人成长品质卡（应对挫折的方法三）

活动材料：经过高温反复煮沸的咖啡、土豆、鸡蛋。

活动要求：用眼睛观察，3个物体煮沸后的变化。

思考并交流：面对挫折，土豆变软，鸡蛋比原来变硬，咖啡融入改变了水的性质。如果是你，面对高温挫折，你选择做哪一种事物？谈感想。

活动材料：心理学上有一种积极心理学，提出六种美德、二十四项积极心理品质，将其内容制作成属于每个人的个人成长品质卡。

活动要求：我们每个人自身都拥有这些积极品质的因子，给你认为目前已拥有的积极品质涂上美丽的彩色。

个人品质卡

智慧与知识	勇气	仁爱	正义	节制	精神超越
创造力	诚实	善良	公正	宽容	发现和欣赏美丽
好奇心	勇敢	爱与被爱	集体意识	谦虚	感恩
热爱学习	坚持	了解他人的感受	团结合作	慎重地做决定	乐观
会思考	充满活力			自律	幽默
智慧					有希望

学生进行活动并交流。

格言警句共情：一定强度的挫折能使人增长知识、才干，培养坚强的意志。

——布朗

小结：将这张个人品质成长卡随身携带，每天默念一遍，应对挫折的核心就是发挥你自身的优势，把积极品质扩大和发展，笑迎挫折，收获幸福财富。

设计意图：创设具体的情境，使学生能够正确地认识挫折是个体成长过程中不可避免的事件，敢于面对并勇于战胜挫折。通过回忆自己遇到过的最大挫折，认识自己面对挫折时的应对方式，在具体的讨论学习中掌握处理挫折的技巧，同时转变看待挫折的态度，采用积极行为应对挫折，战胜挫折。

环节三：盘点收获，情感升华

活动材料：小型刊板出示哭脸表情。

回忆：讲台原有的小型刊板背面原来是什么？（挫折感表情）

猜想：这些表情的背后可能发生什么事？（各种挫折事件）

思考并交流：遇到挫折时，有了情感等系统的支持，学会了成长思维，拥有了积极向上的品质，那么，最后一张小型刊板上的受挫表情可能变成什么表情？为什么？

问题解决：对于每个同学从前经历过的挫折事件，现在你会选择什么方法来应对？学生交流。

小结：迎接挑战，直面挫折，收获成长，走向人生成功。

设计意图：在收获交流中梳理活动内容，进一步内化，并在学生所经历的实际问题中自我解决，从而不断地完善自我的品格。

活动反思：

第一方面：遵循规律，从主题确立，取舍有"道"

"道"取义道理、规律，本课主题活动遵循两个教学大"道"。

一是基本遵循《中小学心理健康教育指导纲要（2012年修订）》主旨。

小学高年级：帮助学生正确认识自己的优缺点和兴趣爱好，在各种活动中悦纳自己；……建立和维持良好的异性同伴关系，扩大人际交往的范围；帮助学生克服学习困难，正确面对厌学等负面情绪，学会恰当地、正确地体验情绪和表达情绪；积极促进学生的亲社会行为……为初中阶段学习生活做好准备。

初中年级：……逐步适应生活和社会的各种变化，逐步培养应对失败和挫折的能力。

思考：今天在四年级启用这个话题进行活动，实际上是对"挫折"主题活动的教学前置。原因与依据有三个：一是 2012 年教育部出台的《中小学心理健康教育指导纲要》，2022 年新的《义务教育课程标准》发布，新的举措引发许多的教学变革，新时代的学生心理已超前发展，教学内容前置符合大主流；二是学情现状，当今时代的学生接触社会面更为宽广，对社会的变化更为敏感，社会结构的复杂性引发的学生的心理变化，国家越来越重视，相应的文件下发很多，释放的信号是教育者应提前对学生进行正向的心理干预。三是广泛参照其他版本教材，南京大学出版社的《心理健康》教材初中起始学段《在生活中成长》，教育科学出版社的《心理健康》教材小学高年级《应对挫折有方法》，皆把此版块的内容前置学习。

二是完全落实积极心理学的主旨。

积极心理学是学校心理健康教育新视角。我们从以问题教育为主的 1.0 时代进入以积极心理学倡导的幸福教育为主的 2.0 时代，我们的工作也需要同步升级。

心理健康是一种健康或幸福状态，在这种状态下，个体可以实现自我，能够应对日常的生活压力，工作富有成效和成果，以及有能力对所在社区做出贡献，这是积极心理学取向的具体体现。它强调人性友好的一面，关注人性的潜能。

本次主题活动以积极心理学的理论体系为支撑，结合团体心理活动课的实践模型，开展的过程中关注学生的积极优势、积极情绪、积极关系、积极应对、积极成长五大方面。

第二方面：切中基点，从资源使用，取舍有"道"

教师设计初稿时，出现 35 个支撑的教学资源和活动架构，有应对挫折的支持系统、生活化的活动体验、故事情境代入、实操工具、青少年心理弹性量表等等。资源涉及挫折行为、应对方法、情景模拟等多方面内容。

面对这些资源，基于学情，我们需要大块取舍，如何取舍？

我们设立5个原则基点进行教学资源取舍，取舍导向：教学活动的主体目标、学生当前的心理发展现状、强烈活动体验感、共情共鸣素材、学生生命再生长的价值量。从中择取：热身游戏破冰、瓦楞纸的承重力、抗逆力资源支撑圈、人物挫折修炼记、个人积极成长品质5个活动载体，通过4个教学附板进行深度教学。

5个活动载体，又含有诸多素材，我们需要精准取舍，如何取舍？

比如说苏炳添的榜样素材，应从哪些教学资源入手？

中国奥运健儿很多，我们的榜样很多，我们为什么独取这个素材呢？因为苏炳添虽然不是世界冠军，但却是面对诸多短板打破亚洲记录，为破记录而存在的人物。

在教学中怎样选取和使用素材？

我遵循的教学基点：理解人物的独特视角、表现主体思想、体现心理课型、形成共情力量、升华知识认知。

第一版：聚焦成长型思维，回顾东京奥运会"亚洲飞人"冲刺时刻。

通过三个关键事件：黑种人的优势、2013年苏炳添抢跑被罚下场、体育竞技是科技的竞赛，形成应对挫折的成长型思维。

问题：成长型思维与固定型思维教学，活动体验不足，体验不深，概念化较强。

升级版：聚焦"在挫折中超越自我"主题，引入感动中国颁奖词以及个人感悟至深的语言，对全红婵提建议。

问题：情感过量，未找到应对挫折的具体方法。

最终版：聚焦、发挥积极品质，突破短板的自我成长。

想实现：通过人物扮演代入的方法，寻找自我具有的积极品质，这是应对挫折的核心力量。

第三方面：结构迂回，从课型构建，取舍有"道"

积极心理学的理念，怎样让其在学生的心中落地，入心入脑入情，激发生命成长的幸福感？总体原则是对挫折有认知，对困难有共情，对方法有了解，对挫折发生有心理适应，进一步的方法等升入初中再去掌握。

教学过程呈现如下：

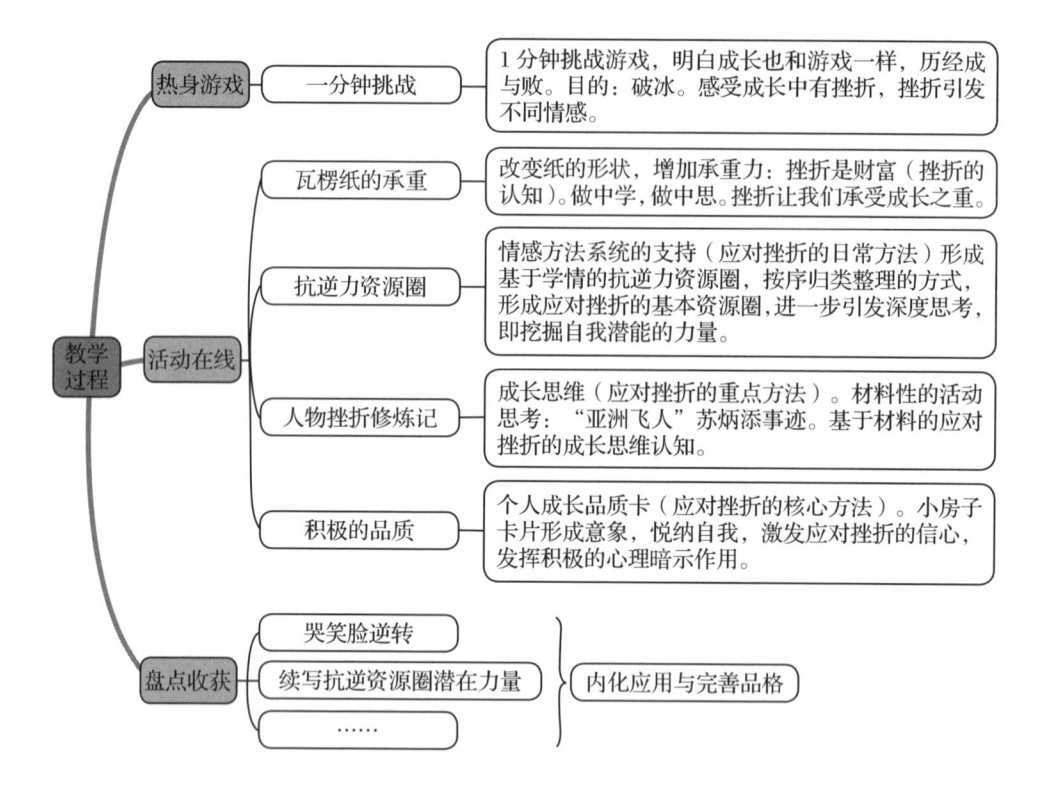

```
教学过程
├── 热身游戏 ── 一分钟挑战：1分钟挑战游戏，明白成长也和游戏一样，历经成与败。目的：破冰。感受成长中有挫折，挫折引发不同情感。
├── 活动在线
│   ├── 瓦楞纸的承重：改变纸的形状，增加承重力：挫折是财富（挫折的认知）。做中学，做中思。挫折让我们承受成长之重。
│   ├── 抗逆力资源圈：情感方法系统的支持（应对挫折的日常方法）形成基于学情的抗逆力资源圈，按序归类整理的方式，形成应对挫折的基本资源圈，进一步引发深度思考，即挖掘自我潜能的力量。
│   ├── 人物挫折修炼记：成长思维（应对挫折的重点方法）。材料性的活动思考："亚洲飞人"苏炳添事迹。基于材料的应对挫折的成长思维认知。
│   └── 积极的品质：个人成长品质卡（应对挫折的核心方法）。小房子卡片形成意象，悦纳自我，激发应对挫折的信心，发挥积极的心理暗示作用。
└── 盘点收获
    ├── 哭笑脸逆转
    ├── 续写抗逆资源圈潜在力量  ── 内化应用与完善品格
    └── ……
```

以活动为主，采用多种形式：心理训练、问题辨析、情境设计、角色扮演、游戏辅导、情感渲染等。在此过程中，实现多项循环的良性闭环教学：前后环节迂回、活动价值迂回、人物共情迂回、技能实践迂回。

需要进一步改进的方面：

1. 活动体验需加强。

2. 互动对话需加深。

3. 辅导实效需增强。

（义务教育地方课程《心理健康》五年级上册）

第五章　心育课程构建实证研究

如何将理论落实到教育实践？特别是如何在班级中运用心理健康教育的理论实施学生管理？这些都是心理健康教育实践的难题。自 2020 年起，笔者组织团队开展基于积极心理学视域下的序列化课程构建的专项研究，倡导将心理健康教育融入主题班会课程中，在班主任队伍建设中大力开展心理健康教育素养提升工程，使班主任人人具备实施心理健康教育的素养。项目研究团队成员来自各学校优秀的班主任，成员具备较深厚的心理学理论基础，同时具有丰富的一线教育管理经验，每位成员利用主题班会开展时间，将心理健康教育知识融入班级学生管理之中，构建"心育"视野下序列化课程体系，收到班级管理良好效果。

一、价值理念

2005 年颁发的《中小学生生命教育指导纲要》中提出："要引导学生热爱生命，建立生命与自我、生命与自然、生命与社会的和谐关系，学会关心自我、关心他人、关心自然、关心社会，提高生命质量，理解生命的意义和价值。"

《中共中央关于进一步加强和改进学校德育工作的若干意见》中提出：通过各种方式对不同年龄层次的学生进行心理健康教育和指导，帮助学生提高心理素质、健全人格，增强承受挫折、适应环境的能力。

2017 年颁布的《中小学德育工作指南》指出：中小学德育"五项主要内容"中的第五项就是要加强心理健康教育。开展认识自我、尊重生命、学会学习、人际交往、情绪调适、升学择业、人生规划以及适应社会生活等方面教育，引导学生增强调控心理、自主自助、应对挫折、适应环境的能力，培养学生健全的人格、积极的心态和良好的个性心理品质。

2020年颁布的《关于加强学校心理健康教育的意见》指出：要育心与育德相结合，坚持育人导向，厚植家国情怀，激发成长力量，培育积极乐观的人生态度和坚韧不拔的意志品质。同时还指出：普通中小学各学段至少安排1个年级每2周开设1课时心理活动课，所有年级每学期至少开展1次心理主题班队会和1次心理健康教育和生命教育专题活动，做到全覆盖、不断线。

2021年教育部印发《关于加强学生心理健康管理工作的通知》，要求进一步提高学生心理健康工作的针对性和有效性，切实加强专业支撑和科学管理，着力提升学生心理健康素养。中小学要在班主任及各学科教师岗前培训、业务进修、日常培训等各类培训中，将心理健康教育作为必修内容，予以重点安排。

新时代，心理健康教育越来越得到党和国家的重视，心理健康教育开展的途径更加清晰，要求更加明确，心理素养培育也更多样化，通过开展课堂教学、个别辅导、团体辅导等，进行心理健康教育主题班会课和相关心理健康专题教育。在教学一线，以心育为抓手，结合德育的教育优势，搭建起"心育"主题班队会，让心理健康教育入脑、入心、入行，培养学生健全人格势在必行。

二、拟解决的问题

1. 课程建设的随意性、零散性和突击性，不论年级的"一律式"，只谈分数的"老调式"。内容单调乏味，形式呆板重复，没有发挥出应有的效果。

2. 教育体系缺少科学、系统、全面，缺乏前瞻性，活动的设计缺乏严谨性和规范性，活动的衔接缺乏渐进性和连续性，活动的形式缺乏生动性和多样性，活动的管理评价缺乏标准性和可操作性等问题。

三、项目研究历程

（一）"四大主题"引领，助力建构"心育"课程体系整体框架

开展心理健康教育既有利于学校良好校风的形成，又有利于教师提高自身的专业素质，还能对学生进行有效的道德教育。因此，有必要充分研究心理健康教育的相关内容，让课程体系发挥其应有的教育价值。"四大主题"以生命健康、习惯养成、家国情怀、品格塑造"四大领域"为落脚点，以"促进学生身心健康发展"为目标，努力打造心理健康教育"入脑、入心、入行"，知信行三位一体"心育"课程序列范式。提升落实立德树人根本任务的针对性、实效性，对准"五育并举"体系中的短板弱项，保持定力、持续用力、精准发力，凝聚为实践中的精神，引领"四大主题"，培养全面发展的学生，坚持将德育摆在素质教育的首要位置。整个框架建构过程，坚持理论与实践相融合，促使学生产生和谐的竞争与合作关系，增进师生和生生之间的交流与沟通。同时，课程体系中又以学生为主体，其设计与实施环节有很多需要学生去思考和完成的部分，能够使学生自身的思维得到拓展，增强收集信息和分析信息的能力，还可以接收到适合自己且能使自身道德品质得到提升的知识。另外，能使其将学到的道德知识理解、掌握、内化，培养学生健全人格。研究组立足学情，探索尝试"心育"课程的框架梳理与构建，关注社会现象，以小切口入手，启发学生思考，提出"健康——习惯——家国——品格"的主题模式，打造一系列具有普及性和推广性的课程范式，生成整体框架、教学模式、课程资源、评价体系，提供具体案例和操作手册，为优化心理健康工作提供指导、借鉴和带动作用。

1. 层进式推进生命健康教育。

多层次、多元化认识生命健康课程对学生发展有着不可或缺的重要性。通过生命健康教育能够让学生更加理解生命的意义，认识到生命的可贵，做到尊重生命，珍爱生命，感悟生命。让学生能够在学习和生活中锻炼坚韧顽强、爱护生命、实现自我价值的精神。生命只有存在，才能有无限的可能与美好。个体不能因为困难就轻言放弃，个体应该懂得生命的宝贵和不可复制性。

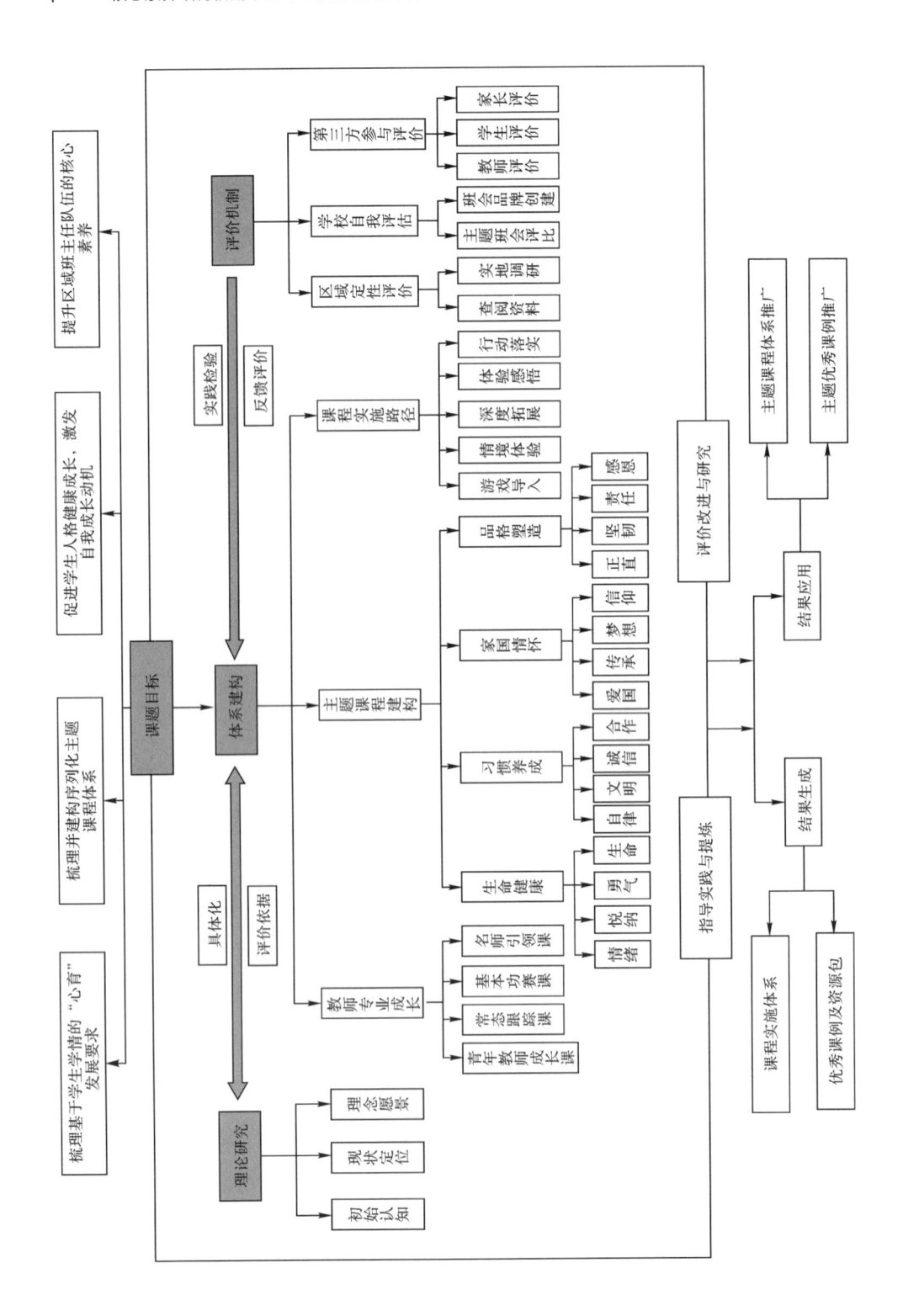

心育：让学生向阳生长
——核心素养培育视角下的心理健康教育探析

生命健康教育主题课程在实际开展的过程中聚焦生命与健康命题,以情绪、悦纳、勇气、生命四个子课题进行科学性发散与合拢。通过序列化的主题课程形式层层推进生命教育。将深奥庞大的生命健康教育的相关内容与学生息息相关的实际生活情境相联系,深耕学情,以小切口入手,层进式推进,以期得到以小见大的效果。生命是不断前进与发展的,但是生命发展的路程却不是一帆风顺的,每个生命体都会遇到各种各样想象不到的困难与挫折。以情绪课程为载体,帮助学生学习及时发现自己的情绪、合理表达自己的情绪,助益生活与学业,在情感上有效帮助学生疏通郁结点,搭好全方位助力学生心理茁壮成长的第一道保护网。面对生理上的成长性变化与个体间的差异,老师和学生们一起关注到这个过程中的不同与改变,首先悦纳自己,才能悦纳他人,通过悦纳他人,真正的悦纳自己,在互动过程中逐步树立正确的价值观念,筑牢学生成长路上的第二道保障。面对挫折挑战,掌握基础的自助方法、学会寻找有效的他人帮助、建立帮助小组,做一个勇敢的人,形成一个强大的内核。让学生们感受生命健康教育的重要性。教师引导学生逐步地了解生命,学会珍惜生命,尊重生命。设问思考、情景融入、实际解决、集思广益,通过多种方式方法在生命健康主题课程中,引导启发学生拥有正确的世界观、人生观、价值观,从而在学生的心中潜移默化地培养生命安全的正确观念。

2.阶梯式促成习惯养成教育。

良好的习惯是学生一生发展的坚强动力,也是个体特质的指向标。对于班级而言,学生习惯养成也是班集体组织建设的重要内容,是一项长久而关键的工作。依照组织系统化与个体发展性原则培养学生良好习惯的养成,课程依托自律、文明、诚信、合作四个子课题进行拓展,由内向外阶梯式进步,将起到增强学生自律性、提高学生学习主动性、优化学习方法、提高学习效率、培养学生主体及学生与学生之间综合能力的作用。

培养学生自律,是立德树人素质教育的重要内容。受年龄特点、身体发展不均衡、心理状态限制及家庭社会环境的影响,大部分学生自律意识不足,缺少科学的自律方法,进而影响学生的良好习惯养成,影响学生的身心健康。因此,首先要开设针对有效提高学生的自律能力的课程。主题课程需要潜移默化循序渐进地走进学生的内心，倾听他们的声音，研究学生成长的需要，把学生自律能力培养的重要性通过启发式的故事传达给学生，将自律能力培养过程中的闪光点、困难点、反复点作为探究的出发点，去挖掘教育契机，以其所知，谕其不知，力求发挥指导性与实效性。

3. 以点带面，厚植家国情怀。

家与国是安身立命之根，家国情怀是我们绕不开的主题，也是我们血液澎湃的召唤。祖国大地是养育华夏儿女的赤忱热土，承载着历史的厚重与文化的积淀，我们自豪的源泉就是家国情怀。家国情怀是培养学生个人对祖国的自豪感和归属感，产生民族自信和奉献精神的重要因素。作为民族精神的重要部分，家国情怀对于个人成长、社会进步和国家繁盛都具有不可比拟的重要意义。该主题课程依托爱国、传承、梦想、信仰四个子课题逐次开讲，通过情绪的渲染、历史故事的展开、典型代表的事例，带入学生走进这座精神的宝库，打造以点带面、环环相扣的深厚情感的聚集效果。

以爱国主义涵养社会主义核心价值观，了解我们国家如何在历史的激荡中迎接风雨、站稳脚跟。习近平总书记在党的二十大报告中指出："中华优秀传统文化源远流长、博大精深，是中华文明的智慧结晶。"该课程立足家国情怀，借鉴多维度方式教学。以历史维度向学生展现国家发展改革过程中的艰难险阻和波澜起伏，以文化维度向学生展示优秀传统文化所传承的古韵与魅力，以典型案例的维度深层次剖析爱国的内核与外显性行为表现，以实践操作的维度带领学生走山入水感知每一寸土地的温度。结合当下资源，引导学生实际感受"祖国"的精神与内涵，探寻并感知家乡的变化和发展，激发学生爱祖国、爱家乡的真情实感。

深推家国系列，以"感知探寻——立足践行——守护誓言"路径由外及内由浅入深演奏爱国爱家成长史，增强学生对家国历史、文化和责任的认同感。作为红色精神的传承人、接班人，要挑起自己时代的重担。通过带领大家走进历史，走进爱国主义经典作品和红色历史故事，设身处地地了解家国精神的纯粹与高尚，并引导学生进行讨论和梳理。该课程有助于培养学生的爱国情感，增强他们对中华文化的认同感，进而促使他们在个人成长和社会发展中扮演积极的角色。

在梦想主题研究的推进下，将学生拉回自身，旨在让学生明白梦想对于个人成长和成功的意义。通过案例分享和讨论，带领学生了解到梦想可以给他们带来的动力和欢乐。以家国事例为基础背景，综合考量来制定自己的梦想，并给予他们实现梦想的力量。该课程可以帮助学生发现自己的兴趣，并探索如何将其转化为具体的目标和行动。梦想加实践，脚踏实地，方能登高望远，让梦想不仅仅是一种遥不可及的幻想，而是可以通过具体的目标和努力实现的愿景。既能激励学生积极行动，也可以帮助他们在生活和学业中找到更多的乐趣和动力。

信仰主题研究旨在帮助学生建立正确的价值观和信仰体系。通过讨论和分享信仰的经历和体验，帮助学生增进对信仰的理解和认同，提升信仰的坚定度。这是一种帮助学生丰富精神世界，并在他们面临困惑、挫折和价值观冲突时，提供足够有力的精神支持的教育方式。这种班会形式旨在引导和激发学生对哲学和人生意义的思考，培养学生的道德品质和精神世界，促进学生的个人发展和全面成长。引导学生思考人生意义和正确的价值观，帮助他们树立正确的人生目标和行为准则，培养良好的道德品质和文明礼仪，塑造健康强韧的心灵和积极乐观的心态。信仰主题研究实质是以信仰为内核，教育学生关注人生意义、发掘自身价值、培养道德品质，从而形成积极向上的人生态度和价值观。

4．多形式实现品格塑造。

品格是一定社会政治、道德规范在个人修养方面的具体体现，人要立志要成才，必须进行品格的塑造，使自己成为有理想、有道德、有文化、有纪律的人。品格塑造研究的实质是通过多种形式与方式，培养学生良好的品德和道德观念，塑造他们的个人品格。通过正直、坚韧、责任、感恩四个子课题进行塑造完成。

正直、坚韧是社会主义道德品格的内核，也是一个人品格高的重要表现。正直要求为人处事坚守本心，坚持原则，刚正不阿。坚韧是指在面对挫折、挑战以及压力时能够保持勇敢的决心。通过该课程的开展，学生可以更好地认识到良好品格的重要性，并有机会分享和学习如何在面对挑战时保持坚韧，坚守正直。这不仅有助于他们在学习和生活中取得成功，也有助于他们培养积极向上的心态。

责任、感恩是社会主义道德品格的丰富内容。教师应该让学生了解责任的重要性以及责任与自我发展的关系，让学生分享自己对责任的理解和在日常生活中肩负的责任，倡导学生互相倾听和理解。

鼓励学生思考如何更好地通过履行自己的责任来建立良好的人际关系。让学生分享并讨论父母和老师在自己成长过程中所承担的责任，感恩他们的无私付出，表达对家人、老师或朋友的感激之情。

强调感恩的重要性，并鼓励学生将感恩理念扩展到日常生活中，互相帮助并传递爱心。更好地帮助学生认识到责任的重要性，培养他们将责任作为自己的行为准则，在各个方面都积极主动地履行责任。

（二）知信行三位一体课程目标，引领心理健康教育深度实施

心理健康教育有着清晰明确的主题，是校园里进行德育教育工作的主要方式方法，也是目前班主任进行班级凝聚、学生品德教育的主要形式之一，已作为学校必修课纳入中小学课程体系。心理健康教育的定期开展有助于学生思想品德的完善，是教育学生和学生自我调适的重要形式，也是对标素质教育的积极手段。

1. 梳理"四大主题"活动框架下的基本路径。

心育以人本主义的角度展开，更加全面地关注学生个体的发展、人格完整及社会融入等问题，关注学生在学习、生活中可能遇到的心理问题或个体困扰，更加关注学生的内心情感及价值引导，以期更好地达到自我实现目标。有别于传统德育限于的说教、启发、奖惩、榜样等基础方式，心育教育引入更多因素，例如倾听、感同身受、积极关注、具体化、行为矫正与训练、游戏辅导、正向暗示等新方法和思路，更加偏向自内而外的感受和体悟，长久而言，和由外向内的理论输送方式相比更为有效。"心育"视野下，探寻主题课程实施的基本路径，在理论研究的基础上，梳理并建构提升学生核心素养的具体化、系统化的心理健康教育育人课程体系，探索"入脑、入心、入行"——知信行三位一体课程实施的基本路径。在具体研究中，主要以课堂教学实施为行动路径，探究并完善主题课程的学习范式和教学范式，让学生在情境和游戏中学习，在思辨与感悟中获得真实体验，激发学生自我成长动机，积极践行理论指引。

2. 情境"入脑"、理论"入心"、成果"入行"，积极引领，主动探索。

一次优秀的心理健康教育活动，要全方位调动班级成员参与的热情以期达到预定的目标，引导学生在情感——理论——行动三条路径上入脑、入心、入行，统一服务主题效果。探索"游戏导入、情境体验、深度拓展、体验感悟、行动落实"的五步走模式，通过用学生们乐于接受的方式激发课程的展开度和完成度，真正做到寓教于乐。

以生命健康教育主题中的青春期教育为例，以游戏"口香糖粘粘"作为课程的导入环节，让学生了解自己身体上的隐私部位，明确身体是有界限的，树立珍爱自我的意识。将实际生活中不好意思表达出来的身体触碰等敏感问题以小游戏的方式呈现在学生面前，顺其自然地引领学生探究身体健康与界限的问题。活动二通过"火眼金睛识骚扰"环节，列举出七种现实情境，让学生根据自己对性骚扰表现形式的了解，判断哪些行为属于性骚扰。在完成这一环节的过程中，实际上就达到了情境体验的融合。学生会在思考环节不自主地进行感同身受，进一步加强了课程的感知效果与力度。活动三以课前所做的问卷调查入手，以实际数据加深认知。有一项是"你认为你所在的学校是否存在性骚扰行为"，约有4%的同学认为存在这种行为。通过法律的视角深度剖析性骚扰问题的严重性，插入链接进行讲解《中华人民共和国民法典》第一千零一十条以及《中华人民共和国刑法》第二百三十七条，落实到权威效力上来，再次指出这一事件的危害性和严肃性，帮助学生了解国家关于惩处实施性骚扰行为人的法律条文以及力度。活动四通过真实案例，教给学生如何安全乘坐公交车，以及在公交车上、在人群密集场所、在僻静之处防范性骚扰的方法。让学生明确熟人也会对孩子实施性骚扰，教给学生在面对熟人实施性骚扰行为时，要敢于拒绝并及时向身边人求助。将情感与理论转换为最终的方法策略落实落地，成功地做到了本次主题活动的五步走计划。

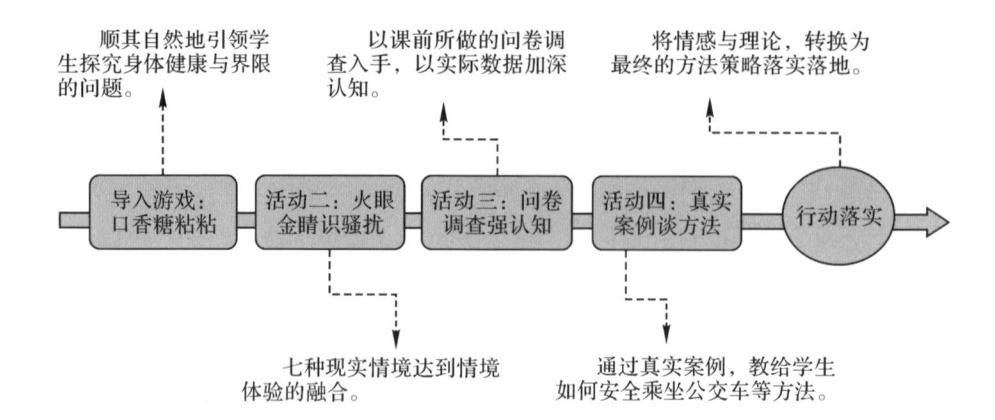

```
顺其自然地引领学          以课前所做的问卷调          将情感与理论,转换为
生探究身体健康与界限       查入手,以实际数据加深      最终的方法策略落实落地。
的问题。                  认知。

  ┌──────┐    ┌──────┐    ┌──────┐    ┌──────┐   ┌──────┐
→ │导入游戏:│→ │活动二:│→ │活动三:│→ │活动四:│→ │行动落实│ →
  │口香糖粘粘│   │火眼  │   │问卷  │   │真实  │   └──────┘
  │        │   │金睛识骚扰│ │调查强认知│ │案例谈方法│
  └──────┘    └──────┘    └──────┘    └──────┘

                七种现实情境达到情境    通过真实案例,教给学生
                体验的融合。            如何安全乘坐公交车等方法。
```

　　再以劳动教育课程为例,以劳动委员小洁的一封辞职信导入,引起学生的好奇,贴近学生生活,快速把学生带入课堂。出示教室卫生的照片,对学生产生视觉冲击,分析原因,寻找原因,为引出正确的劳动观做铺垫。活动二通过齐心协力分析上一环节劳动委员辞职的原因,引发学生思考,视频中的这些同学是怎么想的?为什么会这么做?再次以情景剧视频的方式展开,通过分析学生对待值日的态度,反映学生是否有正确的价值观,为下一步深度拓展、讨论感受做铺垫。活动三以感同身受的方式提问、追问,引导学生们感叹,如果每个人都怕脏怕累,不把劳动当回事,那么我们的教室很快就会变成垃圾堆,引起学生共鸣,并总结只有劳动,才能保证良好的学习环境;怕脏怕累,不把劳动当回事,反而会影响学习。活动四通过视觉对比展示班级中几个整洁的图片,夸奖班级榜样的做法,投票选出最美劳动者,宣扬榜样的做法,强化榜样的力量,给最美劳动者最大的仪式感,劳动者就是最美最应该受尊重的,分析劳动之后给我们带来的便利,强调劳动为我们创造良好的学习环境。接下来理论落实的一环,设计叠校服这个活动,看似考察学生会不会叠校服,其实通过对比两种叠衣服的不同点,揭示学生收纳能力缺失,为下面自查劳动清单项目缺失做铺垫。通过动手操作的能力展示,让学生明白劳动的急迫性,现在就应该马上行动,一一补项。找出原因,指明方向,倡导学生及时改进,积极劳动。

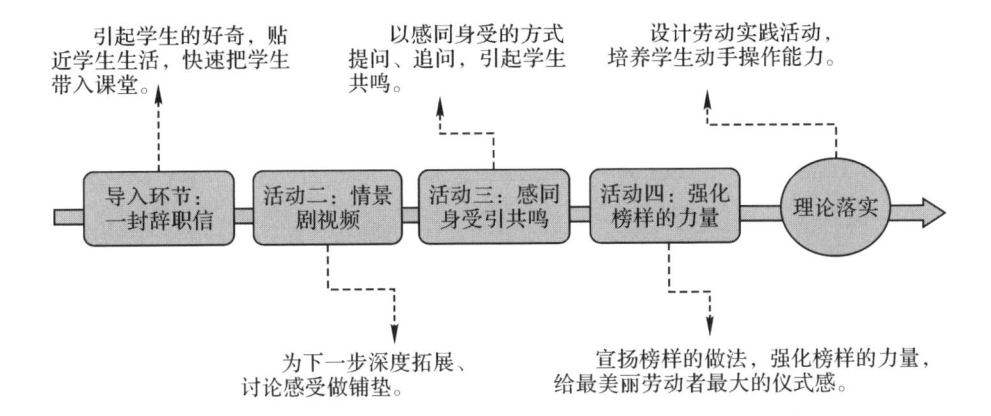

```
引起学生的好奇，贴        以感同身受的方式        设计劳动实践活动，
近学生生活，快速把学生    提问、追问，引起学生    培养学生动手操作能力。
带入课堂。                共鸣。
     ↑                      ↑                      ↑
┌─────────┐  ┌─────────┐  ┌─────────┐  ┌─────────┐  ╱─────────╲
│导入环节：│→│活动二：  │→│活动三：  │→│活动四：  │→│理论落实  │→
│一封辞职信│  │情景剧视频│  │感同身受  │  │强化榜样  │  ╲─────────╱
│         │  │         │  │引共鸣    │  │的力量    │
└─────────┘  └─────────┘  └─────────┘  └─────────┘
                  ↓                          ↓
            为下一步深度拓展、        宣扬榜样的做法，强化榜样的力量，
            讨论感受做铺垫。          给最美丽劳动者最大的仪式感。
```

3. 以点带面，点动面成。

坚持"小目标+长期反馈"的课程实践探索，渗透式教育，常态化抓实。习惯的养成、品格的塑造、情怀的凝聚皆是一个实践着的动态化的过程，目标是把对单个小目标的教育作为突破口和落脚点，构建"路径准确、内容完备、阶段衔接、内容丰富、系统开展"的主题班会工作模式，逐层落实久久为功、一以贯之的"目标——路径——行动——评价"的有效实施策略。

关注学生个体化差异化显著，结合实际情况与学情，确定每一次主题活动的班级小目标以及学生小目标，我们要求例如针对习惯养成教育的分节次小目标应严格进行控制，本着不过多、不过大、可测量、可反馈的原则进行制定。扎实推进课程真定、教师真育、学生真行的"三真"课程。要有针对性，体现主题与主题的衔接，考虑学生年龄段的差异与发展。要可操作，每一层次的效果都是学生与教师共同努力可促成的结果，可以预见并在可控范围内实践。要见实效。每学期确立一个主题大目标，分学期确立一个中期目标，分月确立一个短期目标，分周确立一个小目标，长期坚持，长效监督。用这种贴近学生、长效制定的教育目标选定，会让学生收获看得见的成长与进步。

以品格塑造教育主题中的责任主题课程研究，以"责任基奠人生，奋斗成就未来"作为理念，立足培育社会主义核心价值观，结合历史积淀以及小学生的身心发展特点，把"对国家的前途命运负责，对学生的终身发展负责"作为目标和使命，开展了"责任教育"主题课程研究，以形成学生对自己负责、对

他人负责、对社会负责的责任意识和责任品格，使其主观思想和实践行动符合社会要求和社会规范，成为有责任、有担当的社会主义建设者和接班人。

围绕"责任教育"，设立了以下分课程：

对自己负责。低年级的教育主题是"爱自己，对自己负责，做一个全面发展的人"。帮助学生树立远大理想，确定人生目标，激发求知欲，培养学生的动脑、动手能力，强化非智力因素，促进学生的全面发展。

对家庭负责。根据二年级学生的身心发展特点，确定了"爱父母，对父母负责，做一个孝敬父母的人"的教育主题。要让学生在家庭生活中，正确对待家庭和家庭人员，能热爱自己的家庭，对家庭尽自己力所能及的义务，如家务劳动，有生活自理的能力与要求；能热爱家庭成员，孝顺长辈，关心爱护家庭所有成员。

对集体负责。三年级的教育主题是"爱集体，对集体负责，做一个有益于集体的人"。要让学生爱班级、爱学校，正确对待学业，尊师爱友，积极参加班级、学校组织的集体活动，自觉遵守《小学生守则》和《小学生日常行为规范》，事事处处对班级和学校负责，维护班级和学校的集体荣誉。

对社会负责。在四年级，我们确定的教育主题是"爱社会，对社会负责，做一个服务于社会的人"。要让学生学会尊重和关心他人，理解人与人之间的情感，自觉遵守社会公德，认真履行社会义务，积极参加社区活动，自己的一切言行要对社会有益，对社会负责任。

对国家负责。高年级的教育主题是"爱祖国，对祖国负责，做一个执着追梦的人"。要培养学生具有热爱祖国、热爱人民的思想情感和立志为祖国、为人民做出贡献的坚定信念，具有从小为祖国学习，长大为祖国人民服务、为伟大中国梦贡献力量的高尚情操。这是学生责任心培养的最高层次目标。

家国情怀教育主题中的"我的梦""中国梦"课程，将责任教育与梦想教育结合起来，将学生的小梦与国家的大梦联系起来，增强学生的责任担当意识，激发他们努力学习、积极向上的内驱力，使学生的文化素养、精神素养和行为习惯得到提升。环节一通过谈梦想——诵梦想——再谈梦想，让学生通过朗诵环节，进一步深入对梦想的认知，激发学生思考自己的人生梦想，从而愿意畅谈梦想。环节二通过分享家人的梦想和对比观察三代人的梦想，了解家人的梦想，认识到个人的梦想与时代是紧密相连的，知道今天的幸福生活是几代人共同努力的结果。环节三通过初步了解中国梦——识记中国梦内涵——深入理解中国梦——感受中国梦的力量四个环节，帮助学生进一步认识到个人的梦想与中国梦的关系，感受到中国梦的强大力量，从而将"实现伟大的中国梦而不断努力"作为自己的人生梦想。如此一来，使中国梦在学生心中扎根，学生的民族自豪感、责任感也油然而生。环节四通过"探梦——说梦——追梦——写梦"四个环节，了解名人梦想，探寻实现梦想的途径，明确实现梦想所具备的精神品质，拓宽对梦想新的认知，进一步确立自己的梦想，一步步坚定理想信念，将"我的梦"和中国梦紧密相连，升华中国梦的内涵，从而树立正确的人生观、价值观，为实现中华民族伟大复兴而努力奋斗，立志做新时代追梦人！借鉴课后延伸，学生制定"梦想计划书"，为学生能践行梦想提供了行动指南，解决学生言行不一、双重标准的问题，助力责任教育的真正落地。

（三）多元评价推进，抓实心育系列课程教育成果

依托队伍专业培养与打造，以促进学生身心健康发展为目标，重点聚焦生命健康、习惯养成、家国情怀、品格塑造"四大领域"，借助区域、学校、第三方多元评价推进，探索"心育"视野下的主题课程实施范例，并形成可推广的实践活动成果。赋能多元评价策略，让教育逐层推进看得见。

1. 区域定性评价。

结合实际情况，精心设计调查问卷，采用整群调查与抽样调查相结合的方式展开，并及时进行数据的收集和整理，将区域内学生的情况可视化、数据化、具体化，据此提出针对性解决的方法，就来源于学生的且具有普遍性的问题进行梳理疏导。学校针对此类问题开展专家指导、教师研讨等，并给予学生科学的方法指导。

面对"发放问卷，收集数据——形成问题，组织探究——逐个击破，科学指导"这一过程，需要投入更多的时间和精力，是班主任培养锻炼的专业化力量。在这一过程中，班主任教师的工作方式由经验型、简单型逐步转向科学化、数据化的专业方法指导。

2. 学校自我评估。

利用现有资源，定期开展班级间的主题班会评比活动，凸显"四大主题"课程体系的价值。班集体间设立"对手榜"评比台，周期性进行对手间的评比（两两一组），以及合作交流，每次总结核心内容落实的高低差异，综合评定后奖励当选流动红旗，每月根据总结的集旗数量，颁发奖状。这样各个班级之间、班内同学都处于竞争进步过程中，互相努力，争取获奖，致力于使班级管理、级部管理纷纷进入良性循环，学生的综合能力逐步提升。长此以往，逐渐发掘并形成各个班级的"心育"实施品牌创建，打造各具特色的、百花齐放的多彩局面，变"课改人"到"人有神"，打造愈加进步的新形象。

3. 第三方参与评价。

生成"教师评价——学生评价——家长评价"多元评价体系。课堂评价以教师的口头表扬和书写评语相结合，以反馈学生的课堂效果并激发学生的内在动力。教师利用固定时间对学生在班级里的行为习惯养成等可测化的行为情况进行评价，及时巩固学生良好品格的养成。鼓励学生一起交流。学生需要有真实的自我评价，例如，总结出这段时间自己在习惯养成方面的进步和不同。再由同学进行补充评价，说一说对方在这一段时间内的变化和成长，以及及时指出存在的缺点。学生从自己角度进行审视评价，从整体角度把握，学生间的互评作为对教师评价的一种补充，其评价结果更具有科学性。

家长作为孩子家庭环境的观察者、参与者，更能客观准确地得出学生在课程中所收获的经验方法的掌握情况，学校和家庭共同为学生提供技术上的支持和引导，形成全方位的多元评价体系，互为监督，共同促进。切实保证每一个学生都能在心理健康教育活动中有所成长，有所获益。

"心育"视野下主题课程序列化的梳理与建构对学生身心健康成长、学习生活习惯养成、家国情怀的培育等方面的影响是非常重要的。心育是把心理教育的原理和技术运用到德育活动过程中，让德育具有价值导向和助人自助的双重功能，强调培养学生的心理素质和心理健康，旨在帮助他们实现全面发展。

（四）"心育"视野下课程序列化的梳理与建构对学生成长的影响

1. 促进学生身心健康，提升综合素质。

首先，"心育"视野下，梳理与建构的序列化主题课程可以提升学生的情绪管理能力。随着社会的发展和竞争压力的增加，很多学生面临着各种情绪问题，如压力、焦虑、抑郁等。这些情绪问题如果得不到妥善的处理和管理，会对学生的身心健康产生负面影响。而通过心育序列化课程的引入，学生可以学习到正确的情绪管理方法，包括积极思考、自我调节、解决问题等，从而更好地应对生活中的挫折和困难，提升学生的勇气和应对困境的能力，提高他们的情绪抗压能力。

其次，"心育"视野下，梳理与建构的序列化主题课程可以提升学生的悦纳和人际交往能力。通过开展不同主题的活动，例如友谊、家庭、自我认识等主题，可以增强学生之间的沟通和互动。学生在集体活动中可以分享自己的想法、感受和经历，并倾听他人的故事和观点。这种交流过程有助于学生增强自信、接纳自我和他人、培养积极的人际关系、提高情感感知能力，从而提升学生的悦纳水平。通过心育序列主题课程的引入，学生可以系统地学习到如何与他人进行有效沟通、解决冲突、建立良好的人际关系等技能，提高他们的人际交往能力，增强社交技巧，从而更好地适应社会生活。

再次，"心育"视野下，梳理与建构的序列化主题课程可以培养学生的自我认知和自我价值感。在成长过程中，许多学生会面临自我认同和自我价值感的问题，特别是在青春期，这些问题如果长期得不到解决，会对学生产生负面影响，如自卑、自大、自闭等。通过心育序列主题课程的学习，学生可以了解自己的优点和缺点，树立正确的自我认知，发展积极的自我价值感，培养健康的自尊心和自信心。这些有利于学生建立良好的人生观和价值观，增强他们的心理韧性和幸福感。

总之，"心育"视野下的课程建构对学生身心健康的影响是多方面的。通过心育课程的引入，学生可以提高情绪管理能力、抗挫折能力、人际交往能力、自我认知与自我价值感以及形成正确的生活观念和健康习惯。这些都有助于学生更好地应对生活中的挑战和压力，促进他们全面健康的发展。

2.养成学生良好习惯，履行公民责任。

首先，"心育"视野下，梳理与建构的序列化主题课程可以帮助学生养成积极的学习态度和学习习惯。在课堂上，通过注重学生情感体验、提供合理的激励措施、增加合作互动等方式，可以激发学生的学习兴趣和主动性，促使他们愿意主动参与学习活动，并形成良好的学习习惯。例如，在课程中引入适宜的游戏化元素、小组合作学习等，可以增加学生的参与感和乐趣，改变他们对学习的态度，培养他们自主学习的能力。

其次，"心育"视野下，梳理与建构的序列化主题课程能够培养学生的自律和自控能力。自律和自控是行为习惯养成的重要因素。通过心育课程的引入，学生可以学习到如何制定目标、制定计划、保持专注等自律和自控的技巧。例如，在课程中进行时间管理训练、注意力训练、独立思考训练等，可以帮助学生培养坚持、自我约束、克服困难的能力，逐步养成积极向上的行为习惯。

再次，"心育"视野下，梳理与建构的序列化主题课程还可以帮助学生树立正确的生活观念和养成健康生活的习惯。在当今社会，学生面临着各种各样的不良诱惑，包括沉迷于网络、追求物质享受、不良的生活方式等。这些不良习惯不仅会对学生的身体健康产生影响，也会对他们的心理健康造成不良影响。通过心育序列主题课程的引领，学生可以接受关于健康生活方式的教育，了解健康饮食、适度运动、合理作息等对身心健康的重要性，从而形成正确的生活观念和健康习惯，提高他们的身心健康水平。

最后，"心育"视野下，梳理与建构的序列化主题课程可以促进学生的社会责任感和公民意识的培养。作为社会成员，学生需要具备社会责任感和公民意识，关心他人，尊重他人，积极参与社会活动。通过心育课程的引入，可以传授尊老爱幼、诚实守信、勤俭节约等道德教育和公民教育知识，引导学生了解社会问题并主动参与解决，增强他们的社会责任感和公民意识。例如，在课程中进行志愿者服务、模拟公民议会等活动，可以激发学生的参与热情和责任感，养成关爱他人和关注社会的良好行为习惯。为推动社会文明进步承担公民应尽的义务。

"心育"视野下，梳理与建构的序列化主题课程对学生行为习惯养成具有重要的影响。通过学习态度和学习习惯的培养、自律和自控能力的提高、社会责任感和公民意识的增强，以及健康习惯的养成，可以帮助学生形成良好的行为习惯，促进他们的全面发展和身心健康。

3．培养学生家国情怀，传承民族精神。

首先，"心育"视野下，梳理与建构的序列化主题课程可以传授学生正确的国家历史观。通过系统而全面的国家历史教育，学生可以了解国家的过去、现在和未来发展的重要节点，了解国家的文化传统、民族精神和核心价值观等。这样的课程设计可以帮助学生形成正确的国家历史观，增强对国家的认同感和归属感。同时，通过学习国家历史，学生还能够体会到国家的辉煌与崛起的过程，并加深对国家的热爱和敬意。

其次，"心育"视野下，梳理与建构的序列化主题课程，注重培养学生的公民责任感和社会责任感。作为国家的一员，每个个体都应该担负起保护国家利益和建设社会的责任。通过心育课程的引入，学生可以理解自己的身份和角色在国家和社会中的重要性，了解并展示公民的道德伦理和行为规范。例如，通过进行志愿者活动、参与社区服务、了解社会问题等，可以培养学生对社会主义核心价值观和道德规范的理解和认同，从而提升社会责任感。

再次，"心育"视野下，梳理与建构的序列化主题课程可以传递国家文化和优秀传统文化。文化是一个国家的精神支柱，承载着一个民族的历史、思想、价值观等方面的内容。心育课程的引入，可以向学生介绍国家和民族的传统文化，如诗词、音乐、绘画、戏曲等。这些文化元素不仅有助于学生了解自己民族的丰富文化，还能够培养他们对国家文化的热爱与自豪感。同时，学生也能够通过学习优秀传统文化中蕴含的大义情怀、家国情怀等核心价值观念，培养对家乡和祖国的深厚感情。

4. 塑造学生优秀品格，形成健全人格。

首先，"心育"视野下，梳理与建构的序列化主题课程可以引导学生形成正确的价值观和道德观念。通过选取涉及社会、环境、伦理等丰富多样的主题，学生能够接触到不同的观点和价值观，加深对社会问题的认识和理解。在主题班会课程中，学生还可以参与讨论和辩论，理性思考和自主判断，培养良好的道德品质和价值观念。

其次，"心育"视野下，梳理与建构的序列化主题课程还能培养学生的创新思维和解决问题的能力。主题课程强调培养学生的跨学科思维和创新能力，在解决实际问题的过程中，学生需要综合运用各学科的知识和技能，培养综合思考和创造性解决问题的能力。这对学生的未来发展和社会适应能力具有重要意义。

（五）"心育"视野下课程序列化的梳理与建构对教师成长的影响

1. 促进班主任教育理念的更新。

"心育"视野下，序列化主题课程的梳理与建构对教师教育理念的更新有着重要的影响。主题课程注重学生的全面发展和综合素质培养，教师需要从传统的知识传授者向引导者和激励者的角色转变。

首先，序列化主题课程的梳理与建构能促使教师关注学生的情感与人际发展。主题课程鼓励学生积极参与，培养他们的情感表达和交流能力。教师需要注重学生的情感体验，在课程中提供关怀和支持，帮助学生建立良好的人际关系和提升情绪管理能力。教师的教育理念也会更新，更加注重学生的情感健康和心理成长。

其次，序列化主题课程的梳理与建构能激发教师的创新思维和跨学科教育意识。主题课程强调整合不同学科的知识和技能，教师需要具备综合素养和跨学科思维能力。教师需要通过创新的教学方法和多样化的教学资源来设计和实施主题课程，培养学生的创造力和问题解决的能力。这种转变促使教师重新审视教育理念，注重培养创新精神和提高综合素质。

再次，序列化主题课程的梳理与建构也提倡教师反思和专业发展。主题课程的建构需要教师不断反思自己的教学方式和效果，进行教育实践的反思与改进。同时，教师需要关注最新的教育研究和理论，不断提升自己的教育专业能力。这种反思和专业发展的过程，推动教师不断更新教育理念，为学生提供更有针对性和高质量的教育。

2. 促进班主任班级管理方法的改进。

"心育"视野下，序列化主题课程的梳理与建构可以促进班主任的管理方法的改进。主题课程强调学生的主动参与和综合素养培养，为班主任提供机会来改进管理方法，以更好地满足学生的需求。

首先，"心育"视野下，序列化主题课程的梳理与建构鼓励学生参与活动和讨论，培养学生的自主学习能力。班主任可以通过组织主题课程和相关的小组活动，促进学生的合作和团队精神。班主任可以充当导师的角色，引导学生进行深入思考和互动交流。班主任的管理方法也会更加注重激发学生的自主性和参与性，鼓励学生从中提取知识，提升自己的学习能力。

其次，"心育"视野下，序列化主题课程的梳理与建构强调跨学科综合和实践操作，为班主任提供了拓展管理方法的机会。班主任可以与各学科教师合作，结合实际情况设计课程内容和活动，培养学生解决问题的能力，并将课堂上的知识应用到实际生活中。班主任的管理方法可以更加贴近学生的实际需求，帮助学生发展综合素养和提高解决实际问题的能力。

（六）"心育"视野下课程序列化的梳理与建构对区域发展的影响

1. 常态课跟踪，促进教师团队建设。

首先，常态课跟踪可以帮助教师团队了解和掌握各自成员的教学情况。通过观摩、听课和评价，可以对教师的授课风格、教学方法和教学效果进行全面的了解。这有助于教师团队形成更为准确的评估和认知，从而确定每位教师的优势和发展空间，并进行个性化指导和培训。

其次，常态课跟踪可以提供一个相互学习和互动的平台。在课堂跟踪过程中，其他团队教师成员可以观摩、交流和讨论，分享彼此的教学经验和教学心得。这种共同学习和互动可以促进教师团队之间的交流和合作，激发创新思维和教学灵感，提高团队的整体水平。

再次，常态课跟踪还可以发现问题和共同研究解决方案。在观摩过程中，教师团队有机会发现教学中存在的问题和挑战。通过集思广益、相互讨论和研究，可以找到解决问题的有效方法和策略。这种问题导向的研究和讨论可以促进教师团队共同成长和共同进步。

最后，常态课跟踪可以提供专业评估和反馈机制。通过观摩和评价，可以对教师的教学进行客观的评估，并提供指导性的反馈意见。这种反馈可以帮助教师认识到自己的优势和不足，并从中获取改进的动力和方向。同时，反馈也可以适时地提供肯定和激励，促进教师团队的进步。

2.基本功赛课，提升教师技能水平。

首先，促进教学能力提升。基本功赛课可以让教师借鉴他人的优秀教学经验和教学方法。通过观摩和学习其他教师的课堂教学，教师可以发现自己的不足之处，并学习到新的教学理念和策略。这有助于提升教师的教学能力和专业水平。

其次，增强团队凝聚力。基本功赛课为教师提供了一个相互交流和共享经验的平台。在赛课过程中，教师可以分享自己的教学经验、教学案例和教学资料。这种经验交流和共享，不仅丰富了教师团队的教学资源，还可以启发其他教师的思考，促进彼此的共同成长。基本功赛课可以加强教师团队之间的合作和互助。在赛课过程中，教师们可以相互支持、相互学习，共同面对教育教学中的挑战。这种团队合作和互助可以增强教师团队的凝聚力和团队精神，为团队的共同发展和目标的实现提供支持。

再次，提供评价和反馈机制。基本功赛课通过评委的专业评价和反馈，帮助班主任了解自己的教学效果和明确改进方向。评委可以客观地评价班主任的课堂表现，并提供具体的建议和意见。这种专业评价和反馈有助于促进教师的自我反思，发现自身的优势和不足，并不断改进教学实践。

最后，塑造教育品牌形象。基本功赛课作为一项专业的教育活动，有助于提升教师团队的教育品牌形象。通过赛课的展示和评比，教师团队可以彰显自身的教学水平和专业素养，树立起良好的专业形象和口碑，提升学校的教育品质和声誉。

3.名师引领课，打造教师团队品牌。

首先，名师引领课可以提供一个优秀教师之间的交流和互动平台。在引领课中，优秀教师可以展示他们的教学方法和策略，并分享自己的教学理念和经验。教师团队成员可以观摩和学习到这些优秀教师的教学过程，从中获取启发和借鉴，进一步完善自己的教学方式和技巧。

其次，名师引领课可以帮助教师团队了解和掌握先进的教育理念和方法。优秀教师往往具备丰富的教学经验和独特的教学技巧，他们的教学方式和思维方式可能与普通教师有所不同。通过引领课，教师团队成员可以了解到这些先进的教育理念和方法，学习如何将其运用到自己的教学实践中，提升教学效果和专业素养。

再次，名师引领课可以提供专业评估和指导。通过观摩和学习，优秀教师可以对教师团队成员的教学进行评估，并提供针对性的指导和建议。这种专业评估和指导有助于帮助教师团队成员认识到自身的优势和不足，并获得改进的方向和动力，从而提升教学水平和专业素养。通过名师引领为团队中的教师明确自己的专业成长方向。

回望教育发生的沧桑巨变，时代的更迭对当下教育工作者提出了更高的要求，德育、智育、心育三位一体的教育模式下，"心育"的作用愈加凸显。对教育工作者而言，在日常教育教学工作中，要全方面关注学生的变化与进步，通过课程体系的大力实施，常态化、系统化提升学生的综合能力，不断构建对学生心理产生积极影响与助益的课程，努力为学生健康发展搭起保驾护航的安全网。

第六章　常用的心理效应

世界卫生组织 2022 年发表的科学简报称，在全球新冠疫情爆发后，全球焦虑症和抑郁症患者人数增加了 25%。年轻人自残和自杀的行为增多，特别是有基础病的人，更可能出现心理障碍的症状。社会隔离给人们造成了前所未有的压力。人们的焦虑主要源于经济上的担忧、行动上的限制和社会支持的减少。

一、促进人际关系改善的心理效应

马克思说，人的本质是一切社会关系的总和。保持心理健康，搞好人际关系很重要。心理学家发现，以下心理效应能够促进人际关系的改善。

1. 热情效应

图 1 是三个缺角的圆和三个角，大家能够看出好像有两个三角形，真实的情况是，这个三角形并不存在。

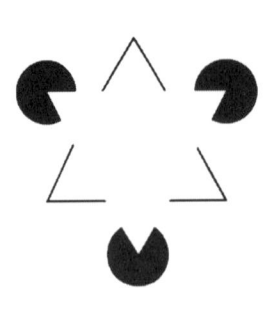

图 1

图 2

图 2 是两个人站在湖边欣赏风景。但是大家再仔细看，又能看到一个小孩的脑袋和两只脚，就是说同一个图，在我们心理状态不一样的时候，感受是不一样的。人际关系中有一个心理效应叫作热情效应，指的是热情能拉近人与人之间的距离，增强亲密感。

热情效应

- 实验目的：什么样的人更受人欢迎
- 研究者：阿希
- 实验对象：一定数量的大学生
- 任务：A 和 B，你更喜欢谁？
  - A：聪明、勤奋、热情、坚定、实干、诚实
  - B：聪明、勤奋、冷漠、坚定、实干、诚实
- 实验结果：A 更受欢迎

这项研究是阿希所做的，他的研究目的是想知道什么样的人更受欢迎。他选择了一定数量的大学生，要求他们说出 A 和 B 中，他们更喜欢谁。他选择了六个品质，其中五个品质都是相同的，只有中间的一个品质不同，A 是热情，B 是冷漠，结果大学生们评定的结果是他们更喜欢 A，而不是 B。这就说明，在日常生活中，如果我们能够主动热情地与别人交往，会更受欢迎。

2. 南风效应

南风效应

北风和南风的威力，谁更大

- 北风和南风比威力，看谁能把人们身上的大衣脱掉。
- 北风凛凛，寒冷刺骨，行人把大衣裹得紧紧的。
- 南风则徐徐吹动，风和日丽，行人开始解开纽扣，脱掉大衣。

一则寓言说南风和北风比威力，看谁的威力更大。衡量的标准就看谁能把人身上的大衣脱掉。北风凛凛，寒冷刺骨，因此行人把大衣裹得紧紧的。南风徐徐地吹，风和日丽，越来越暖和，人们开始解开衣扣，继而脱掉大衣。为了达到某种目的，做事情有两种方式，一种是很严肃很正经的方式，还有一种是很温暖很缓和的方式，最后达成的效果是不一样的。在我们老师与同学，老师与老师之间交往的时候，经常困惑应该动之以情晓之以理，还是晓之以理动之以情。根据南风效应，我们能看出，如果动之以情然后感动了对方，对方能更好地接受。相反，如果上来就讲道理，但是对方在情感上并不接受，实际上讲了很多却并没有作用。在教学过程中，或者在与人打交道的过程中，如果对方不信任你，你讲再多的道理都没有用，如果对方信任你，则将事半功倍。

3. 阿伦森效应

在日常生活中，有些老师觉得有一颗好心就能取得好的结果。但如果不注重表达的方式方法，就会导致好心没有办成好事。

阿伦森效应

人们
- 喜欢
  那些对自己的喜欢、奖励、赞扬不断增加的人或物
- 不喜欢
  那些明显减少对自己奖励、表扬的人或物

阿伦森效应就揭示了人们最喜欢那些对自己的喜欢、奖励、表扬不断增加的人或物，不喜欢那些减少对自己奖励、表扬的人或物。

阿伦森效应

- 目的：怎样沟通效果更好？
- 实验对象：学生
- 条件：
    A：一直是表扬
    B：一直是批评
    C：先赞美再批评
    D：先批评再赞美
- 结果：对D最有好感，对C最为反感

有这么一个实验，让学生完成任务，老师分别给予四种不同的评价：A是无论学生做得怎样，老师都是一直表扬；B是无论学生做得多好，老师总是加以批评，总有地方还要改进；C是先赞美后批评；D是先批评后赞美。研究发现，学生对D最有好感，对C最为反感。也就是采取先批评后赞美的人，学生觉得这种人对他最好，沟通起来更有效。如果先赞美再批评，学生心里最反感，这就是阿伦森效应。我们在日常教学中，一定要懂得这个原理，一件事情怎么跟学生表达，能够更好地达到目的。

阿伦森效应在日常生活中作用很强大。有一个故事大家都听过：一楼墙边有一个空桶，院里的孩子们每晚7点总是敲击空桶，使桶发出震耳欲聋的声音，非常扰民。人们越劝说，他们敲击得越使劲。就在大家都无可奈何之际，有位老人出来，神秘地告诉大家，一周之内他就能搞定。第二天，老人对孩子们说："今天举行比赛，谁敲得最响，谁将得到一套乐高玩具。"大家争相使劲敲击，优胜者获奖。第三天，老人对孩子们说："今天我们继续进行比赛，谁敲得最响，谁将得到一辆汽车模型。"大家对奖品表示不满，使劲敲的人减少。第四天，老人又对孩子们说："今日继续举行比赛，谁敲得最响，谁将得到一张小小的卡片。"大家对奖品表示非常不满，纷纷说："不敲了，没意思。"事情就这样圆满地解决了。阿伦森效应又称增减效应，我们老师在日常生活中要巧妙地利用这个效应。

4. 美丽效应

人们更喜欢看美丽的面孔（穿着打扮），而且更加愿意亲近美丽的面孔（穿着打扮）。

美丽效应

- 实验对象：
  3岁的孩子
- 材料：
  芭比娃娃
- 条件：
  A：打扮漂亮的芭比娃娃
  B：把脸画黑变丑的芭比娃娃
- 指标：
  抱娃娃的时间
- 结果：
  抱A的时间长于抱B

心理学家做了一个实验，他给幼儿园的孩子（3岁）一个芭比娃娃，娃娃有两种，一种是从商店买的特别漂亮的芭比娃娃，还有一种把脸画黑变丑的芭比娃娃。然后实验人员把两种芭比娃娃给了3岁的孩子，看孩子分别抱多长时间。研究者暗中观察，结果发现3岁大的孩子抱漂亮芭比娃娃的时间特别长，抱脸画黑变丑的芭比娃娃的时间特别短。从这个角度讲，就是爱美之心人皆有之，刚3岁大的孩子都能表现出来。所以要想促进人际关系的改善，一定要注重穿着打扮。

5. 微笑效应

微笑效应

- 实验对象：
  幼儿园教师
- 条件：
  A：爱笑的幼儿
  B：爱哭的幼儿
- 指标：
  抱幼儿的时间
- 结果：
  抱A的时间长于抱B

在人际关系中，微笑是一种非常直观的表情，能够改善人与人之间的关系。一项研究以幼儿园的老师为研究对象，条件是选取幼儿园里比较爱笑的幼儿和比较爱哭的幼儿，指标是幼儿园老师抱幼儿的时间。研究发现幼儿园的老师抱爱笑的幼儿的时间远远长于抱爱哭的幼儿的时间。就是说微笑这种表情是改善人际关系的一种很好的方式。因此在日常生活中，有很多职业都要求训练微笑这种表情。现在的心理学研究也发现，当我们每天自己对着镜子微笑的时候，微笑能够改变我们的心情，微笑越多的人心情越好。

二、提高学习效率的心理效应

人的学习效率的高低受很多因素影响。有一些属于智力因素，还有一些属于学习方式方法因素。

1. 期望效应

《庄子·渔父》有一句话："精诚所至，金石为开。"汉朝有一个飞将军李广，他有一天晚上骑马打猎，发现有一只老虎在草丛里，他搭弓射箭，用尽全力，一箭射去。第二天李广派人查看，才发现射的是石头而不是老虎，但箭却深入石头之中。李广也感到很吃惊，后来又搭弓射了几次，但都没把箭射到石头里。其实，人在特殊情况下，会将自己的潜能发挥到不可想象的程度。

期望效应

- 目的：期望是否会影响动物的行为表现
- 研究者：罗森塔尔
- 实验对象：老鼠
- 任务：训练老鼠走迷宫
- 条件：
    A组：被定为聪明的老鼠
    B组：被定为愚笨的老鼠
- 结果：学习速度：A组＞B组

这种期望会不会影响动物的行为呢？心理学家罗森塔尔以老鼠为实验对象，

让它们走迷宫。他请了两组学生，对 A 组学生说给他们的都是聪明的老鼠。对 B 组学生说给他们的都是愚笨的老鼠，然后让他们训练各自的老鼠走迷宫。结果发现，一段时间之后，A 组学生训练老鼠走迷宫的速度明显比 B 组快。为什么会出现这种情况？真的是 A 组的老鼠聪明，B 组的愚笨？实际罗森塔尔是随机选择的两组老鼠，就是 A 组跟 B 组根本不存在聪明和愚笨，但仅仅暗示了一下 A 组是聪明的，B 组是愚笨的。结果训练的学生，就对这些老鼠产生了不同的期望，最后两组老鼠的学习速度也表现出了差异。

期望效应

- 研究者：罗森塔尔
- 目的：老师的期望是否会影响学生的成绩
- 实验对象：一~五年级学生
- 工具：智力测验
- 程序：
  （1）给全校学生测智力
  （2）发现未来有潜力的学生
  （3）给每个班的班主任一份"有潜力学生"名单

罗森塔尔在学校做了一个实验，他给一所学校的一~五年级的学生进行智力测验，测完之后，他跟每个班的班主任说发现了班里有一些同学很有潜力，然后给班主任一份"有潜力学生"的名单，其他没在名单上的，罗森塔尔没说是有潜力还是没潜力，这样就形成了两个实验条件：实验组是有潜力的学生，

期望效应

- 实验条件：
    实验组：有潜力的学生
    控制组：普通的学生
- 结果：实验组 > 控制组
- 表明：教师越对学生怀有期望，学生表现越好

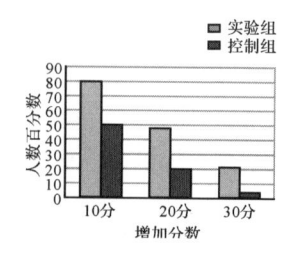

控制组是普通学生没在名单上。一年之后，他回来检验结果，发现实验组成绩提高的人数比例明显比控制组高。就是说，教师对学生越怀有期望，学生的表现越好。这个现象也能够发现，在低年级时老师的期望效应特别显著，到高年级期望效应不是太明显。但是不管怎么样，实验组增加 10 分、20 分、30 分的人数比例都比控制组要高，充分说明老师对学生的积极的期望，的确能够提高学生的学习成绩。

2. 深加工效应

不同的加工水平会影响学习的效果。

深加工效应

- 目的：不同的加工水平是否会影响学习效果
- 材料：30 个双字词
- 任务：
  A：判断词是左右结构还是上下结构
  B：判断词的发音是否与"团队"相近
  C：判断词的含义是否与"清晰"同义
- 指标：
  反应时长
  正确率
- 结论：加工水平越深，学习效果越好

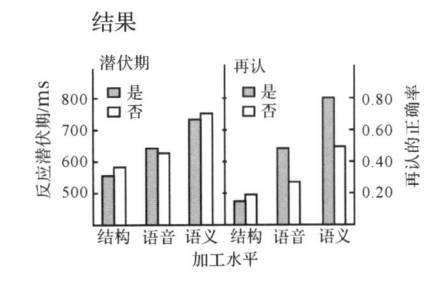

有一位心理学家做了这样的研究，他给学生呈现 30 个双音节词，比如"相对、量表、明确、需要"。被试的任务有三种，A 是一种浅加工，判断这个词是左右结构还是上下结构。B 是中等加工，判断词的发音是否与"团队"相近。你要发一下音，这样的加工就要比仅对结构做判断要深一点。C 是深加工，判断词的含义是否与"清晰"同义，这个时候语义加工更深。用的指标是反应时长和正确率。大家看结果能够看出来，随着加工水平越来越深，大家所用的时间也越来越长。但是再认的正确率，语义的正确率是最高的，结构的正确率是最低的。这说明什么？说明在学习的过程中，加工水平越深，学习效果越好。

深加工示例：

gossip

go=go, ss=say and say,

i=small, p=person

onion

evil

live

以上几个单词怎么记忆效果好？第一个单词是 gossip，我们试着深加工：第一个部分是 go，是去的意思，ss 是说的意思，i 是英文字母里最小的，即 small，p 是 person。大家想一想，一种话是一个又一个人去说，而且还是小声去说。这样的话肯定不是什么好话，所以 gossip 这个词，就是流言蜚语的意思。

第二个单词是 onion，洋葱的意思，怎么记住？我们画了一个鼻子，把中间的 i 想成你的鼻梁，n 是你的鼻孔，o 是把你的鼻孔堵上，这样才能把洋葱切完。

第三个单词是 evil，怎么记？其实把这个单词倒着写就是 live，是活着的。一个东西倒过来了，那活着的就不活了，那 evil 这个词就成了恶魔、魔鬼的意思。

以上是我们对单词进行深加工的过程，目的就是为了加深记忆。

重复的次数多能不能提高学习成绩？有一个研究以大学生为实验对象，材

深加工效应

- 目的：重复次数多能否提高学习成绩？
- 实验对象：大学生
- 材料：单词：girl, grip, book, gear, hand, year, good, half, what, people, garden...
- 条件：控制单词复述的次数 0~12 次
- 任务：
  （1）记住单词表中最后一个以"g"开头的单词
  （2）自由回忆（尽量多地回忆刚记过的单词）

料呈现的单词有以"g"开头的单词，还有以其他字母开头的单词。给实验对象的任务是记住单词表中最后一个以"g"开头的单词。因为这些单词是听觉呈现的，所以实验对象不知道哪个是最后一个以"g"开始的词，比如当 girl 呈现的时候，他不知道这个词是不是最后一个以"g"开头的词，他要进行重复，但是还没来得及重复的时候，grip 出现了，也就是 girl 没有机会重复，重复的次数是 0 次。grip 出现之后，他放弃对 girl 的重复，对 grip 进行重复，book 出现的时候，他知道 grip 有可能是最后一个以"g"开头的词，他就有一次机会来重复。当听到 gear 的时候，他知道 grip 不是最后一个以"g"开头的单词了，他再次放弃，开始记 gear。以此类推，研究者让实验对象重复单词的次数，从 0 次到 12 次之多，然后让他们自由回忆刚刚记过的单词。

一般来讲，复述 12 次，成绩会更高，但结果并不是这样，实际上复述了

深加工效应

- 结果：

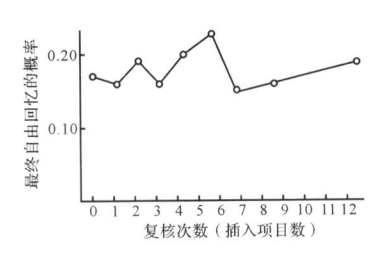

[图：复核次数（插入项目数）0-12 与最终自由回忆的概率关系图]

- 结论：机械重复并不能增强记忆的效果

七八次、八九次、十几次之后，成绩并没有显著提高。由此可见，简单的机械重复并不能增强我们记忆的效果。

3. 测试效应

测试效应就是与简单重复学习和过度学习相比，学习过程中进行一次或几次测试，更能显著地促进学习效果的长期保持。在学习过程中，一直学习而不进行自我测试，学习效果不好。

Tulving 做了一个研究，想了解重复测试和重复学习对记忆的影响有什么不

测试效应

- 研究者：Tulving
- 目的：重复测试和重复学习对记忆的不同影响
- 材料：单词
- 条件：
    A 组：标准学习条件：学习—测试—学习—测试（STST）
    B 组：重复学习条件：学习—学习—学习—测试（SSST）
    C 组：重复测试条件：学习—测试—测试—测试（STTT）
- 结果：回忆成绩 STTT>STST>SSST

同。他设置了三种条件，A 组是标准学习条件：学习—测试—学习—测试，用 STST 表示；B 组是重复学习条件：学习—学习—学习—测试，用 SSST 表示；还有 C 组是重复测试条件：学习—测试—测试—测试，用 STTT 表示。

这项研究是关于测试次数对学习长期效果的影响。内容是让学生学 60 个单词，条件是 A 组学习一次后离开，B 组学习后进行一次测试，C 组学习后进行三次测试，间隔一周后，看学习效果。从回忆成绩讲，测试的次数越少，回忆成绩越低，C 组测试了三次，回忆成绩最好。从遗忘角度讲，A 组遗忘最多，C 组遗忘最少，也就是说测试的次数多的确对长期的记忆学习效果有促进

测试效应

- 研究者：Roediger & Karpicke（2006）
- 目的：测试效应的长期效果
- 条件：
    重复学习（学习—学习，SS）
    学习测试（学习—测试，ST）
- 测试时间：
    5 分钟、2 天和 7 天
- 结论：测试比重复的第二次学习更有利于学习效果的长期保持

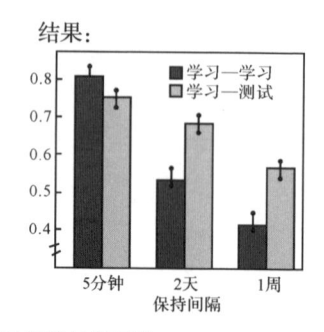

作用。

之后 Roediger 等人又考察了测试效应的长期效果，学习条件是重复学习和学习测试。测试时间分为 5 分钟、2 天和 7 天。可以看出，随着时间的延长，学习测试条件下的效应越来越明显。仅仅在学习计时的条件下，5 分钟进行检查的时候，重复学习条件下的成绩要比学习测试条件下的成绩好一点，但是两天之后成绩就完全反转了，一周时也仍然是这样的。这就给我们启示，在学习的过程中，一定要及时加以测试，这样我们对所学的内容保持的时间就会更长。

4. 空格效应

在有空格的语言中删除空格会干扰阅读

- ifyouhadlivedinChinaforseveralyears, whatwoulditfeelliketomovebacktoyourhomecountry?
- if you had lived in China for several years, what would it feel like to move back to your home country?

在有空格的语言中删除空格会干扰阅读，在没有空格的语言中，如果加上空格会促进阅读。大家读一下这句话就会发现，在英语的句子里，把空格删除，大家读这句话会感觉比较难，如果把空格加上，就很容易。

在无空格的语言中插入空格会促进阅读

- 武汉市长江大桥
- 武汉　市长　江大桥
- 武汉市　长江　大桥

在没有空格的语言中插入空格会促进阅读。大家看这是汉语的一个词"武汉市长江大桥"，七个字有不同的切割方法。下面这句话也是这样，不同的切割方法有完全不一样的意思。

- 无米面也可无鸡鸭也可无鱼肉也可无银钱也可
- 无米　面也可　无鸡　鸭也可　无鱼　肉也可　无银　钱也可
- 无米面也可　无鸡鸭也可　无鱼肉也可　无银钱也可

空格效应

- 研究者：白学军、闫国利、臧传丽等
- 实验对象：大学生、小学生
- 材料：中文句子
- 仪器：眼动记录仪
- 条件：正常无空格、字空格、词空格、非词空格的句子

（1）Normal condition
科学技术的飞速发展给社会带来了巨大的变化。

（2）Single character spacing condition
科 学 技 术 的 飞 速 发 展 给 社 会 带 来 了 巨 大 的 变 化。

（3）Word spacing condition
科学 技术 的 飞速 发展 给 社会 带来 了 巨大 的 变化。

（4）Nonword spacing condition
科 学技 术的飞 速发 展给 社 会带来了 巨 大的 变 化。

我们做了一项研究，让大学生和小学生阅读一些材料，包括正常的无空格的句子，字空格的句子，词空格的句子，还有非词空格的句子，然后用眼动记录仪来记录大家阅读过程中眼睛的注视时间。

空格效应

结果

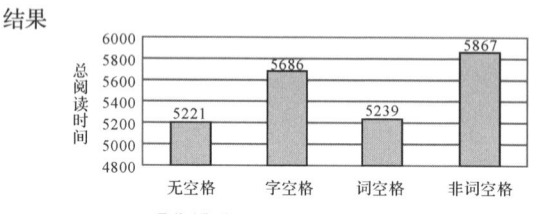

条件	总阅读时间
无空格	5221
字空格	5686
词空格	5239
非词空格	5867

$F_1(3.45)=5.7$，$p<.01$；$F_2(3.177)=5.7$，$p<.01$；

结论：字空格与非词空格产生了干扰

结果发现，在读无空格和词空格句子时，阅读的时间比较接近，读字空格和非词空格的句子时时间明显增加。这个研究由于没有控制句子长度，研究者后来又想了一个办法，把句子的长度给控制住，就是用阴影的办法设计了四种条件，结果发现，在这四种条件下的测试结果与之前的测试结果完全一样。

空格效应

实验 2 材料

（1）Normal condition
科学技术的飞速发展给社会带来了巨大的变化。

（2）Single character spacing condition
科 学 技 术 的 飞 速 发 展 给 社 会 带 来 了 巨 大 的 变 化。

（3）Word spacing condition
科学 技术 的 飞速 发展 给 社会 带来 了 巨大 的 变化。

（4）Nonword spacing condition
科学技 术的飞 速发 展给 社 会带来了 巨 大的 变化。

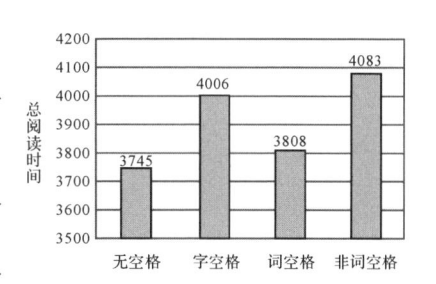

条件	无空格	字空格	词空格	非词空格
总阅读时间	3745	4006	3808	4083

结果发现，词空格跟无空格句子的阅读时间基本没有差异，字空格跟非词空格句子的阅读时间明显增长。也就是对于大学生来讲，读这种词空格的，没有产生干扰，但也没起什么促进作用。

空格效应

词切分	无空格	词空格
熟悉性	高	低
效果	差	好

原因是什么？从熟悉性上讲，无空格的句子是我们高熟悉的，加词空格的句子是我们不太熟悉的。从词切分的效果上讲，无空格的句子切分效果差，词空格的句子切分效果好。

后来我们想了一个办法，把熟悉性控制住之后，看结果会怎样，就是从词切分效果差和好的角度进行比较。

空格效应

- 研究者：沈德立等人
- 实验对象：小学三年级学生 30 名
  阅读差的学生（15 人）
  阅读好的学生（15 人）
- 材料：中文句子
- 条件：正常无空格、字空格、
  词空格、非词空格的句子

结果

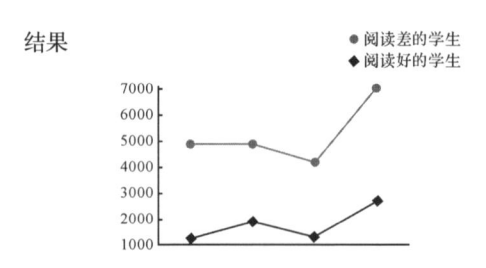

● 阅读差的学生
◆ 阅读好的学生

- 结论：非词空格对阅读差的学生干扰更大

选择的是小学三年级的学生，分别选择了阅读好的和阅读差的学生各 15 人，设置了四种条件，结果发现在阅读非词空格句子的条件下，阅读差的学生的阅读时间非常长，也就是非词空格对于阅读差的学生的干扰会更大。因此，对于低年级的学生，在阅读过程中，老师一定要把重点词标出来，这样才能更好地促进他们学习。

三、克服心理焦虑的心理效应

1. 镜像神经元效应

镜像神经元效应

- 镜像神经元是模仿他人动作、产生共情的神经基础
- 能够像照镜子一样通过内部模仿而辨认出所观察对象的动作行为

Activity!
monkey does action

Activity!
monkey sees action

镜像神经元是模仿他人动作、产生共情的神经基础，能够像照镜子一样通过内部模仿而辨认出所观察对象的动作行为。

图中猩猩手里拿着香蕉，科学家对猩猩大脑进行神经活动记录，结果发现它的主运动区就是顶叶区，当它拿到香蕉时有一个活动。我们每个人也是这样，手里拿东西，顶叶区就会有活动。旁边的图更有意思，猩猩没拿香蕉，只是看着实验人员手里拿香蕉，结果也能从猩猩大脑的顶叶区，也就是主运动区记录到神经活动，这就是镜像神经元。也就是当看到别人的行为时，我们自己虽然没有做出这种行为，但是我们的大脑已经对他们的动作进行了模拟或者是模仿。

2. 替代性创伤效应

替代性创伤效应

- 提出者：Saakvitne 和 Pearlman（1996）
- 观点：
    心理咨询师因长期接触患者，受到了咨询关系互动的影响，出现类似患者病症的现象
    个体虽然没有亲历创伤，因过多习得灾难信息而导致心理创伤

最早的替代性创伤效应，是两个心理咨询师提出来的，心理咨询师因长期接触患者，受到咨询关系互动的影响，出现类似患者病症的现象。个体虽然没有亲历创伤，因过多习得灾难信息而导致心理创伤。

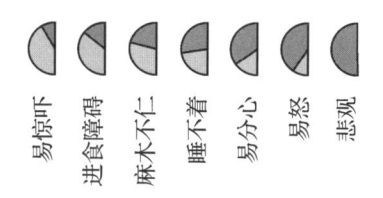

替代性创伤效应

易惊吓　进食障碍　麻木不仁　睡不着　易分心　易怒　悲观

如何衡量一个人是否产生替代性创伤？出现以下症状，就是产生了替代性创伤，比如易惊吓、进食障碍、麻木不仁、睡不着、易分心、易怒、悲观等，这就是看负面信息看多了之后导致的替代性创伤。

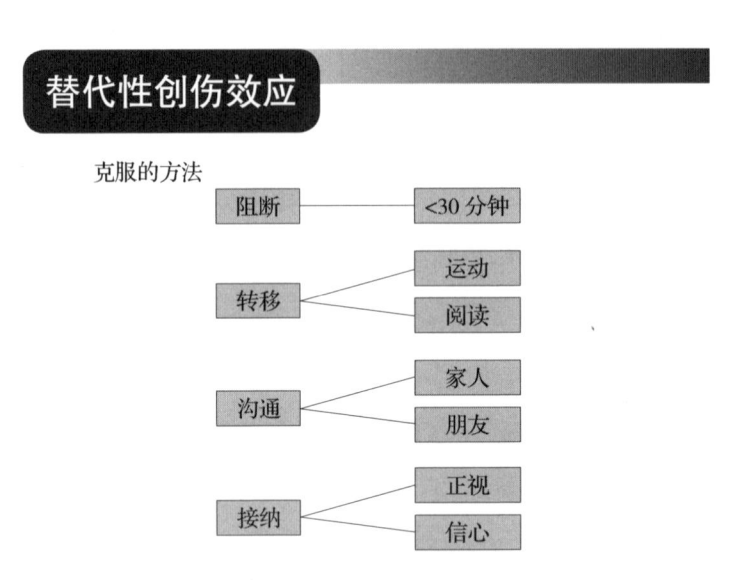

替代性创伤效应

克服的方法
- 阻断 —— <30分钟
- 转移 —— 运动 / 阅读
- 沟通 —— 家人 / 朋友
- 接纳 —— 正视 / 信心

怎么克服替代性创伤？有四种方法，第一种方法是阻断，比如每天浏览与疫情相关信息的时间不能超过30分钟；第二种方法是转移，比如坚持每天运动、每天阅读，通过运动和阅读转移注意力；第三种方法是与家人、朋友沟通，因为人是一种社会关系动物，与很多人沟通，心理安全感就增强，如果不能跟人沟通安全感就降低，心理创伤就会变得严重；最后是接纳，正视现状，增强信心，寻求战胜困难的办法。

3.给予效应

给予他人帮助比得到他人帮助，更能让人感到幸福。

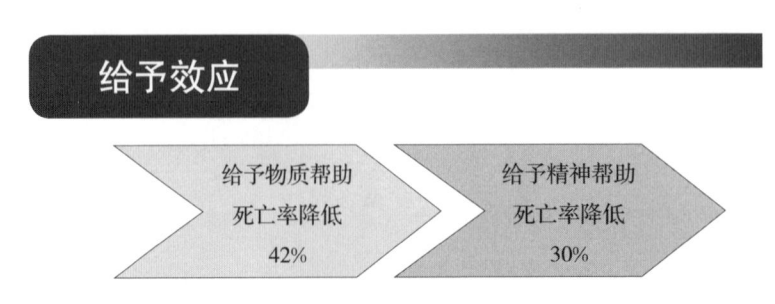

给予效应

- 给予物质帮助 死亡率降低 42%
- 给予精神帮助 死亡率降低 30%

有研究发现，给予别人物质帮助，死亡率能降低 42%；给予别人精神帮助，死亡率降低 30%。如果既给予别人物质帮助又给予别人精神帮助，那么死亡率就会大大降低。为什么会这样？因为你给予别人的过程，会产生很强的责任感、使命感，当你的责任感、使命感提高之后，你会更擅长应对生活中的问题。

给予效应

- 研究者：Lara Aknin
- 实验对象：700 名成人
- 工具："快乐的十点"量表
- 结果：最快乐的 70 人中，表现出：
  献血更多
  给他人无私帮助更多
  做善事更多

加拿大一位心理学家 Lara 对 700 名成人进行了一项研究，让他们用"快乐的十点"量表，对自己每天的快乐程度进行打分，从 700 个人里找出了最快乐的 70 人。这些最快乐的人共同表现出献血更多，给他人无私帮助更多，做善事更多，这就是一个非常有意思的关于给予效应的实验。

给予效应

- 研究者：Lara Aknin
- 实验对象：64 名 1.5 岁儿童
- 材料：
  （1）自己的物品（SM）
  （2）研究者的物品（EM）
- 任务：把物品给他人
- 结果：笑的次数和时间：SM>EM

之后 Lara 又做了一项研究，被试是 64 名 1.5 岁的儿童。给他们两种材料，一种是儿童自己的物品，一种是研究者的物品。研究者让孩子把这些物品给别人，一种表现是把自己的物品给别人，还有一种是把研究者的物品给别人。这个阶段的孩子，由于语言能力有限，没有办法说出这样做完后有什么好处，以及为什么要这么做。所以研究者就观察这些孩子的面部表情。结果发现当把自己的物品给别人之后，这些孩子笑的次数和持续的时间，显著比把研究者的物品给别人的次数和时间长，这就说明给予别人的时候，孩子的心理会更加快乐。

4.习得性无助效应

不可控事件不断发生，让人无能为力，丧失信心，陷入无助的心理状态。这就是焦虑的根源。

习得性无助效应

- 研究者：塞利格曼
- 对象：24 只狗
- 分组：
  —可逃避组
  —不可逃避组
  —控制组（自由活动组）
- 实验程序：
  —阶段 1　吊床实验
  —阶段 2　穿梭箱实验

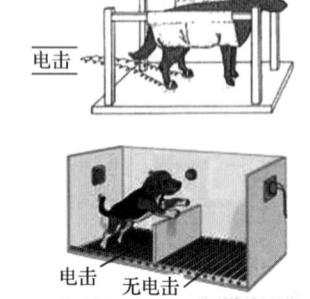

塞利格曼是积极心理学创始人。他用 24 只狗做了一个实验，把狗分成三组，一组是可逃避组，电击之后狗能够跑；二组是不可逃避组，狗接受电击之后逃避不了；三组是控制组，狗可以自由活动。实验第一阶段是吊床实验，第二阶段是穿梭箱实验。结果发现可逃避组、控制组都能学会逃避，只要一被电击，就跳到另外一个地方。不可逃避组的狗，被电击，不跳也不逃避。这是什么原因？因为失败过多会导致自卑，自卑又导致放弃行为，也就不再努力克服困难。

这个实验给予我们的启示是：行动的目标要符合每个孩子的实际，要实事求是，符合他们自身的特点。老师家长不能给孩子设立好高骛远的目标。目标太高，孩子经过努力实现不了，最后就变成了一种习得性无助，孩子总认为自己没有办法去改变，结果不再尝试。如果产生了自卑感，就比较可怕，所以老师在布置作业时，一定要考虑学生的能力问题。这些习得性无助的孩子，经常产生"我"不行、"我"学不会、"我"学不好的想法，实际上就是给孩子设立过高的目标导致的。当然人不能没有目标，只是目标不能太不切合实际。

四、提升心理健康的心理效应

1. 运动效应

运动效应

- 研究者：Chekroud 等人
- 目的：了解运动和心理健康的关系
- 对象：2011—2015 年调查近 124 万人
- 调查内容：过去一个月有几天不开心
  有没有体育锻炼
  体育锻炼的类型
  体育锻炼的时间

Chekroud 等人为了解运动与心理健康的关系，对近 124 万人进行了一项研究。调查内容是他们过去一个月有几天不开心，有没有体育锻炼、体育锻炼的类型、体育锻炼的时间。

运动效应

结果：
与不运动的人相比，运动的人
心情差的天数减少 1.49 天 / 月
抑郁患者的抑郁天数减少 3.75 天 / 月
体育锻炼都有效，团体类运动的人更开心
运动持续 45 分钟、每周 3~5 次的人更开心研究发现,与不运动的人相比,运动的人一个月心情差的天数减少了一天半。抑郁患者抑郁的天数减少了 3.75 天,将近四天。另外一个研究结果也发现,无论参加什么样的体育锻炼,都对心理健康有效。进一步分析发现,个体运动跟团体运动比,团体运动的人的心情更加愉快开心。如果每次运动能够持续 45 分钟以上,而且每周三到五次的量,这样的人会更开心。

2.具身效应

具身效应

生理体验与心理状态之间有着强烈的联系
高兴—微笑
微笑—高兴

人的生理体验与心理状态之间有着强烈的联系,高兴时会表现出微笑,微笑也会让内心更高兴。实际就是你的身体姿势跟心理状态之间有一个密切的关系,比如图中的这位先生用电脑时蜷缩着身体,从具身心理学的角度讲,这样的身体姿势会让他工作时觉着没有自信心,工作的质量也不会太好。

具身效应

握拳头——自信
自信——挥拳头

握拳头是一种自信的标志，越自信的人越会握拳头，如图就是运动员成功击球之后，他们所做的动作，实际这就是具身效应所起的作用。在某一种情况下，需要给自己提振信心的时候，你就做这个动作，把手放在胸前，使劲握成拳头，这样就能够增强你的自信心，暗示自己一是能战胜自己，二是能战胜对手。

3. 自我中心效应

只从自己的角度考虑问题，不从对方的角度思考，就是自我中心效应。自我中心不是自私，而是看问题不能从全面的角度衡量。

自我中心效应

- 问题：猫狗为什么见面就打架
- 研究者：门策尔
- 对象：狗、猫（1岁）
- 条件：动物实验前从没见过面
- 实验环境：一间屋子

举一个例子，猫狗为什么见面就打架？有一个人叫门策尔，他做了一项研究，条件是1岁的猫和狗之前没有见过面，实验时把猫和狗放在一间屋子里。

自我中心效应

行为	猫的心理	狗的心理
伸出前爪并摇尾巴	滚开，否则我就不客气了	让我与你一起玩吧
发出"呼噜"声音	让我与你一起玩吧	别来惹我，否则我就咬你

观察之后发现，一种动物的某个行为是表示友好的，但这只是同类动物间表示友好的行为，对另外一种动物来讲也许就是不友好的。比如说伸出前爪并摇摇尾巴这个动作，对狗来讲，是"让我与你一起玩吧"，但是对猫来讲，就是"滚开，否则我就不客气了"。发出"呼噜"声音，对猫来讲，是"让我与

你一起玩吧",从猫的角度,这是表示友好的行为,但是对狗来讲是"别来惹我,否则我就咬你"。这就是猫和狗都从自己的角度考虑对方的行为,但是没有从对方的角度考虑,就导致误解,产生这种一见面就沟通不畅的情况。

4. 情绪标注效应

当自己感到焦虑或紧张时,大声说出自己当前的心理状态,会降低焦虑或紧张的程度。

情绪标注效应

- 目的:情绪标注能否抑制消极情绪
- 研究者:白学军、岳鹏飞等
- 实验对象:大学生
- 仪器:记录皮肤电、心率变异性
- 材料:情绪和几何图形
- 任务:
  情绪标注(害怕/生气)
  性别标注(男/女)
  仅观看
- 结果:情绪标注能抑制消极情绪

白校长做了一项研究,目的是研究情绪标注能否抑制消极情绪。材料是一张很生气的照片和几何图形。三个任务,大家看照片之后,第一个任务是情绪标注(就是选一下照片是害怕还是生气,如果你说生气,实际上就是一种情绪标注),第二个任务是性别标注(男还是女,实际你看到她的情绪了,但是对她的情绪忽视,只说这是一位女士),第三种是仅观看。

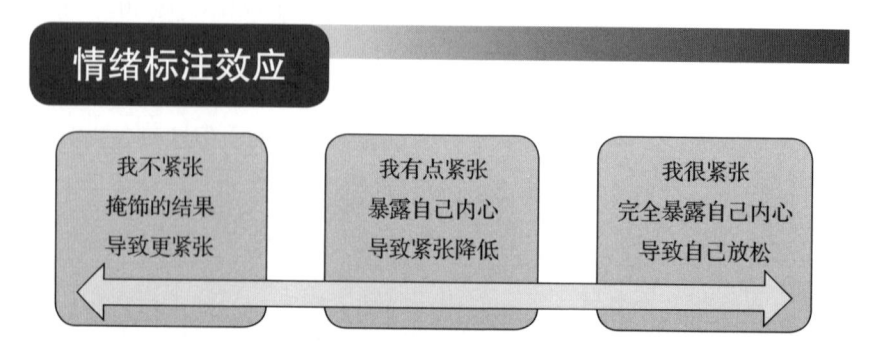

情绪标注效应

我不紧张	我有点紧张	我很紧张
掩饰的结果	暴露自己内心	完全暴露自己内心
导致更紧张	导致紧张降低	导致自己放松

进行情绪标注之后，监测被试的皮肤电还有心率的变化。结果发现，情绪标注能有效地抑制人们的消极情绪，当实验对象说这是一张生气的照片时，他自己的心率变得更加平缓，皮肤电也变得更好。当实验对象说图片上是一位女士的时候，皮肤电和心率没有变化。当情绪出现之后，如果实际上很紧张，但表现出来不紧张，这种掩饰会导致自己更紧张。如果在一个很重要的场合，说自己有点紧张，暴露自己一部分内心的状态，说"我有点紧张"，这时紧张状态就会降低。如果大声说出来，"我现在很紧张"，完全暴露自己的内心，这时会感觉非常放松。

比如大家在日常工作中，能看到一些主持人，他实际上也紧张，但是上台之后，跟大家逗乐，把自己的紧张说出来，在这个过程中，他自己就放松了，然后进入状态，就不会表现得那么焦虑，这就是利用情绪标注的效应。我们如果参加比赛，感到紧张，就可以利用这个策略，就能比别人更早地克服紧张和焦虑，进入轻松的状态，成绩一定会更好。相信科学，自觉应用心理学规律，养成良好的生活行为习惯，提高自身心理健康的素质！

附录 A

中小学心理健康教育指导纲要
（2012 年修订）

中小学心理健康教育，是提高中小学生心理素质、促进其身心健康和谐发展的教育，是进一步加强和改进中小学德育工作、全面推进素质教育的重要组成部分。中小学生正处在身心发展的重要时期，随着生理、心理的发育和发展、社会阅历的扩展及思维方式的变化，特别是面对社会竞争的压力，他们在学习、生活、自我意识、情绪调适、人际交往和升学就业等方面，会遇到各种各样的心理困扰或问题。因此，在中小学开展心理健康教育，是学生身心健康成长的需要，是全面推进素质教育的必然要求。为深入贯彻党的十八大精神，落实《中共中央国务院关于进一步加强和改进未成年人思想道德建设的若干意见》和《国家中长期教育改革和发展规划纲要（2010—2020年）》要求，进一步科学地指导和规范中小学心理健康教育工作，在认真总结近些年来全国各地心理健康教育工作经验的基础上，制定本纲要。

一、心理健康教育的指导思想和基本原则

1. 开展中小学心理健康教育工作，必须高举中国特色社会主义伟大旗帜，以邓小平理论、"三个代表"重要思想和科学发展观为指导，学习践行社会主义核心价值体系，贯彻党的教育方针，坚持立德树人、育人为本，注重学生心

理和谐健康，加强人文关怀和心理疏导，根据中小学生生理、心理发展特点和规律，把握不同年龄阶段学生的心理发展任务，运用心理健康教育的知识理论和方法技能，培养中小学生良好的心理素质，促进其身心全面和谐发展。

2.开展中小学心理健康教育，要以学生发展为根本，遵循学生身心发展规律，必须坚持以下基本原则：——坚持科学性与实效性相结合。要根据学生身心发展的规律和特点及心理健康教育的规律，科学开展心理健康教育，注重心理健康教育的实践性与实效性，切实提高学生心理素质和心理健康水平。——坚持发展、预防和危机干预相结合。要立足教育和发展，培养学生积极心理品质，挖掘他们的心理潜能，注重预防和解决发展过程中的心理行为问题，在应急和突发事件中及时进行危机干预。——坚持面向全体学生和关注个别差异相结合。全体教师都要树立心理健康教育意识，尊重学生，平等对待学生，注重教育方式方法，关注个别差异，根据不同学生的特点和需要开展心理健康教育和辅导。——坚持教师的主导性与学生的主体性相结合。要在教师的教育指导下，充分发挥和调动学生的主体性，引导学生积极主动关注自身心理健康，培养学生自主自助维护自身心理健康的意识和能力。

二、心理健康教育的目标与任务

3.心理健康教育的总目标是：提高全体学生的心理素质，培养他们积极乐观、健康向上的心理品质，充分开发他们的心理潜能，促进学生身心和谐可持续发展，为他们健康成长和幸福生活奠定基础。

心理健康教育的具体目标是：使学生学会学习和生活，正确认识自我，提高自主自助和自我教育能力，增强调控情绪、承受挫折、适应环境的能力，培养学生健全的人格和良好的个性心理品质；对有心理困扰或心理问题的学生，进行科学有效的心理辅导，及时给予必要的危机干预，提高其心理健康水平。

4.心理健康教育的主要任务是：全面推进素质教育，增强学校德育工作的针对性、实效性和吸引力，开发学生的心理潜能，提高学生的心理健康水平，促进学生形成健康的心理素质，减少和避免各种不利因素对学生心理健康的影响，培养身心健康、具有社会责任感、创新精神和实践能力的德智体美全面发展的社会主义建设者和接班人。

按照"全面推进、突出重点、分类指导、协调发展"的工作方针，不同地区应根据本地实际情况，积极做好心理健康教育工作。

全面推进。要普及、巩固和深化中小学心理健康教育，加快制度建设、课程建设、心理辅导室建设和师资队伍建设，积极拓展心理健康教育渠道，建立学校、家庭和社区心理健康教育网络和协作机制，全面推进中小学心理健康教育科学发展，在学校普遍建立起规范的心理健康教育服务体系，全面提高全体学生的心理素质。

突出重点。地方教育行政部门和学校要利用地方课程或学校课程科学系统地开展心理健康教育；要加强心理辅导室建设，切实发挥心理辅导室在预防和解决学生心理行为问题中的重要作用；加强心理健康教育师资队伍建设，建立一支科学化、专业化的稳定的中小学心理健康教育教师队伍。

分类指导。大中城市和经济发达地区，要在普遍开展心理健康教育工作的基础上，继续推进和深化心理健康教育工作，努力提高质量和成效，率先建立成熟的心理健康教育服务体系；其他地区，要尽快完善心理健康教育工作机制，建立心理健康教育辅导室和稳定的心理健康专业教师队伍，普遍开展心理健康教育工作。

协调发展。坚持公共教育资源和优质教育资源向农村、中西部地区倾斜，逐步缩小东西部、城乡和区域之间中小学心理健康教育的发展差距，以中西部地区和农村地区发展为重点，推动中小学心理健康教育全面、协调发展。按照"城乡结合，以城带乡"的原则，加强城乡中小学心理健康教育的交流与合作，实现心理健康教育全覆盖和城乡均衡化发展。同时，着力提高中小学心理健康教育质量和成效，促进学生的心理素质和德智体美全面协调发展。

三、心理健康教育的主要内容

5. 心理健康教育的主要内容包括：普及心理健康知识，树立心理健康意识，了解心理调节方法，认识心理异常现象，掌握心理保健常识和技能。其重点是认识自我、学会学习、人际交往、情绪调适、升学择业以及生活和社会适应等方面的内容。

6. 心理健康教育应从不同地区的实际和不同年龄阶段学生的身心发展特点出发，做到循序渐进，设置分阶段的具体教育内容。

小学低年级主要包括：帮助学生认识班级、学校、日常学习生活环境和基本规则；初步感受学习知识的乐趣，重点是学习习惯的培养与训练；培养学生礼貌友好的交往品质，乐于与老师、同学交往，在谦让、友善的交往中感受友情；使学生有安全感和归属感，初步学会自我控制；帮助学生适应新环境、新集体和新的学习生活，树立纪律意识、时间意识和规则意识。

小学中年级主要包括：帮助学生了解自我，认识自我；初步培养学生的学习能力，激发学习兴趣和探究精神，树立自信，乐于学习；树立集体意识，善于与同学、老师交往，培养自主参与各种活动的能力，以及开朗、合群、自立的健康人格；引导学生在学习生活中感受解决困难的快乐，学会体验情绪并表达自己的情绪；帮助学生建立正确的角色意识，培养学生对不同社会角色的适应；增强时间管理意识，帮助学生正确处理学习与兴趣、娱乐之间的矛盾。

小学高年级主要包括：帮助学生正确认识自己的优缺点和兴趣爱好，在各种活动中悦纳自己；着力培养学生的学习兴趣和学习能力，端正学习动机，调整学习心态，正确对待成绩，体验学习成功的乐趣；开展初步的青春期教育，引导学生进行恰当的异性交往，建立和维持良好的异性同伴关系，扩大人际交往的范围；帮助学生克服学习困难，正确面对厌学等负面情绪，学会恰当地、正确地体验情绪和表达情绪；积极促进学生的亲社会行为，逐步认识自己与社会、国家和世界的关系；培养学生分析问题和解决问题的能力，为初中阶段学习生活做好准备。

初中年级主要包括：帮助学生加强自我认识，客观地评价自己，认识青春期的生理特征和心理特征；适应中学阶段的学习环境和学习要求，培养正确的学习观念，发展学习能力，改善学习方法，提高学习效率；积极与老师及父母进行沟通，把握与异性交往的尺度，建立良好的人际关系；鼓励学生进行积极的情绪体验与表达，并对自己的情绪进行有效管理，正确处理厌学心理，抑制冲动行为；把握升学选择的方向，培养职业规划意识，树立早期职业发展目标；逐步适应生活和社会的各种变化，着重培养应对失败和挫折的能力。

高中年级主要包括：帮助学生确立正确的自我意识，树立人生梦想和信念，形成正确的世界观、人生观和价值观；培养创新精神和创新能力，掌握学习策略，开发学习潜能，提高学习效率，积极应对考试压力，克服考试焦虑；正确认识自己的人际关系状况，培养人际沟通能力，促进人际间的积极情感反应和体验，正确对待和异性同伴的交往，知道友谊和爱情的界限；帮助学生进一步提高承受失败和应对挫折的能力，形成良好的意志品质；在充分了解自己的兴趣、能力、性格、特长和社会需要的基础上，确立自己的职业志向，培养职业道德意识，进行升学就业的选择和准备，培养担当意识和社会责任感。

四、心理健康教育的途径和方法

7.学校应将心理健康教育始终贯穿于教育教学全过程。全体教师都应自觉地在各学科教学中遵循心理健康教育的规律，将适合学生特点的心理健康教育内容有机渗透到日常教育教学活动中。要注重发挥教师人格魅力和为人师表的作用，建立起民主、平等、相互尊重的师生关系。要将心理健康教育与班主任工作、班团队活动、校园文体活动、社会实践活动等有机结合，充分利用网络等现代信息技术手段，多种途径开展心理健康教育。

8. 开展心理健康专题教育。专题教育可利用地方课程或学校课程开设心理健康教育课。心理健康教育课应以活动为主，可以采取多种形式，包括团体辅导、心理训练、问题辨析、情境设计、角色扮演、游戏辅导、心理情景剧、专题讲座等。心理健康教育要防止学科化的倾向，避免将其作为心理学知识的普及和心理学理论的教育，要注重引导学生心理、人格积极健康发展，最大程度地预防学生发展过程中可能出现的心理行为问题。

9. 建立心理辅导室。心理辅导室是心理健康教育教师开展个别辅导和团体辅导，指导帮助学生解决在学习、生活和成长中出现的问题，排解心理困扰的专门场所，是学校开展心理健康教育的重要阵地。在心理辅导过程中，教师要树立危机干预意识，对个别有严重心理疾病的学生，能够及时识别并转介到相关心理诊治部门。教育部将对心理辅导室建设的基本标准和规范做出统一规定。

心理辅导是一项科学性、专业性很强的工作，心理健康教育教师应遵循心理发展和教育规律，向学生提供发展性心理辅导和帮助。开展心理辅导必须遵守职业伦理规范，在学生知情自愿的基础上进行，严格遵循保密原则，保护学生隐私，谨慎使用心理测试量表或其他测试手段，不能强迫学生接受心理测试，禁止使用可能损害学生心理健康的仪器，要防止心理健康教育医学化的倾向。

10. 密切联系家长共同实施心理健康教育。学校要帮助家长树立正确的教育观念，了解和掌握孩子成长的特点、规律以及心理健康教育的方法，加强亲子沟通，注重自身良好心理素质的养成，以积极健康和谐的家庭环境影响孩子。同时，学校要为家长提供促进孩子发展的指导意见，协助他们共同解决孩子在发展过程中的心理行为问题。

11. 充分利用校外教育资源开展心理健康教育。学校要加强与基层群众性自治组织、企事业单位、社会团体、公共文化机构、街道社区以及青少年校外活动场所等的联系和合作，组织开展各种有益于中小学生身心健康的文体娱乐活动和心理素质拓展活动，拓宽心理健康教育的途径。

五、心理健康教育的组织实施

12. 加强对中小学心理健康教育工作的领导和管理。各级教育行政部门要切实加强对心理健康教育工作的领导，制定规章制度，明确责任部门和负责人，支持和指导中小学开展心理健康教育工作。各地和学校要通过多种途径和方式，结合教育教学实际，保证心理健康教育时间，课时可在地方课程或学校课程中安排。各级教育行政部门要将心理健康教育工作列入年度工作计划，纳入学校督导评估指标体系之中，教育督导部门应定期开展心理健康教育专项督导检查。教育部将适时开展中小学心理健康教育示范校创建活动。

13. 加强心理健康教育教师队伍建设。心理健康教育是一项专业性很强的工作，必须大力加强专业教师队伍建设。各地各校要制订规划，逐步配齐心理健康教育专职教师，专职教师原则上须具备心理学或相关专业本科学历。每所学校至少配备一名专职或兼职心理健康教育教师，并逐步增大专职人员配比，其编制从学校总编制中统筹解决。地方教育行政部门要健全中小学心理健康教育教师职务（职称）评聘办法，制订相应的专业技术职务（职称）评价标准，落实好心理健康教育教师职务（职称）评聘工作。心理健康教育教师享受班主任同等待遇。

14. 大力开展心理健康教育教师培训。教育部将组织专家制订教师培训课程标准，分期分批对中小学心理健康教育教研员和骨干教师进行国家级培训。各省级教育行政部门要将心理健康教育教师培训纳入教师培训计划，分期分批对区域内心理健康教育教师进行轮训，切实提高专、兼职心理健康教育教师的基本理论、专业知识和操作技能水平。要在中小学校长、班主任和其他学科教师等各类培训中增加心理健康教育的培训内容，建立分层分类的培训体系。

15. 要重视教师的心理健康教育工作。各级教育行政部门和学校要关心教师的工作、学习和生活，从实际出发，采取切实可行的措施，减轻教师的精神紧张和心理压力。要把教师心理健康教育作为教师教育和教师专业发展的重要方面，为教师学习心理健康教育知识提供必要的条件，使他们学会心理调适，增强应对能力，有效地提高其心理健康水平和开展心理健康教育的能力。

16. 加强心理健康教育材料的管理。各种有关心理健康教育的教育材料的编写、审查和选用要根据本指导纲要的统一要求进行。自2013年春季开学起，凡进入中小学的心理健康教育材料必须经省级以上教育行政部门组织专家审定后方可使用。

17. 加强心理健康教育的科学研究。各级教育行政部门要加强指导，增加经费投入，将心理健康教育纳入教育科学研究规划，积极组织相关课题申报和优秀成果评选。要积极引导高等学校、科研机构的研究人员开展相关研究，为心理健康教育实践提供理论基础和科学依据。要建立中小学心理健康教育教研制度，各级教研机构应配备心理健康教育教研员。要坚持理论与实践相结合，组织专家学者、教研人员、一线教师和学校管理人员结合实际情况积极开展心理健康教育教学研究，在实践中丰富完善心理健康教育理论，不断提高心理健康教育科学化水平。

附录 B

中国学生发展核心素养

学生发展核心素养，主要指学生应具备的、能够适应终身发展和社会发展需要的必备品格和关键能力。研究学生发展核心素养是落实立德树人根本任务的一项重要举措，也是适应世界教育改革发展趋势、提升我国教育国际竞争力的迫切需要。

十八大和十八届三中全会提出的关于立德树人的要求落到实处，2014年教育部研制印发《关于全面深化课程改革落实立德树人根本任务的意见》，提出"教育部将组织研究提出各学段学生发展核心素养体系，明确学生应具备的适应终身发展和社会发展需要的必备品格和关键能力"。

价值定位

核心素养是党的教育方针的具体化，是连接宏观教育理念、培养目标与具体教育教学实践的中间环节。党的教育方针通过核心素养这一桥梁，可以转化为教育教学实践可用的、教育工作者易于理解的具体要求，明确学生应具备的必备品格和关键能力，从中观层面深入回答"立什么德、树什么人"的根本问题，引领课程改革和育人模式变革。

基本原则

第一，坚持科学性。紧紧围绕立德树人的根本要求，坚持以人为本，遵循学生身心发展规律与教育规律，将科学的理念和方法贯穿研究工作全过程，重视理论支撑和实证依据，确保研究过程严谨规范。

第二，注重时代性。充分反映新时期经济社会发展对人才培养的新要求，全面体现先进的教育思想和教育理念，确保研究成果与时俱进、具有前瞻性。

第三，强化民族性。着重强调中华优秀传统文化的传承与发展，把核心素养研究植根于中华民族的文化历史土壤，系统落实社会主义核心价值观的基本要求，突出强调社会责任和国家认同，充分体现民族特点，确保立足中国国情、具有中国特色。

总体框架

中国学生发展核心素养以培养"全面发展的人"为核心，分为文化基础、自主发展、社会参与3个方面，综合表现为人文底蕴、科学精神、学会学习、健康生活、责任担当、实践创新六大素养，具体细化为国家认同等18个基本要点。各素养之间相互联系、互相补充、相互促进，在不同情境中整体发挥作用。为方便实践应用，将六大素养进一步细化为18个基本要点，并对其主要表现进行了描述。根据这一总体框架，可针对学生年龄特点进一步提出各学段学生的具体表现要求。

基本内涵

文化基础

文化是人存在的根和魂。文化基础，重在强调能习得人文、科学等各领域的知识和技能，掌握和运用人类优秀智慧成果，涵养内在精神，追求真善美的统一，发展成为有宽厚文化基础、有更高精神追求的人。

人文底蕴。主要是学生在学习、理解、运用人文领域知识和技能等方面所形成的基本能力、情感态度和价值取向。具体包括人文积淀、人文情怀和审美情趣等基本要点。

科学精神。主要是学生在学习、理解、运用科学知识和技能等方面所形成的价值标准、思维方式和行为表现。具体包括理性思维、批判质疑、勇于探究等基本要点。

自主发展

自主性是人作为主体的根本属性。自主发展，重在强调能有效管理自己的学习和生活，认识和发现自我价值，发掘自身潜力，有效应对复杂多变的环境，成就出彩人生，发展成为有明确人生方向、有生活品质的人。

学会学习。主要是学生在学习意识形成、学习方式方法选择、学习进程评估调控等方面的综合表现。具体包括乐学善学、勤于反思、信息意识等基本要点。

健康生活。主要是学生在认识自我、发展身心、规划人生等方面的综合表现。具体包括珍爱生命、健全人格、自我管理等基本要点。

社会参与

社会性是人的本质属性。社会参与，重在强调能处理好自我与社会的关系，养成现代公民所必须遵守和履行的道德准则和行为规范，增强社会责任感，提升创新精神和实践能力，促进个人价值实现，推动社会发展进步，发展成为有理想信念、敢于担当的人。

责任担当。主要是学生在处理与社会、国家、国际等关系方面所形成的情感态度、价值取向和行为方式。具体包括社会责任、国家认同、国际理解等基本要点。

实践创新。主要是学生在日常活动、问题解决、适应挑战等方面所形成的实践能力、创新意识和行为表现。具体包括劳动意识、问题解决、技术应用等基本要点。

主要表现

人文底蕴

人文积淀：具有古今中外人文领域基本知识和成果的积累；能理解和掌握人文思想中所蕴含的认识方法和实践方法等。

人文情怀：具有以人为本的意识，尊重、维护人的尊严和价值；能关切人的生存、发展和幸福等。

审美情趣：具有艺术知识、技能与方法的积累；能理解和尊重文化艺术的多样性，具有发现、感知、欣赏、评价美的意识和基本能力；具有健康的审美价值取向；具有艺术表达和创意表现的兴趣和意识，能在生活中拓展和升华美等。

科学精神

理性思维：崇尚真知，能理解和掌握基本的科学原理和方法；尊重事实和证据，有实证意识和严谨的求知态度；逻辑清晰，能运用科学的思维方式认识事物、解决问题、指导行为等。

批判质疑：具有问题意识；能独立思考、独立判断；思维缜密，能多角度、辩证地分析问题，作出选择和决定等。

勇于探究：具有好奇心和想象力；能不畏困难，有坚持不懈的探索精神；能大胆尝试，积极寻求有效的问题解决方法等。

自主发展

学会学习

乐学善学：能正确认识和理解学习的价值，具有积极的学习态度和浓厚的学习兴趣；能养成良好的学习习惯，掌握适合自身的学习方法；能自主学习，具有终身学习的意识和能力等。

勤于反思：具有对自己的学习状态进行审视的意识和习惯，善于总结经验；能够根据不同情境和自身实际，选择或调整学习策略和方法等。

信息意识：能自觉、有效地获取、评估、鉴别、使用信息；具有数字化生存能力，主动适应"互联网+"等社会信息化发展趋势；具有网络伦理道德与信息安全意识等。

健康生活

珍爱生命：理解生命意义和人生价值；具有安全意识与自我保护能力；掌

握适合自身的运动方法和技能，养成健康文明的行为习惯和生活方式等。

健全人格：具有积极的心理品质，自信自爱，坚韧乐观；有自制力，能调节和管理自己的情绪，具有抗挫折能力等。

自我管理：能正确认识与评估自我；依据自身个性和潜质选择适合的发展方向；合理分配和使用时间与精力；具有达成目标的持续行动力等。

社会参与

责任担当

社会责任：自尊自律，文明礼貌，诚信友善，宽和待人；孝亲敬长，有感恩之心；热心公益和志愿服务，敬业奉献，具有团队意识和互助精神；能主动作为，履职尽责，对自我和他人负责；能明辨是非，具有规则与法治意识，积极履行公民义务，理性行使公民权利；崇尚自由平等，能维护社会公平正义；热爱并尊重自然，具有绿色生活方式和可持续发展理念及行动等。

国家认同：具有国家意识，了解国情历史，认同国民身份，能自觉捍卫国家主权、尊严和利益；具有文化自信，尊重中华民族的优秀文明成果，能传播弘扬中华优秀传统文化和社会主义先进文化；了解中国共产党的历史和光荣传统，具有热爱党、拥护党的意识和行动；理解、接受并自觉践行社会主义核心价值观，具有中国特色社会主义共同梦想，有为实现中华民族伟大复兴中国梦而不懈奋斗的信念和行动。

国际理解：具有全球意识和开放的心态，了解人类文明进程和世界发展动态；能尊重世界多元文化的多样性和差异性，积极参与跨文化交流；关注人类面临的全球性挑战，理解人类命运共同体的内涵与价值等。

实践创新

劳动意识：尊重劳动，具有积极的劳动态度和良好的劳动习惯；具有动手操作能力，掌握一定的劳动技能；在主动参加的家务劳动、生产劳动、公益活动和社会实践中，具有改进和创新劳动方式、提高劳动效率的意识；具有通过诚实合法劳动创造成功生活的意识和行动等。

问题解决：善于发现和提出问题，有解决问题的兴趣和热情；能依据特定情境和具体条件，选择制订合理的解决方案；具有在复杂环境中行动的能力等。

技术运用：理解技术与人类文明的有机联系，具有学习掌握技术的兴趣和意愿；具有工程思维，能将创意和方案转化为有形物品或对已有物品进行改进与优化等。

后　记

心育之微光照亮追梦之路

　　台湾作家林清玄曾讲过这样一个寓言故事：一个农民向上帝祈求一年天气和顺，以使他的麦子有个好收成。上帝答应了他。一年里果真没有任何的狂风暴雨、干旱与冰雹，甚至一点虫害都没有。可是一年后，农夫等到的却是空瘪瘪的麦穗。他不解地问上帝，上帝答道："对于一粒麦子来说，奋斗是不可避免的，它可以唤醒麦子内在的灵魂。"这个故事引人深思，人的灵魂也是一样，奋斗才能结出饱满的果实，留下成长的价值。

　　今年是我与心理健康教育结缘的第 18 个年头，18 年来，我在这条追梦"心育"的道路上从懵懂走向成熟。还深刻地记得"初识"心理健康教育是在 2006 年，区里向学校第一次下发心理健康优质课评选的硬指标，那时的我兼任学校的教导主任，为完成指标反复发动老师去参加竞赛，可是没人想尝试，怎么办？敢想、敢做、敢打拼的我在校长的鼓励与帮助下，勇敢地站在"首秀"的讲台上。当时没有相关的参考教材，上什么，如何上，教学目标是什么，达成什么样的教育目的，都是靠自己去构想与设计。那时大街小巷都在传唱一首特火的歌——韩红的《天亮了》，这首歌背后的故事打动了无数人，也感动与启发着我，于是我的心理健康课"首秀"从这首歌曲开始，执教了《感恩的心》，虽然成绩并不理想，但"心"的召唤使我坚定地前行。于是，我业余研究起心理健康教育，学着从心理学角度去发现，去思考，去深究学生的言行问题。到2010年，四年的时间，我已小有建树：执教的《不做"小火山"》获山东省优质课二等奖，执教的《成功之路》获威海市优质课一等奖，指导的团队成员执教的《生命的色彩》《独特的我》等研磨成精品课，打造了最早的小学心理辅导课样板。

　　从完全"业余"走向较为"专业"，坚持学习、不断反思、终身实践使我实现转型与升华。系统地掌握心理健康理论知识离不开读书与培训，舍得买好书是我成长的"法宝"，我把这些书分为三种"营养剂"，分阶段为成长持续"供养"：各类版本教材是常备书，在同一主题实施过程中，可以实现教学资源间的共享使用；俞国良、姚本先等教授编著的专业理论书籍是固定的"读书之友"，常读常新，更是研究开展的"支柱"；《幸福的科学》等新时代积极心理学研究的著作，被不定时地购入书架，作为不断补充的新鲜"血液"。信息化时代的各种新媒体平台更加拓宽了我摄取知识的渠道，我爱上了"公众号"，它成为我随时接受培训的新平台。中国积极心理学发起人彭凯平教授的公众号，堪称心理学的宝藏，包罗各种积极心理学前沿理论研究，推送最高端的心理学年会，让我得以在线上与"大咖"隔空交流，还能定期读取到彭教授杂感与每一篇研究成果文章。在2022年"国际幸福日"，彭教授在公众号发表感想《山海经中的积极心理学》，全文将中华传统文化与积极心理学紧密结合，将山海经"颜值"与人类幸福感联系起来，让我们在漫长的文化历史长河中感受积极心理学的魅力，这种观点破除了心理健康教学封闭的"困局"，把我引入新"圣地"，这种"圣地"是"文学 + 心理健康教育"的融合，是"心育"融入"五育"课程的交融，是跨学科实践的新型实施模式。我的心理健康团体辅导课的实施，不再停留在"技术主义"的层面，纠结于如何使用沙盘，如何进行冥想，因为那些只有具备深厚的精神分析功底的老师才能使用，同样难以走进基础教育阶段的小学生的心底。转型的目光投到"人本主义"上，2022年11月，以《宝葫芦的秘密》这一经典文学作为育人蓝本，我作为心理健康教师与另两位老师（语文、音乐学科教师）同时从不同的学科角度解析这部文学作品，在研讨、推翻、重建10余次后，惊艳亮相，带给学生多维的思考，提升学生多种发展能力，这一打破学科壁垒的新型融合课例，深受好评。

编写此书既是纪念，又是铭志，纪念过去那段努力的岁月，那些收获所带给自己的"高峰体验"，同时铭记目标，用奋斗的灵魂激励每一个生命向阳生长。新时代对心理健康教师提出新要求，我们要努力跑出专业的"加速度"，德能配位，发挥实效。我们更要勤练本领，用专业知识、专业技能、专业素养，胜任育人工作，为学生搭建健康"通道"。要对自己的职业有高度的认同感，遵循德育教育规律，在沉浸式、体验式新课堂中，给学生夯实心理健康意识，实现教育目标的固本强基。早干预，防未病，现行的心理健康教育必须"抢跑"，我们怎样跑出"超速度"？这就要求我们提高诊断力，由沟通与谈话的方式转变为测量与评估，能够针对学生的需求提供"个性化"服务，建立不同层次的干预策略，不断变革心育模式。现在，心理健康教育在我眼中是丰富多彩的，因为它满足着学生多彩生命力的发展需求，我为做心理健康教育的"赶路人"而欣喜，而自豪。

18年的时光并不短暂，从"荒野开拓"到"沃土耕耘"，我的心中珍藏数不清的感恩，感谢一直鼓励和支持我"逐光"的人生导师、培育我的恩师，更感动于张丽教授百忙之中为本书指导并作序。"独行者疾，众行者远"，在前行的路上我们也集聚了一批爱好心理学的伙伴，自发成立共研体，进行团队研修，实现资源共享。经常因为在实操中一个技术手段的使用，在挑灯之时依旧难掩激动，书中每一个范例的展示都是伙伴们同科研、共实践的结晶，托举成就精彩。我也有幸胜任不同角色的岗位，先后指导众多精品课例，青年教师的拔节成长使我难掩雀跃。成就他人，生长自我，我想，这就是心育的魅力！心理健康教育已迈入体系化的"快车道"，全场域的教研打造精致的个体，每一个课例打磨，每一个个案分析的过程，都是在萃取理论精华、涵养专业基底。心中有光，脚下有力量，真挚地感谢你们！

最后，想用彭凯平教授的一句话结束。彭教授在清华大学社会科学学院2022年毕业典礼上说过，人生的长跑需要坚韧的心力。人生是一个连续的过程，这个过程是由一个个闪光的片断组成，当有具有特殊意义的精神贯穿始终，这种特殊的价值将指引我们前行，走向光明之所在。心育之于我，即是光明；我虽微小，之于孩子，即是光明。点燃心灯，未来，接续努力！

2024 年 1 月

参考文献

[1] 杨雄. 在学科教学中进行心理健康教育的探索[J]. 教学管理与教育研究, 2017, 2（02）: 87-88.

[2] 陈美琼. 谈学科教学中如何进行心理健康教育[J]. 数学学习与研究, 2012（11）: 133.

[3] 王金艳. 心理健康教育在小学语文教学中的有效渗透[C]// 中国陶行知研究会.2023年第三届生活教育学术论坛论文集.[出版者不详], 2023: 352-354. DOI: 10.26914/c.cnkihy.2023.011005.

[4] 周彩丽, 邢晓凤. 青少年心理健康教育: 欣赏生命, 敬畏生命[J]. 教育家, 2023（22）: 60-63.

[5] 韩犁夫, 徐皓玥. 加强学生心理健康教育工作 为青少年健康成长保驾护航[N]. 襄阳日报, 2023-04-20（001）. DOI: 10.38219/n.cnki.nxydb.2023.000890.

[6] 蔺秀云, 刘张行, 邱辰琰. 新时代学校心理健康教育工作思路[J]. 人民教育, 2023（12）: 41-45.

[7] 曾智慧, 郑小红. 基于学生心理需求的学校心理健康教育工作探索与研究[J]. 考试周刊, 2023（18）: 1-5.

[8] 李青平, 廖艳. 学校心理健康教育的问题梳理及应对措施[J]. 湖南教育（A版）, 2023（03）: 50-51.

[9] 杨总林. 小学生心理健康问题的成因与对策研究[J]. 新课程, 2021（05）: 211.

[10] 宋爱英. 小学学困生心理健康问题成因及干预对策[J]. 甘肃教育，2019（17）：53.

[11] 陈华胜. 心理健康教育的成功实践与思考[J]. 小学生作文辅导（上旬），2017（05）：72.

[12] 谭龙，刘勇. 试论中小学生环境教育与心理健康教育相融合[J]. 环境教育，2023（09）：80-83.

[13] 王振宏. 加强心理健康教育师资队伍建设的五个着力点[J]. 教育家，2023（36）：12-13.

[14] 任芳德，刘慧. 生命教育：为心理健康教育"注魂"[J]. 湖南第一师范学院学报，2023，23（04）：31-37.

[15] 李军霞. 科学人本主义视角下的中小学心理健康教育[J]. 教育理论与实践，2023，43（20）：29-32.

[16] 朱平，李冰玮. 大辅导观：育人观念的现代化转型[J]. 青年学报，2023（03）：50-55.

[17] 刘学兰，杨海荣. 中小学心理健康教育课程的有效设计与实施[J]. 中国德育，2023（11）：34-37.

[18] 陈庆荣. 以问题为导向推动中小学心理健康教育工作[J]. 江苏教育，2022（72）：1.

[19] 艾燕. 我国中小学心理健康教育面临的问题与改进策略[J]. 好家长，2021（59）：21-22.

[20] 张国玺. 新论中小学心理健康教育的问题与矛盾[J]. 成才之路，2017（25）：11-12.

[21] 邹乐. 怀赤子之心 育未来芳香[N]. 信阳日报，2023-09-09（002）.

[22] 张梦婷. 以深度学习提升心育课堂教学的有效性[J]. 教育家，2023（36）：16-17.

[23] 邢淑芬，刘伊宁. 加强课程内容建设，抓牢心育"生命线"[J]. 教育家，2023（36）：8-9.

[24] 周敏，濮春霞. 以心育德，赋能生长[J]. 全国优秀作文选（教师教育），2023（03）：11-12.

[25] 朱仲敏. 德育与心育融合的依据与实现路径[J]. 江苏教育，2023（12）：1.

[26] 林齐媚. 设合理心育问题 达有效课堂分享[J]. 当代家庭教育，2023（07）：97-99.

[27] 魏建彪. 心育、情育并举，促进学生健康成长[J]. 教书育人，2023（05）：54-56.